国家级精品课程配套教材

21世纪高职高专精品教材

财务会计类

Jichu Kuaiji

基础会计

第五版

王觉 主 编

陈岩 副主编

东北财经大学出版社 大连

Dongbei University of Finance & Economics Press

图书在版编目（CIP）数据

基础会计 / 王觉主编．—5 版．—大连 ：东北财经大学出版社，2018.1（2018.9 重印）
（21 世纪高职高专精品教材·财务会计类）
ISBN 978-7-5654-3042-8

Ⅰ．基… Ⅱ．王… Ⅲ．会计学-高等职业教育-教材 Ⅳ．F230

中国版本图书馆 CIP 数据核字（2017）第 330894 号

东北财经大学出版社出版
（大连市黑石礁尖山街 217 号 邮政编码 116025）
网　　址：http：//www.dufep.cn
读者信箱：dufep @ dufe.edu.cn

大连市东晟印刷有限公司印刷　　东北财经大学出版社发行

幅面尺寸：185mm×260mm　字数：370 千字　印张：18　插页：1
2018 年 1 月第 5 版　　2018 年 9 月第 11 次印刷

责任编辑：张旭凤　　责任校对：王　娟
封面设计：冀贵收　　版式设计：钟福建

定价：36.00 元

教学支持　售后服务　联系电话：（0411）84710309

如有印装质量问题，请联系营销部：（0411）84710711

第五版前言

2017 年，是中国现代史上具有里程碑意义的一年。

在这一年中，党的十九大召开，中国特色社会主义进入了新时代，我国社会主要矛盾已经转化为人民日益增长的美好生活需要和不平衡不充分的发展之间的矛盾。中国社会开启全面建设社会主义现代化国家新征程，向第二个百年奋斗目标进军。

在这一年中，营改增全面推开，《中华人民共和国会计法》作了适应新时代需要的修订。自 2014 年起陆续发布新增或修订的八项企业会计准则之后，财政部陆续发布了六项企业会计准则解释、四项会计处理规定及七项新增或修订的企业会计准则。

学以致用，我们在 2015 年 2 月编写的《基础会计》教材（第四版）的基础上，对本书作了较大的改动。主要的变化如下：

第一，将会计基础理论的系统阐述，全面建立在决策有用论和受托责任论的学术体系之上。

第二，全面体现了近年来财政部陆续发布的六项企业会计准则解释、四项会计处理规定及七项新增或修订的企业会计准则的最新成果，并将这些准则中与基础会计相关的学术思想、具体程序和方法体现在教材的具体内容中。

第三，本书针对“营改增”的税法现实，全面修订了相关流转税的会计处理方法。

第四，2015 年 12 月，财政部部务会议、国家档案局局务会议修订、通过和公布了《会计档案管理办法》，本书也体现了新的《会计档案管理办法》的要求。

本书第 1、2、4、8、10、14 章由王觉教授执笔，第 6、7 章由刘雪清教授执笔，第 3、9、11 章由陈岩副教授执笔，第 5、12、13 章由韩霜讲师执笔。全书由王觉教授任主编，陈岩副教授任副主编，由王觉教授总纂定稿。

本书的编写建立在国家级精品课程建设的基础上，经过了四版的岁月洗礼，在第五版将要面世之际，我们衷心感谢十多年以来读者的关爱，我们将不懈努力，提高本书的质量，回馈于读者，回馈于社会。

编　者

2018 年 8 月

第一版前言

基础会计既是2004年《普通高等学校高职高专教育指导性专业目录（建议方案）》中财务会计类下各专业普遍开设的一门专业基础课程，也是财经专业大类下各专业的基础课程之一。为了便于各专业学生更好地了解、学习这门课程，帮助其初步掌握会计的基础知识和基本技能，我们精心编写了这本《基础会计》教材。本书主要阐述了会计的基本理论、基本方法和基本技术操作过程，具体包括会计的含义、会计的基本规范、会计账户设置、复式记账、填制和审核凭证、登记账簿、成本计算、财产清查、编制会计报表、会计核算软件的基本使用方法和会计岗位群的设计等。

如何将实务工作中的真实情况在教材中体现出来，使学生在课堂学习时有一种亲临实际工作的感觉，缩短学生将在学校掌握的知识和技能运用于实际工作的“磨合期”，是高校一线教学面临的一个现实课题。本书从会计凭证、会计账簿、会计报表的仿真实务出发，力图实现会计教学实务化，从而形成不同于其他基础会计教材的特色之一。

随着计算机网络在会计领域的应用日益广泛和逐步深入，会计核算所使用的技术也在发生很大的变化。为了使学生在一开始接触会计时就能了解现代会计技术手段，并为将来运用这些技术手段打好基础，本书在讲述会计核算的基本理论和基本方法之后，介绍了会计软件的基本运用，这对于提高学生将来的职业技能水平大有裨益，从而形成不同于其他基础会计教材的特色之二。

同时，计算机网络环境下的会计岗位、岗位职责及岗位技能要求相对于传统手工环境来说，也有了巨大的变化。为了使学生了解自己将来所从事行业的职业岗位设置、职业岗位责任和所需职业岗位技能，本书描述了电算化会计环境下会计岗位的设置、不同会计岗位的责任和需要的职业技能，以此吻合于教育部对于高职高专院校培养“就业型人才”的目标要求，从而形成不同于其他基础会计教材的特色之三。

本书是在国家级精品课程——“基础会计”的课程建设基础之上，吸收了会计最新研究成果，借鉴了国内外同类教材的先进经验，以现有的会计制度和会计准则为依据精心编写的。本书第1、2、8、10、14章及附录（附录可登录东北财经大学出版社网站 www. dufep. cn 免费下载）由王觉副教授执笔，第3、4、5章由窦洪波副教授执笔，第6、7章由刘雪清副教授执笔，第9、11章由陈岩讲师执笔，第12、13章由韩霜讲师执笔，最后由王觉副教授总纂定稿。

在编写本书的过程中，我们得到了有关院校和单位，特别是东北财经大学讲授该课程的同仁的大力支持与帮助，他们为本书的编写提供了宝贵的意见和建议，在此谨表衷心的感谢。

由于时间仓促，加之我们水平有限，书中内容安排与语言表述可能还存在欠妥或错误之处，恳请读者批评指正，以便再版时修订。

编　者

2006 年暮春

目　　录

第 1 章　概　述

◆ 学习导航

本章阐述的内容主要有：会计的含义、特点；会计对象及会计对象的具体化——会计要素，会计要素的具体组成及相互关系；会计的职能、任务和方法。应重点掌握会计的含义、特点，会计要素的具体组成及相互关系，这是学习会计基本知识的必要前提。

1.1　会计的含义与特点

1.1.1　会计的产生

人类社会要生存发展，就必须有能满足人类衣食住行各方面需求的物质保障。在人类社会早期，由于知识积累有限，劳动生产力水平不高，因此人类主要依靠获取天然动植物的方式来满足最低生活需求。这一时期的人类虽然有生产活动，但是迫于条件限制，只是从生存的角度而不是经济的角度去考虑怎样获取所需的物质资料。

大约在一万年前，随着人类科学知识的逐步积累和生产技能的提高，以及人口数量的增加，一方面，人类单纯依靠天然动植物已难以满足最低生活需求；另一方面，人类的发展已达到利用自然资源、通过加工[①]的方式获取物质资料的水平。农作物的栽培、畜牧业的发展、原始纺织业的产生等，标志着人类开始主要以加工方式来获取其所需的物质资料，也标志着人类的智力水平进一步提高了。

通过加工方式可获取的物质资料的数量，远比单纯依靠自然赐予的资源的数量多，于是人类有了一定的生存保障，生活水平也提高了。这一方面意味着生产过程复杂化，另一方面也意味着生活资料的分配过程复杂化。

生产和生活过程的复杂化（主要是生产过程的复杂化）促使人们开始考虑劳动效率[②]的问题。要提高劳动效率，就必须加强对生产过程的管理。但由于这时人

---

① 这里所说的“加工”，包括农作物栽培、牲畜的放牧饲养等。
② 所谓劳动效率，是指人类在生产活动中的收获与付出比率，这个比值越高，劳动效率就越高。

类的生产过程尚不十分复杂，因此单纯依靠心思和默想就可以满足生产活动管理的需求。

大约在七八千年前，随着人类科学技术水平的提高，生产过程日益复杂，人类单纯依靠心思和默想来管理生产活动已经力不从心。为了管理好生产过程，人们开始尝试用某种方法把生产过程中较为复杂和关键的地方记录下来，为管理生产提供依据，于是产生了不同形式的原始计量、记录行为①。

原始计量、记录行为是各种信息取得活动的共同开端，它包含了会计、统计等各种信息取得活动。人类早期的会计，是在各种原始计量、记录行为中产生的。但人类早期通过各种原始计量、记录行为取得的信息是一种综合信息，会计活动只是生产职能的附带部分，并没有从综合信息取得活动中独立出来，还不是一项独立的工作。

随着人类生产、交换、分配、流通和消费过程的日益复杂，个人或单一组织从事综合信息取得活动越来越不可行，于是会计逐渐从综合信息取得活动中分离出来，成为一种独立的活动。从会计记录方式来看，会计的发展分为原始计量、记录行为阶段，单式簿记阶段和复式簿记阶段三个阶段。

1.1.2 会计的特点

从会计产生、发展的历史渊源来看，会计源于为生产、交换、分配、流通和消费活动提供信息的需要。但对生产、交换、分配流通和消费活动的管理是一个庞大、复杂的系统工程，会计不能解决这一管理活动的所有信息需求问题，它只有和其他信息提供活动相配合，才能使人类的生产和消费管理活动顺利进行。那么会计活动和其他活动的区别是什么呢？也就是说，会计的特点是什么呢？

人类的经济管理主要涉及两个方面：一是投入产出的管理；二是流通、消费、分配的管理。用什么样的形式对二者进行科学管理，是摆在各种管理科学面前的问题，同时也涉及不同管理信息的不同特点。同其他管理信息相比，会计信息具有以下特点：

1）会计以货币为综合计量单位，提供对经济活动实施者有价值的信息

会计信息虽然涉及生产、交换、分配、消费等方面，但会计的直接起因是生产过程中的收支比较。早期会计最为关心的问题是投入和产出的过程计量、记录以及投入产出的费效比率。由于没有发明货币这种计量和支付手段，人类早期的经济信息是以实物计量单位来进行生产效果的计量和消费、分配管理的，会计信息也是如此。实物计量单位有一个天生的缺陷，就是不同使用价值的实物在数量上相加减没有经济意义，如两把斧子加三筐谷子没有任何经济意义。要计量、记录投入产出的费效比率，必须寻找一种计量手段，使不同使用价值的实物在数量

---

① 原始计量、记录行为，按不同的发展阶段，一般有简单刻记、直观绘图记事、刻记记事、抽象绘图记事、刻契记事和结绳记事等。

上相加减有经济意义。

出于交换方便的需要，人类发明了货币这种通用的计量尺度，使会计对投入产出的过程计量、记录以及投入产出的费效比率计算有了可能。以货币为综合计量单位，对经济活动予以价值反映，是会计信息与其他经济信息最主要的区别①。

2）会计以全面、连续、系统和综合的方式提供管理经济活动的信息

会计发展到复式簿记阶段后，信息提供的另一个特点是以全面、连续、系统和综合的方式来反映经济活动。所谓全面，一是要反映所有能以货币计量的经济活动，二是要反映某一项经济活动的所有方面；所谓连续，是指要按照经济业务发生的先后顺序作不间断的记录；所谓系统，是指要用一系列会计特有的技术方法来反映经济业务；所谓综合，是指利用货币这一共同计量尺度来综合反映经济业务。

1.1.3　会计的含义

什么是会计？近一百年来众说纷纭，目前学术界和实务界对会计的含义主要有三种看法：一种认为会计是一种提供信息的信息系统，以欧美学者为代表；一种认为会计是一种管理活动②，以国内一部分学者为代表；一种认为会计是一种受托责任的评价系统③，也以国内一部分学者为代表。

我们认为，从会计产生发展的历史动因和会计在经济管理中所起的实际作用来看，会计是一种信息提供系统。但会计不是一般的信息提供系统，它是以货币作为主要计量单位，通过一系列独特的科学方法，对企业等经济组织的经济活动进行全面、连续、系统和综合的反映，以提供价值管理信息。由于会计信息能反映和评价受托责任的完成情况，因而会计还兼有受托责任的反映和评价功能。

1.2　会计的对象

1.2.1　会计对象的一般含义

从上一节的讨论中我们知道，会计是一种信息提供和评价系统，并且会计确认、计量和评价的内容主要是能以货币综合计量的经济活动。在会计上，把会计确认、计量和评价的内容称为会计对象。从这个意义上来说，会计对象就是能以货币综合确认、计量的经济活动。

不同经济组织的经济活动纷繁复杂，各不相同。就同一经济组织而言，由于环境、时间不同，其经济活动也千变万化，把会计对象定义为能以货币综合确认、计

---

① 虽然其他经济信息提供活动也可能采用价值形式，但货币计量只是众多计量手段中的一种，并不是主要计量手段。
② 这种看法在国内的主要代表人物是杨纪琬教授和阎达五教授。
③ 这种看法在国内的主要代表人物是杨时展教授。

量的经济活动过于抽象，实务工作者无法据此对经济活动的核算和监督实施具体的操作。那么，我们能否将变化无常、各有不同的经济活动的共同规律寻找出来，以便具体确定会计对象，并方便对经济活动的有效确认、计量和评价呢？

我们知道，各种经济组织的存在取决于两个方面：一是各种经济组织的成立无不以拥有和控制一定数量的财产物资为前提；二是各种经济组织的有效运转无不以其所拥有和控制的财产物资能顺畅流转和保值、增值为必要条件。这两个方面的共同点是各种财产物资在经济组织之间增减变动。这样，我们可以认为会计对象是能以货币综合确认、计量的各种财产物资的增减变动。

在会计上，以货币计量的各种财产物资的价值，称为资金①。以货币计量的各种财产物资的增减变动称为资金运动。因此，我们可以进一步推定经济组织的会计对象就是其资金运动。

1.2.2 经济组织的资金运动方式

按照所从事经济活动的目的不同，一般可将经济组织分为营利性组织和非营利性组织两种类型。营利性组织以制造业企业和商品流通企业为代表，非营利性组织以行政单位和事业单位为代表。由于它们所涉及的经济活动不同，各自的资金运动也各有特点，为了更好地理解与会计对象相关的理论问题，为后面学习会计实务的基本方法打下一个好的基础，我们先来分析不同经济组织的资金运动方式。

1）制造业企业的资金运动方式

制造业企业指生产产品的企业，一般以工业产品生产企业②（以下简称企业）为典型代表。从前面的论述中我们知道，企业存在的前提是必须拥有一定数量的资金，企业经营能顺利进行的前提是其资金必须处于不断的合理流动中。如企业在进行生产经营活动时，首先要用货币资金去购买材料物资，为生产过程储备各种物质要素。也就是说，在供应过程中，企业资金从货币资金转化为储备资金③。进入生产过程后，生产部门领取和耗用各种材料物资，这时候储备资金转移到生产过程，变为生产资金。产品生产完工后，生产资金又转换为成品资金④。将产成品或自制半成品出售后，成品资金又转回到货币资金。

在会计上，把资金从货币资金开始，依次经过储备资金、生产资金、成品资金，最后又回到货币资金这一运动过程叫做资金循环。由于企业资金是处于不断的运动中的，资金循环总是处在时间上继起、空间上并存这样一种周而复始的循环状态，因此会计上把周而复始的资金循环叫做资金周转。

上述情况只是资金在企业内部的循环周转，就企业整体的资金运动而言，还应包括资金的投入和资金的退出。

---

① 资金有多种存在方式，如货币资金、非货币资金等。
② 若不加特殊说明，本书中所涉及的经济业务均为工业产品生产企业的经济业务。
③ 会计上的储备资金主要是指原材料等物资所占用的资金。
④ 成品资金是指待售的产成品和自制半成品所占用的资金。

资金投入企业包括所有者的资金投入和债权人的资金投入。前者构成了企业的所有者权益，后者形成了企业的债权人权益，即企业的负债。

资金退出企业包括税金的缴纳、按法定程序返还投资者的投资、偿还各项债务及向所有者分配利润等内容，这使一部分资金离开企业，游离于企业资金运动之外。

综上所述，企业因资金的投入、循环周转和资金的退出等经济活动而引起的各项资源的增减变化，各项成本费用的形成和支出，各项收入的取得以及损益的发生、实现和分配，共同构成了会计对象的内容。制造业企业的资金运动如图 1-1 所示。

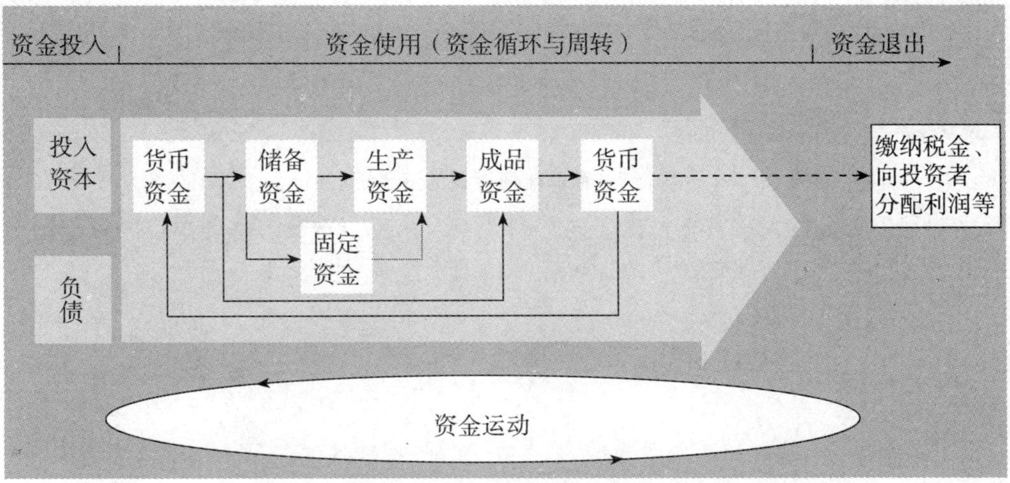

图 1-1　制造业企业的资金运动

2）商品流通企业的资金运动方式

商品流通企业是指组织商品流通，以商品购销为主要经营业务的企业。商品流通企业的经营过程分为商品购进和商品销售两个过程。在前一个过程中，主要是采购商品，此时货币资金转换为商品资金；在后一个过程中，主要是销售商品，此时资金又由商品资金转换为货币资金。在商业企业经营过程中，还要消耗一定的人力、物力和财力，它们表现为商品流通费用。在销售过程中，企业会获得销售收入和实现经营成果。因此，商业企业的资金是以“货币资金—商品资金—货币资金”的方式运动的。同工业企业相比，商品流通企业的资金运动没有生产资金这样的资金形态，但同样构成资金的循环与周转。商品流通企业的资金运动如图 1-2 所示。

3）行政、事业单位的资金运动方式

行政、事业单位是非营利性组织。行政、事业单位为完成各项业务，同样也需要一定数量的资金，只是其资金来源不是依靠股权投资人的投资，而是主要依靠国家财政拨款。一般来说，此类单位没有或只有很少一部分业务收入，费用开支主要是依靠国家财政预算拨款。因此，行政、事业单位的经济活动，一方面按预算从国家财政取得拨入资金；另一方面又按预算以货币资金支付各项费用。其资金运动的

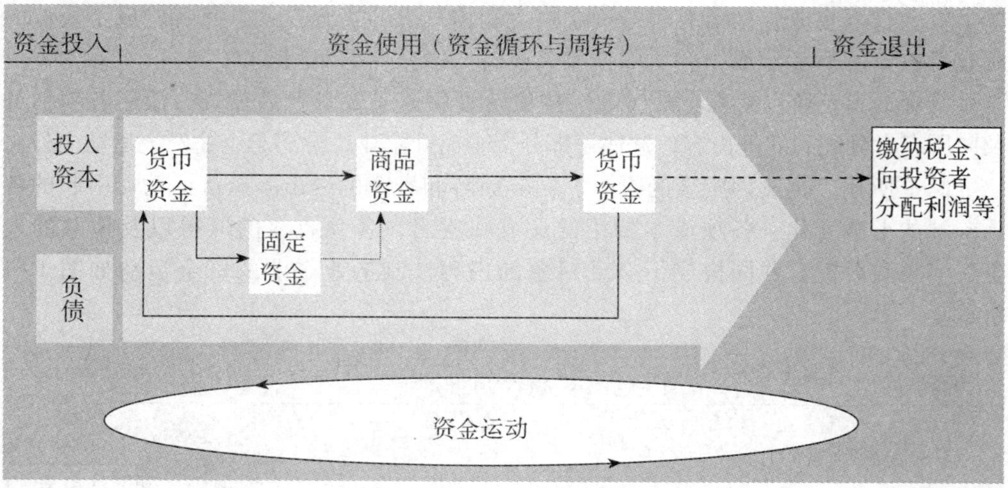

图 1-2　商品流通企业的资金运动

形式就是：资金拨入—资金付出。同营利性组织相比，行政、事业单位的资金运动不构成资金的循环与周转。行政、事业单位的资金运动如图 1-3 所示。

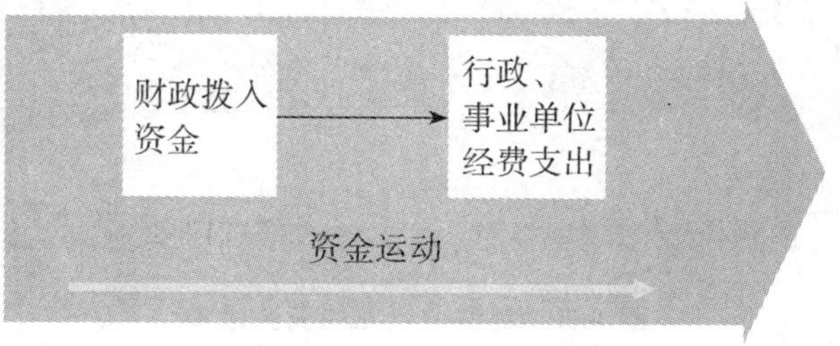

图 1-3　行政、事业单位的资金运动

综上所述，无论是制造业企业、商业流通企业，还是行政、事业单位都是以资金运动的方式来完成其工作任务的，会计反映和监督的对象都是资金运动过程。正因为如此，我们可以把会计对象概括为社会生产过程中的资金运动。

1.3　会计要素与会计等式

企业会计的具体对象是企业的资金运动，而企业的资金运动又有资金的投入、资金的内部循环周转与资金的退出等几种方式。会计要全面、连续、系统和综合地反映各种资金运动方式，就要对各种资金运动方式涉及的具体内容进行系统分析，这就是本节要涉及的会计要素问题。

1.3.1　会计要素的含义

会计要素是对会计对象的基本分类，是会计对象的具体化，是反映会计主体的财务状况和经营成果的基本单位。

企业资金运动的初始方式表现为资金投入企业的运动，这时企业处于资金筹措阶段。企业的筹资渠道多种多样，纷繁复杂，但大体可以归纳为两种，这就是向股权投资者筹措股权投资和向债权人借入资金[①]。向股权投资者筹措股权投资，表现为股东对企业资产的要求权，在会计上称为所有者权益；向债权人借入资金，企业必须按期偿付本息，表现为债权人对企业资产的要求权，在会计上称为负债。因此，对于资金投入企业的投入渠道本身而言，此时资金运动表现为负债与所有者权益的增减变动。在这方面，我们可以把会计对象分解为负债和所有者权益两个会计要素。

出于资金流转以维持企业正常运转的需要，企业从各种渠道筹集来的资金，要运用到各个方面。这样，资金就会有不同的存在方式，如货币方式、原材料方式、机器设备方式等。在会计上，把合理的资金存在方式称作资产。资产和负债及所有者权益是资金运动的两个基本方面，负债、所有者权益是企业的资金来源，资产是资金的存在方式或运用去向。

资产在企业的经营活动中有不同的用途，如货币资产可以作为支付手段和贮藏手段、原材料可作为产品生产原料、机器设备可作为产品加工手段等。资产在使用过程中会发生各种形式的消耗，形成各种费用，同时生产出各种产品。企业将各种产品销售出去，形成各种收入，企业的收入减去费用后，就形成了企业的利润。

从上面的论述中可以看出，企业资金运动所涉及的各个方面表现为资产、负债、所有者权益、收入、费用和利润六个会计要素在金额上的增减变动，会计对象也可以具体分解为上述六个会计要素[②]。

我国《企业会计准则——基本准则》和企业会计制度中也将会计对象的具体内容分解为资产、负债、所有者权益、收入、费用和利润六大会计要素。这六大会计要素又可以划分为两大类，即反映财务状况[③]的会计要素（又称资产负债表要素）和反映经营成果[④]的会计要素（又称利润表要素）。其中，反映财务状况的会计要素包括资产、负债和所有者权益三要素；反映经营成果的会计要素包括收入、费用和利润三要素。

1.3.2 会计要素的具体组成

1）资产

（1）资产的含义

资产是指企业过去的交易或者事项形成的、由企业拥有或者控制的、预期会给企业带来经济利益的资源。

---

① 企业向债权人筹资可以分为根据借贷合约借入、结算中形成的负债等方式。
② 各国或地区对会计要素的划分有所不同，如美国会计的十要素、国际会计的五要素等。
③ 在会计上，财务状况是指在某一时点上企业资产、负债和所有者权益的分布状况。
④ 在会计上，经营成果是指在某一时期企业的收入和费用及其配比状况。

（2）资产的基本特征

资产是企业从各种筹资渠道所筹集的资金的存在方式或运用去向，它是企业各种财产物资的货币表现，但并不是所有的财产物资都是企业的资产。一项具体的财产物资能否成为企业的资产，要看它是否能满足相关条件，或者说，它是否具有成为资产的基本特征。资产的基本特征主要有以下几个方面：

①资产是由过去的交易或事项所导致的现时权利。也就是说，“过去发生”是确认资产是否存在的基本原则之一。尽管在实务工作中出现了“或有资产”“衍生金融工具”等一些经济现象，对“过去发生”原则提出了挑战，但这一原则仍然被大部分会计理论家和实务工作者所接受。

②资产必须是为某一特定的组织所拥有或者控制。企业会计的服务对象是在空间上有界限的特定的经济组织，企业会计并不涉及企业外的经济活动，而仅仅涉及某一特定主体的经济活动。因此，企业会计中所确认和计量的资产就应该是某一特定主体的资产。这里，拥有是指企业对某项资产拥有法定所有权，而控制则是指企业实质上已经掌握了某项资产的未来收益和风险，但是目前并不对其拥有法定所有权。前者泛指企业的各种财产、债权和其他权利，而后者则指企业只具有使用权而没有法定所有权的各项经济资源，如企业融资租入的固定资产等。

③资产能为企业带来未来的经济利益。此即资产单独或与企业的其他要素结合起来，能够在未来直接或间接地产生净现金流入量[①]。这是资产的本质所在。按照这一特征，判断一个项目是否构成资产，一定要看它是否潜存着未来的经济利益。只有那些潜存着未来经济利益的项目才能确认为资产。

（3）资产的分类

企业的资产分布于企业经营领域涉及的各个方面，按其持有目的、转换为现金速度[②]及使用期限，可分为非流动资产、流动资产和其他资产三类。

①非流动资产。

非流动资产是指准备持有期超过 1 年或一个营业周期以上，不准备随时变现、出售或耗用，或持有的主要目的不是交易的资产。其主要包括可供出售金融资产、持有至到期投资、长期股权投资、投资性房地产、固定资产、在建工程、无形资产、开发支出、递延所得税资产和长期待摊费用等。

A. 固定资产是指使用寿命超过一个会计年度，为生产商品、提供劳务、出租或经营管理而持有的有形资产。

B. 在建工程是指正处于建造过程、尚未完工交付使用的固定资产。

C. 无形资产是指企业拥有或者控制的没有实物形态的可辨认非货币性资产，包括专利权、非专利技术、商标权、著作权、土地使用权等。

---

① 在会计上，现金的含义有广义和狭义之分。狭义的现金单指企业的库存现金，广义的现金指不超过三个月的企业可以运用的货币资金、有价证券等。这里的现金是指广义的现金。净现金流入量是指资产所带来的现金流入量与流出量之差的正值。

② 资产转换为现金速度的快慢，在会计上也称为流动性。资产转换为现金的速度快，其流动性就强；反之，其流动性就弱。

D. 长期股权投资是指投资方对被投资单位实施控制、重大影响的权益性投资，以及对其合营企业的权益性投资。其中，以前作为长期投资，但将于 1 年内到期的投资，由于已不具备长期投资的性质，应当在流动资产项下单列项目予以反映。

E. 长期待摊费用是指企业已经支出，但摊销期限在 1 年以上（不含 1 年）的各项费用，如固定资产大修理支出、经营性租赁租入固定资产的改良支出等。

②流动资产。

流动资产是指可以在 1 年或者超过 1 年的一个正常营业周期内变现、出售或者耗用的资产，或主要为交易目的而持有的资产，主要包括库存现金、银行存款、交易性金融资产、应收及预付款项、存货等。

A. 交易性金融资产主要是指为了在近期内出售而持有的金融资产，包括股票、债券、基金等。

B. 应收及预付款项是指企业在日常生产经营过程中发生的各项债权，包括应收款项（包括应收票据、应收账款、其他应收款）和预付账款等。

C. 存货是指企业在日常的生产经营过程中持有以备出售的产成品或商品、处在生产过程中的在产品，在生产或提供劳务的过程中耗用的材料或物料等。

③其他资产。

其他资产是指企业对资产的使用权限受到某种限制的资产，如被冻结存款和物资、待诉讼财产物资等。由于这些资产不能参加企业正常的经营活动，且不常见，这里不再叙述。

2）负债

（1）负债的含义

负债是指企业过去的交易或事项所形成的、预期会导致经济利益流出企业的现时义务。负债是企业资产的来源之一，是企业需要负担的一项义务，但并非任何时点的义务都构成企业的负债。只有符合特定的要求，才能构成企业的负债。

（2）负债的特征

负债具有如下特征：

①负债是由过去的交易或事项所导致的现时义务。也就是说，“过去发生”原则在负债的确认中也占有举足轻重的地位。尽管现在也有一些经济现象，如“或有负债”等，对“过去发生”原则提出了挑战，但这一原则仍然被大部分会计学者和实务工作者所接受。

②负债在将来必须以债权人所能接受的经济资源来加以清偿。这是负债的实质所在。也就是说，负债的实质是将来应该以牺牲资产为代价的一种受法律保护的责任。也许企业可以通过承诺新的负债或通过将负债转为所有者权益等方式来清偿一项现有负债，但这并不与负债的实质特征相背离。在前一种方式下，仅仅是负债的偿付时间被延迟了，最终，企业仍然需要以债权人所能接受的经济资源来清偿债务；在后一种方式下，则相当于企业用增加所有者权益而获得的资产偿还了现有负债。

负债通常是按照其归还时间的长短[①]来分类的。这样分类的目的在于了解企业流动资产和流动负债的相对比例，反映出企业的短期偿债能力的大小，从而向会计信息使用者揭示负债企业的风险程度和债权人债权的安全程度。

（3）负债的分类

负债按照其流动性，可以分为流动负债和非流动负债。

①流动负债。

流动负债是指企业将在1年（含1年）或者超过1年的一个正常营业周期内偿还的债务，包括短期借款、应付票据、应付账款、预收账款、应付职工薪酬、应交税费、应付股利和将于1年内到期的非流动负债等。

A. 短期借款是指企业从银行等金融机构借入的、将在1年或者超过1年的一个营业周期内偿还的债务。

B. 应付票据是指企业在采购过程中，采用商业汇票[②]的结算方式所形成的负债。

C. 应付账款是指企业在采购过程中，采用非商业汇票的结算方式所形成的负债。

流动负债还可以按照其他标准进行分类。

A. 按照产生的原因分类。

按照产生的原因，流动负债可以分为在借贷过程中形成的流动负债（如短期借款等）、在结算过程中形成的流动负债（如应付账款等）、在经营过程中形成的流动负债（如应付职工薪酬等）和在利润分配过程中形成的流动负债（如应付股利等）。

B. 按照应付金额是否可以肯定分类。

按照应付金额是否可以肯定，流动负债可以分为应付金额肯定的流动负债（如应付账款等）、应付金额视经营情况而定的流动负债（如应交税费等）和应付金额需予以估计的流动负债（如因产品质量担保等而形成的预计负债等）。

②非流动负债。

非流动负债是指偿还期在1年或超过1年的一个营业周期以上的债务，包括长期借款、应付债券、长期应付款[③]等。

A. 长期借款是指企业从银行等金融机构借入的、将在1年或者超过1年的一个营业周期以上偿还的债务。

B. 应付债券是指企业以发行债券方式形成的、偿还期在1年或者超过1年的一个营业周期以上的债务本金和利息等。

---

① 在会计上，负债归还时间的长短也称为负债的流动性，归还时间短的负债流动性强；反之，其流动性就弱。同资产的流动性不同，一般而言，资产的流动性强，企业的财务状况就好；负债的流动性强，其经营风险就大。

② 商业汇票包括商业承兑汇票和银行承兑汇票，是一种由销货者按合同先向购货者交货，购货者再在规定的时限内付款的结算方式。

③ 将于1年内到期的非流动负债已转变为流动负债，应当在资产负债表中的流动负债项下单列项目予以反映。

C. 长期应付款包括引进设备应付款、融资租入固定资产应付款等。引进设备应付款是指企业由于引进设备而形成的非流动负债；融资租入固定资产应付款是指企业通过融资租赁方式形成的、付款期在 1 年或者超过 1 年的一个营业周期以上的租金和利息等。

除了上述这些传统的分类以外，负债还可以按照偿付的形式分为货币性负债和非货币性负债。货币性负债是指那些需要在未来某一时点支付一定数额货币的现时义务，而非货币性负债则是指那些需要在未来某一时点提供一定数量和质量的商品或服务的现时义务。

3）所有者权益

（1）所有者权益的含义

所有者权益是指企业资产扣除负债后由所有者享有的剩余权益。它在数值上等于企业全部资产减去全部负债后的余额。它表明了企业的产权关系。公司的所有者权益又称为股东权益。

（2）所有者权益的特征

所有者权益具有以下特征：

①所有者权益是企业一种稳定的资金来源，除法律另有规定外，企业经营期间不具有追索权。也就是说，企业股东不得任意抽回与所有者权益相应的资产。

②所有者权益是股东独享的清算剩余财产分配权和收益分配权，这种权利是受相关法律[①]保护的。

（3）所有者权益与负债的联系与区别

①二者的联系。

所有者权益和负债都是企业投资人[②]的权益，都是企业的资金来源。

②二者的区别。

所有者权益和负债之间的区别，具体表现如下：

A. 负债是企业对债权人所承担的经济责任，企业负有到期偿还负债本息的义务；而所有者权益则是企业对股权投资人所承担的经济责任，在企业经营期内一般是不需要归还给投资者的。

B. 债权人只享有按期收回利息和债务本金的权利，而无权参与企业的利润分配和经营管理；投资者则既可以参与企业的利润分配，也可以参与企业的经营管理。

C. 在企业清算时，负债拥有优先求偿权；而所有者权益则只能在清偿了所有的负债以后，才返还给投资者。

（4）所有者权益的分类

所有者权益包括实收资本（股本）、资本公积、其他综合收益、盈余公积和未

---

① 如在我国的宪法、公司法等法律中都有此类规定。

② 企业投资人有广义和狭义之分，广义的投资人包括股权投资人和债权投资人，狭义的投资人一般单指股权投资人。在会计上，若不单独说明，投资人一般是指狭义的投资人。

分配利润等。

①实收资本（股本）。

实收资本（股本）是指投资者按照企业章程或合同、协议的约定，实际投入企业的资本（股本）。它是企业注册成立的基本条件之一，也是企业承担民事责任的财力保证。

②资本公积。

资本公积是指资本在运营过程中发生的增值，包括资本（股本）溢价以及接受捐赠等项目。

资本（股本）溢价是指企业投资者投入的资金超过其在注册资本中所占份额的部分。

③其他综合收益。

其他综合收益指企业根据企业会计准则未在损益中确认的各项利得和损失扣除所得税影响后的余额。

上述利得和损失是指不应计入当期损益、会导致所有者权益发生增减变动的、与所有者投入资本或者向所有者分配利润无关的利得或者损失。

利得是指由企业非日常活动所形成的、会导致所有者权益增加的、与所有者投入资本无关的经济利益的流入。

损失是指由企业非日常活动所发生的、会导致所有者权益减少的、与向所有者分配利润无关的经济利益的流出。

④盈余公积。

盈余公积是指企业在经营过程中从净利润中产生的，按有关规定分配的、用于企业经营周转的部分利润。

按我国现行法律规定，性质不同的企业，盈余公积的提取方法也不相同。一般企业和股份有限公司的盈余公积包括法定盈余公积、任意盈余公积等。

A. 法定盈余公积是指企业按照《中华人民共和国公司法》规定的比例从净利润中提取的盈余公积。

B. 任意盈余公积是指企业经股东大会或类似机构批准后按照规定的比例从净利润中提取的盈余公积。

企业的盈余公积可以用于弥补亏损、转增资本（股本）。符合规定条件的企业，也可以用盈余公积分派现金股利。

⑤未分配利润。

未分配利润是指企业有待于以后年度分配的利润或待分配利润。

4）收入

（1）收入的含义

收入是指企业在日常活动中形成的、会导致所有者权益增加的、与所有者投入资本无关的经济利益的总流入。

（2）收入的特点

收入的实质是一项资产的增加，从这个意义上讲，收入是资产的一个来源。同企业资产的其他来源相比，收入有它自身的特点。收入的特点主要有以下几个方面：

①收入从企业的日常活动中产生，而不是从偶发的交易或事项中产生。

②收入可能表现为企业资产的增加，也可能表现为企业负债的减少，或者二者兼而有之。

③收入能导致企业所有者权益的增加。

④收入只包括本企业经济利益的流入，而不包括为第三方或客户代收的款项。

（3）收入的分类

收入可以按不同的标准分类。

①按收入的来源分类。

收入按其来源可以分为营业收入、投资收益和营业外收入等。

A. 营业收入是指企业在一般的营业活动中所获得的收入。

营业收入可以进一步分为主营业务收入和其他业务收入。主营业务收入是指企业从事其基本业务所获得的收入；其他业务收入是指企业从事非基本业务所获得的收入。

B. 投资收益是指企业对外投资所取得的收益减去发生的投资损失和计提的投资减值准备后的净额。

C. 营业外收入是指企业发生的与其生产经营活动无直接关系的各项收入，包括非流动资产处置利得、非货币性资产交换利得、债务重组利得、捐赠利得和罚款利得等。

②按收入包括的范围分类。

按收入包括的范围，收入可以分为广义的收入和狭义的收入。

应该予以强调的是，我们在收入的定义中所说的收入是指狭义的收入，它仅包括营业收入。广义的收入还包括投资收益和营业外收入等。

5）费用

（1）费用的含义

费用[①]是指企业在日常活动中发生的、会导致所有者权益减少的、与所有者分配利润无关的经济利益的总流出。

（2）费用的特点

费用最终会导致资产的耗费，从这个意义上讲，费用是资产的一个抵减。同上述其他会计要素相比，费用也有它自身的特点。费用的特点主要有以下几个方面：

①费用产生于过去的交易或事项。

---

① 与费用相关的另一个概念是成本。成本是指企业为生产产品、提供劳务而发生的各种耗费，包括为生产产品、提供劳务而发生的直接材料费用、直接人工费用和其他相关费用。成本是一种对象化的费用，这一概念将在以后的有关专业课中学习。

②费用可能表现为企业资产的减少，也可能表现为企业负债的增加，或者二者兼而有之。

③费用能导致企业所有者权益的减少。

④费用是用来与各种收入相抵减的。收入与费用相抵减的结果，就形成了企业的损益。

（3）费用的分类

按费用包括的范围，费用可以分为狭义的费用和广义的费用。狭义的费用包括销售费用、管理费用和财务费用等；广义的费用除包括狭义的费用外，还包括所得税费用、营业外支出和投资净损失等。

① 销售费用是指企业在销售商品的过程中发生的各项费用，包括企业在销售商品的过程中发生的运输费、装卸费、包装费、保险费、展览费和广告费，以及为销售本企业的商品而专设的销售机构（含销售网点、售后服务网点等）的职工薪酬等费用。

② 管理费用是指企业为组织和管理生产经营活动而发生的各项费用，包括企业的董事会和行政管理部门在企业的经营管理中发生的或者应当由企业统一负担的公司经费（包括行政管理部门的职工薪酬、修理费、物料消耗、低值易耗品摊销、办公费和差旅费等）、董事会费、聘请中介机构费、咨询费（含顾问费）、诉讼费、业务招待费、房产税、车船税、城镇土地使用税、印花税、技术转让费、矿产资源补偿费、无形资产摊销、研究与开发费、排污费、存货盘亏或盘盈（不包括应计入营业外支出的存货损失）。

③ 财务费用是指企业为筹集生产经营所需资金等而发生的各项费用，包括应当作为期间费用的利息支出（减利息收入）、汇兑损失（减汇兑收益）以及相关的手续费等。

④ 所得税费用是指企业按税法的规定交纳所得税而产生的费用。

⑤ 营业外支出是指企业发生的与其生产经营活动无直接关系的各项支出，包括盘亏损失、非流动资产处置损失、债务重组损失、盘亏损失、罚款支出、公益性捐赠支出和非常损失等。

⑥ 投资净损失是指企业投资对象所产生的亏损大于投资利润的那部分差额。

6）利润

（1）利润的含义

利润是指企业在一定会计期间内的经营成果。利润包括收入减去费用后的净额、直接计入当期利润的利得或损失等。利润是收入与费用相配比的结果。

（2）利润的分类

按照利润的配比方法和形成原因不同，利润可分为营业利润、利润总额和净利润、其他综合收益各项目分别扣除所得税影响后的净额和综合收益。

①营业利润是指营业收入减去营业成本、税金及附加、期间费用和资产减值损

失，加减投资收益和公允价值变动收益后的金额①。

②利润总额是指营业利润加上营业外收入，减去营业外支出后的金额。

③净利润是指利润总额减去所得税费用后的金额。

④综合收益是指企业在某一期间除所有者以其所有者身份进行的交易之外的其他交易或事项所引起的所有者权益活动。综合收益总额项目反映净利润和其他综合收益扣除所得税影响后的净额相加后的合计金额。

1.3.3　划分会计要素的意义

企业的资金运动千变万化、错综复杂，不同的经济业务涉及的会计核算内容既有共性，又各具特点。要全面、连续、系统、综合和科学地反映和监督会计事项，就必须全面梳理会计事项，按它们的个性和共性进行分类，会计要素的划分就是本着这样的要求进行的。这种划分主要有以下两方面的意义：

1）划分会计要素是账户设置和账簿登记的基本前提

要系统地反映企业的会计事项，必须对会计事项涉及的内容进行系统的分类，划分会计要素是对会计事项的基本分类。只有划分会计要素，才能对会计核算内容按类设置账户并记入账簿。没有这种分类，就没法记入会计账簿，也就不能实现会计反映职能了。

2）会计要素是构成会计报表的基本框架

会计报表是提供会计信息的基本手段，会计报表所提供的一系列指标，主要是由会计要素构成的，会计要素是会计报表框架的基本构成内容。从这个意义上讲，划分会计要素为设计会计报表奠定了基础。

1.3.4　会计等式

1）会计等式的含义

会计等式也称为会计平衡公式，它是表明各会计要素之间基本关系的恒等式。

从前面涉及的各会计要素的含义和具体内容来看，会计要素之间存在着一定的关系。如企业资产的增加，要么是负债增加的结果，要么是所有者权益增加的结果，所以用货币来计量，资产在总额上必定等于负债与所有者权益之和。将这些关系用方程式表达出来，就形成了不同的会计平衡公式，它们是设置账户、复式记账和设计各种会计报表的理论依据。

2）基本会计等式

（1）反映资产、负债和所有者权益三者关系的基本会计等式

资产=负债+所有者权益

这是最基本的会计等式，也称为第一会计等式。企业要从事生产经营活动，一方面，必须拥有一定数量的资产。这些资产以各种不同的形态分布于企业生产经营

① 这里的营业成本、税金及附加等概念将在本书后面相关章节中讲述。

活动的各个阶段，成为企业生产经营活动的基础。另一方面，这些资产要么来源于债权人，从而形成企业的负债；要么来源于投资者，从而形成企业的所有者权益。由此可见，资产同负债与所有者权益，实际上是同一价值运动的两个方面。因此，这两方面之间必然存在着恒等关系。也就是说，一定数额的资产必然对应着相同数额的负债与所有者权益，而一定数额的负债与所有者权益也必然对应着相同数额的资产。

这一会计等式既表明了某一会计主体在某一特定时点所拥有的各种资产，同时也表明了这些资产的归属关系。它是设置账户、复式记账以及编制报表等会计方法的理论依据之一。

（2）反映收入、费用和利润三者关系的基本会计等式

收入-费用=利润

建立企业的目的，是通过资金运动取得利润，也就是让资金增值，从而使投资者获得投资回报。企业从各种渠道筹得资金，形成各种资产，在资产的使用中产生种种耗费，形成不同的费用，加工出为社会所需的各种产品，把这些产品销售出去，形成收入，收入与费用抵扣后的余额，就形成了企业损益。

这一会计等式既表明了某一会计主体在某一特定时期的经营状况，同时也表明了企业经营状况变动的原因。它也是设置账户、复式记账以及编制报表等会计方法的理论依据之一。

1.3.5 经济业务的发生对基本会计等式的影响

企业要正常存在，就要围绕经营目标持续不断地开展各种经营活动，这些经营活动会导致资金的不断增减变动，从而对有关的会计要素产生影响，也影响着基本会计等式中数据的对应关系。那么这些影响会不会破坏上述基本会计等式的等量关系呢？我们来分析一下这个问题。

企业的经济业务虽然数量众多，类型各异，但归纳起来有也只有以下九种类型：

①资产要素内部此增彼减，增减金额相等，不影响基本会计等式的等量关系。

②负债要素内部此增彼减，增减金额相等，不影响基本会计等式的等量关系。

③所有者权益要素内部此增彼减，增减金额相等，不影响基本会计等式的等量关系。

④负债要素金额增加，同时所有者权益要素金额减少，增减金额相等，不影响基本会计等式的等量关系。

⑤所有者权益要素金额增加，同时负债要素金额减少，增减金额相等，不影响基本会计等式的等量关系。

⑥资产和负债要素金额同时等额增加，不影响基本会计等式的等量关系。

⑦资产和负债要素金额同时等额减少，不影响基本会计等式的等量关系。

⑧资产和所有者权益要素金额同时等额增加，不影响基本会计等式的等量

关系。

⑨资产和所有者权益要素金额同时等额减少，不影响基本会计等式的等量关系。

至于经济业务的发生导致收入、费用和利润要素金额的增减变动，都最终可归结为资产、负债和所有者权益要素金额的增减变动。如收入的增加会导致资产的增加或负债的减少；费用的增加最终会导致资产的减少或负债的增加等。经济活动发生导致收入、费用和利润要素金额增减变动的经济业务类型，可归纳到上述九种经济业务类型中。

通过以上分析，我们可以得出如下结论：

①不管企业的经济业务多么复杂多变，不论经济业务发生导致的会计要素金额如何变动，都不会影响会计等式的平衡性。

②上述第①种至第⑤种经济业务类型，只涉及“资产=负债+所有者权益”这个会计等式某一边的会计要素金额，是资金在企业内部循环周转的经济业务。此类经济业务导致的资金运动不会使企业的资金总量发生增减。

③上述第⑥种和第⑧种经济业务类型，同时涉及“资产=负债+所有者权益”这个会计等式两边的会计要素金额，是资金投入企业的经济业务。此类经济业务导致的资金运动会增加企业的资金总量。

④上述第⑦种和第⑨种经济业务类型，同时涉及“资产=负债+所有者权益”这个会计等式两边的会计要素金额，是资金退出企业的经济业务。此类经济业务导致的资金运动会减少企业的资金总量。

1.4　会计的职能、任务与方法

1.4.1　会计的职能

会计之所以会存在，是由于它在经济活动中能发挥特定的作用，具有一定的职能。会计的职能是指会计在经济活动中所具有的功能，具体来讲，就是指会计是用来做什么的。会计的基本职能可以归纳为反映和监督两个方面。

1）会计的反映职能

会计的反映职能是指会计能够按照公认会计准则的要求，通过一定的程序和方法，全面、连续、系统、及时、可靠地将一个会计主体所发生的会计事项用特定的会计语言[①]描述出来，以达到揭示会计事项的本质、为会计信息的使用者提供经济信息的目的。会计的反映职能具有以下特征：

①会计是以货币为主要计量单位，从价值量方面反映各单位的经济活动情况。

---

① 主要是指现代世界范围内运用最广泛的商业记录语言——借贷记账法。

会计在对各单位经济活动进行反映时，主要是从金额数量而不是从其他方面反映企业的价值流动和结存情况。如企业对存货进行反映时，主要记录其入账价值、减值准备等价值量的增减变化及结余情况，而并不反映其质量水平、使用功能等。会计在反映经济活动时主要以货币为计量单位，实物计量单位、其他指标及文字说明等都处于附属地位。

②会计反映是一种对客观事实的说明，而客观事实是一种已有存在。也就是说，会计只反映过去已经发生的经济活动，对于未发生的经济业务，由于不能取得该项经济业务的书面凭证，因此该项经济业务不具有可验证性，不能据以记录账簿，不能保证会计所提供信息的可靠性。故而虽然管理会计具有预测职能，其核算的范围可能扩大到未来的经济活动，但从编制会计报表、对外提供会计信息来看仍然是面向过去的。

③会计反映具有连续、系统和全面的特点。这里的“连续”，是指会计要按经济业务发生的时间次序不间断地顺序记录；这里的“系统”，是指要对会计对象按一定的方法进行分类，进而系统地加工、整理和汇总，以便提供信息需求者所需要的各类信息；这里的“全面”有两层含义：一是指对每个会计主体所发生的全部经济业务都应该进行记录和反映，不能有任何遗漏，二是对某一项经济业务涉及的所有方面都应该进行记录和反映，不能有任何遗漏。

会计的反映职能在客观上体现为通过会计的信息系统对会计信息进行汇集、归类、加工、储存和输出。这一过程又具体体现为记账、算账和报账三个阶段。记账就是把一个会计主体所发生的全部经济业务运用一定的程序和方法在账簿上予以记载；算账就是在记账的基础上，运用一定的程序和方法来计算该会计主体在生产经营过程中的资产、负债、所有者权益、收入、成本（费用）以及损益情况；报账就是在记账和算账的基础上，通过编制会计报表等方式将该会计主体的财务状况和经营成果向会计信息使用者报出。

2）会计的监督职能与会计的控制系统

会计的监督职能是指会计按照一定的目的和要求，利用会计信息系统所提供的信息，对会计主体的经济活动进行控制，使之达到预期的目标。会计的监督职能就是监督经济活动按照有关的法规和计划进行。会计监督具有以下显著的特征：

①会计监督具有强制性和严肃性。会计监督是依据国家的财经法规和财经纪律来进行的，《会计法》不仅赋予会计机构和会计人员实行监督的权利，而且规定了监督者的法律责任。放弃监督，听之任之，情节严重的，给予行政处分，给公共财产造成重大损失、构成犯罪的，依法追究刑事责任。因此，会计监督以国家的财经法规和财经纪律为准绳，具有强制性和严肃性。

②会计监督具有连续性。社会生产过程不间断，会计反映就要不断地进行下去，在整个持续过程中，始终离不了会计监督，各会计主体每发生一笔经济业务，都要通过会计进行反映，在反映的同时，就要审查它们是否符合法律、制度、规定和计划。会计反映具有连续性，会计监督也就具有连续性。

③会计监督具有完整性。会计监督不仅体现在已经发生或已经完成的业务方面，还体现在业务发生过程中及尚未发生之前，包括事前监督、事中监督和事后监督。事前监督是指会计部门或会计人员在参与制定各种决策以及相关的各项计划或费用预算时，就依据有关政策、法规、准则等的规定对各项经济活动的可行性、合理性、合法性和有效性等进行审查，它是对未来经济活动的指导；事中监督是指在日常会计工作中，随时审查所发生的经济业务，一旦发现问题，及时提出建议或改进意见，促使有关部门或人员采取措施予以改正；事后监督是指以事先制定的目标、标准和要求为依据，利用会计反映取得的资料对已经完成的经济活动进行考核、分析和评价。会计事后监督可以为制订下期计划、预算提供资料，也可以预测今后经济活动的发展趋势。

1.4.2　会计基本职能之间的关系

就会计基本职能之间的关系而言，反映职能是监督职能的基础，没有会计反映提供的信息，就不可能进行会计监督，因为如果没有会计反映提供可靠、完整的会计资料，会计监督就没有客观依据，也就无法进行会计监督；而监督职能又是反映职能的保证，没有会计监督进行控制，提供有力的保证，就不可能提供真实可靠的会计信息，也就不能发挥会计的作用，会计反映也就失去了存在的意义。因此，会计的反映职能和监督职能是紧密结合、密不可分、相辅相成的。

1.4.3　会计的任务

1）会计任务的含义

会计的任务是指通过会计的职能所应该完成的工作，它是会计职能的具体化。

在我国，会计的根本任务是按照国家的财经法规、会计准则和会计制度进行会计核算，提供以财务数据为主的经济信息，并利用取得的经济信息对会计主体的经济业务进行监督、控制，以提高经济效益，并服务于会计主体内、外部的有关各个方面。

2）会计任务的具体内容

具体来说，会计的任务包括以下内容：

（1）反映和监督财经法规制度的执行情况，维护财经纪律

贯彻执行国家的财经法规、会计准则和会计制度是各会计主体进行经济活动的首要原则。因此，会计在反映经济活动、提供会计信息的同时，还应以有关的财经法规和准则、制度为依据，对经济活动的合法性、合规性实行必要的监督。对于违反财经法规、准则和制度的行为，应及时予以制止和揭露。

（2）提供会计信息，为加强经营管理提供依据

会计的基本任务是运用专门的程序和方法，对各项经济活动进行全面、系统、及时、可靠的反映，从而为信息使用者提供与决策和管理有关的信息，并揭示经济管理中存在的问题及其产生的原因，进而促使管理当局改进经营管理，提高经济

效益。

（3）预测经济前景，为经营决策提供依据

会计不仅要对经济活动和财务收支进行事后的反映和监督，而且还要在掌握历史资料的基础上，根据经营管理的要求对经济前景作出预测，同时还要通过对备选方案的测算和比较，积极地为经营决策发挥参谋作用。

1.4.4 会计的方法

1）会计方法的含义

会计的方法是用来反映和监督会计对象，完成会计任务的手段。研究和运用会计方法是为了实现会计的目标，更好地完成会计任务。

会计的方法是从会计实践中总结出来的，并随着社会实践的发展、科学技术的进步以及管理要求的提高而不断地发展和完善。会计方法是用来反映和监督会计对象的，会计对象的多种多样、错综复杂决定了预测、反映、监督、检查和分析会计对象的手段不是单一的方法，而是由一个方法体系构成。

2）会计的方法体系

会计的方法体系主要由会计核算的方法、会计分析的方法以及会计检查的方法等组成。

会计核算的方法是对各单位已经发生的经济活动进行连续、系统、完整的反映和监督所应用的方法。

会计分析的方法主要是利用会计核算的资料，考核并说明各单位经济活动的效果，在分析过去的基础上，提出指导未来经济活动的计划、预算和备选方案，并对它们的报告结果进行分析和评价。

会计检查的方法主要是根据会计核算，检查各单位的经济活动是否合理、合法，会计核算资料是否真实、正确，根据会计核算资料编制的未来时期的计划、预算是否可行、有效等等。

上述各种会计方法紧密联系，相互依存，相辅相成，形成了一个完整的会计方法体系。其中，会计核算方法是基础，会计分析方法是会计核算方法的继续和发展，会计检查方法是证实会计核算方法和会计分析方法的保证。

会计方法之间既相互联系，又具有相对的独立性。它们所应用的具体方法各不相同，并有各自的工作和研究对象，形成了相对独立的专业领域。学习会计首先应从基础开始，即要从掌握会计核算方法入手，“基础会计”课程主要是介绍会计核算的方法。至于会计分析和检查的方法等内容，将在以后的专业课中陆续学习。

3）会计核算方法的具体内容

会计核算方法，是指会计对企事业、行政单位已经发生的经济活动进行连续、系统和全面的反映和监督所采用的方法。会计对象的多样性和复杂性决定了用来对其进行反映和监督的会计核算方法具有复杂性。会计核算方法是一个相互关联的体系，具体由七种方法所构成，它们分别是设置账户、复式记账、填制和审核凭证、登记账簿、成本计算、财产清查和编制财务报告。

（1）设置账户

账户是对会计对象的具体内容，按其不同的特点和经济管理的需要，分门别类地进行反映的项目。设置账户就是根据会计对象的特点和经济管理的要求来科学地确定这些项目的过程。进行会计核算之前，首先应将多种多样、错综复杂的会计对象的具体内容进行科学的分类，只有通过分类反映和监督，才能提供管理所需要的各种指标。每个会计账户只能反映一定的经济内容，将会计对象的具体内容划分为若干项目，即设置若干个会计账户，就可以使所设置的账户既有分工又有联系地反映整个会计对象的内容，提供管理所需要的各种信息。

（2）复式记账

复式记账就是对每笔经济业务都以相等的金额在相互关联的两个或两个以上的有关账户中进行登记的一种专门方法。复式记账有着明显的特点。它对每项经济业务都必须以相等的金额在相互关联的两个或两个以上的账户中进行登记，使每项经济业务所涉及的两个或两个以上的账户产生对应关系，同时，在对应账户中所记录的金额又平行相等。通过账户的对应关系，可以了解经济业务的内容；通过账户的平行关系，可以检查有关经济业务的记录是否正确。复式记账可以相互联系地反映经济业务的全貌，也便于检查账簿记录是否正确。例如，“从银行提取 600 元现金”这笔经济业务，一方面要在“银行存款”账户中登记减少 600 元；另一方面又要在“库存现金”账户中登记增加 600 元。使“银行存款”账户和“库存现金”账户相互联系地分别记录 600 元。这样既可以了解这笔经济业务的具体内容，又可以反映该项经济活动的来龙去脉，完整、系统地记录资金运动的过程和结果。

（3）填制和审核凭证

填制和审核凭证是指为了审查经济业务是否合理、合规和合法，保证账簿记录正确、完整而采用的一种专门方法。会计凭证是记录经济业务、明确经济责任的书面证明，是登记账簿的重要依据。经济业务是否发生、执行和完成，关键看是否取得或填制了会计凭证。取得或填制了会计凭证，就证明该项经济业务已经发生或完成。对已经完成的经济业务还要经过会计部门、会计人员的严格审核，在保证符合有关法律、制度、规定而且正确无误的情况下，才能据以登记账簿。填制和审核凭证可以为经济管理提供真实可靠的会计信息。

（4）登记账簿

登记账簿亦称记账，就是把所有的经济业务按其发生的顺序分门别类地记入有关账簿。账簿是用来全面、连续、系统地记录各项经济业务的簿籍，也是保存会计信息的重要工具。它具有一定的结构、格式，应该根据审核无误的会计凭证序时、分类地进行登记。在账簿中应该开设相应的账户，把所有的经济业务记入账簿中的账户后，还应定期计算和累计各项核算指标，并定期结账和对账，使账证之间、账账之间、账实之间保持一致。账簿所提供的各种信息是编制会计报表的主要依据。

(5) 成本计算

成本计算是指归集一定计算对象上的全部费用，借以确定该对象的总成本和单位成本的一种专门方法，本书中的成本计算是指对工业产品进行的成本计算。例如，工业企业按采购、生产和销售三个过程分别归集经营所发生的费用，再分别将其与采购、生产和销售材料，产品的品种、数量联系起来，计算它们的总成本和单位成本。通过成本计算，可以考核和监督企业经营过程中所发生的各项费用是否节约，以便采取措施降低成本，提高经济效益。成本计算对于确定生产补偿尺度、正确计算和分配国民收入、确定价格政策等都具有重要作用。

(6) 财产清查

财产清查就是通过盘点实物及核对账目来查明各项财产物资和资金的实有数，并查明实有数与账存数是否相符的一种专门方法。在日常会计核算过程中，为了保证会计信息的可靠和有用性，必须定期或不定期地对各项财产物资、货币资金和往来款项进行清查、盘点和核对。在清查中，如果发现账实不符，应查明原因，调整账簿记录，使账存数额同实存数额保持一致，做到账实相符。通过财产清查，还可以查明各项财产物资的保管和使用情况，以便采取措施挖掘物资潜力，加速资金周转。总之，财产清查对于保证会计核算资料的可靠和有用性以及监督财产的安全与合理使用等都具有重要作用。它是会计核算必不可少的方法之一。

(7) 编制财务报告

财务报告是指企业对外提供的反映企业某一特定日期财务状况和某一会计期间经营成果、现金流量的文件。编制财务报告就是将账簿记录的内容定期地加以分类、整理和汇总，形成经营管理所需要的各种指标，再报送给会计信息使用者，以便据此进行决策。财务报告所提供的一系列核算指标，是考核和分析财务计划和预算执行情况、编制下期财务计划和预算的重要依据，也是进行国民经济综合平衡必不可少的资料。编制完财务报告，就意味着这一期间会计核算工作的结束。

上述会计核算的各种方法是相互联系、密切配合的。在会计对经济业务进行记录和反映的过程中，不论是采用手工处理方式，还是使用计算机数据处理系统，对于日常所发生的经济业务，首先要取得合法的凭证，然后按照所设置的账户进行复式记账，根据账簿的记录进行成本计算，在财产清查、账实相符的基础上编制会计报表。会计核算的七种方法相互联系，一环套一环，缺一不可，形成一个完整的方法体系。

练习题

□ 名词解释

会计　会计对象　资金运动　会计要素　会计的基本职能

□ 复习思考题

1. 什么是会计？会计为什么会产生？

2. 为什么要划分会计要素？我国《企业会计准则——基本准则》中规定了哪些会计要素？

3. 什么是会计等式？有几类会计等式？经济业务的发生对会计等式会产生什么样的影响？请举例说明。

4. 为什么无论发生什么经济业务，都不会破坏资产与权益之间的平衡关系？

5. 简述会计的任务。

6. 会计核算方法之间的关系如何？

第 2 章　会计基本规范

◆ **学习导航**

本章阐述的内容主要有：会计的基本假设、会计核算的基本准则和会计人员工作规范。应重点掌握会计的基本假设和会计核算的一般原则，它是进行会计事务处理的必要前提和行为规范。

会计规范是会计工作应遵循的前提、原则、方法和程序等内容的总和。会计规范可分为会计相关法律、会计基本假设、会计基本准则、会计具体准则、会计制度、会计人员工作规范等内容。本章将讨论会计基本假设、会计基本准则和会计人员工作规范三个会计的基本规范。

2.1　会计基本假设

前已述明，会计核算的对象是资金运动，但会计为谁来核算和监督？这个资金运动涉及的范围有多大？时间有多长？要用什么样的计量指标来计量资金运动？会计核算的时间标准是什么？这一系列问题必须在会计核算和监督开始之前就得到解决。

任何事物的存在都有生存的前提条件，会计也是如此。事物存在的前提条件，有些已被人们知晓并被科学所证明，有些虽被人们知晓但尚不能被科学所证明。资金运动涉及的范围有多大？这是一个非常复杂的问题。我们假设凡与会计主体相关的经济活动引起的资金运动为会计主体的资金运动范围。资金运动的时间有多长？这又是一个难以回答的问题，我们知道，当一个企业处在经营状态中，其资金就处在不断的运动中，当企业终止经营时，其资金运动才会停止，在正常的情况下，我们是期望企业能持续不断地经营下去的，因此我们假设企业的资金运动时间是持续不断的。

由于在会计核算之前，我们要进行一些假设，并在会计核算过程中遵循这些假设，因此我们把这些与会计核算相关的假设称为会计假设；又由于这些假设是会计核算和监督存在的前提条件，因此我们又称这些假设为会计核算工作的前提条件。

会计假设是指为了保证会计工作的正常进行和会计信息的质量，对会计核算的范围、内容、基本程序和方法所做的基本假定。这些假定都是以合理推断或人为的规定而做出的，是人们在长期的会计实践中逐步认识和总结形成的。结合我国实际情况，企业在组织会计核算时，应遵循的会计基本假设包括会计主体假设、持续经营假设、会计分期假设、货币计量假设。

2.1.1　会计主体假设

1）会计主体的含义

会计主体是指会计为之服务的特定单位或组织，如经营实体、非营利组织等。

2）会计主体与法律主体的区别

会计主体与法律主体（法人）不尽相同。一般来说，法律主体必然是会计主体，但会计主体不一定就是法律主体。会计主体可以是一个有法人资格的企业，也可以是由若干家企业通过控股关系组织起来的集团公司，还可以是一级政府组织或企业、单位下属的二级核算单位。独资、合伙形式的企业都可以作为会计主体，但都不是法人。

3）会计主体假设

会计主体假设是指会计核算应当以会计主体发生的各项经济业务为对象，记录和反映会计主体本身的各项经济活动。也就是说，会计核算是反映一个特定组织的经济业务，尽管企业本身的经济活动总是与其他企业、单位或个人的经济活动相联系，但对于会计来说，其核算的范围既不包括企业所有者本人，也不包括其他企业的经济活动，会计只记录本主体的经济活动。会计主体假设明确了会计工作的空间范围。如果不划定会计的空间范围，会计记录就会混乱不清，就不能明确相关的经济责任，会计核算工作就无法顺利进行。会计主体假设是会计核算的首要前提。

2.1.2　持续经营假设

1）持续经营的含义

持续经营是指会计主体的生产经营活动将持续不断地延续下去，在可以预见的未来不会因破产、清算、解散等而不复存在。实际上，持续经营是人们的一种愿望，有的企业由于经营有方，成为百年老店，但也有相当多的企业由于经营无方或其他原因，仅是昙花一现。

2）持续经营假设

持续经营假设是指会计核算应当以企业持续、正常的生产经营活动为前提，而不考虑企业是否破产清算等。

例如，一个企业购入一套净残值为零、使用年限为 10 年、购买价格为 10 万元且不需安装的机器设备，现已投入使用。在假设设备匀速损耗的条件下，若认为企业能正常运转 10 年以上，则固定资产的年折旧额应为 1 万元；若认为企业能正常运转的年限为 10 年以下，则同一固定资产的年折旧额就应大于 1 万元。可见，人们对企业经营期长短的判断不同，选用的会计程序及会计处理方法也会不同。

由于人们对事物的认知方法、认知程度不尽相同，如果任凭人们根据自己对经济活动的认知去选择会计程序及会计处理方法，就会造成会计核算的混乱，影响会计信息的质量，因此尽管客观上企业的经营期有长有短，但为了统一会计程序及会计处理方法的选择标准，只有假定作为会计主体的企业是持续、正常经营的，会计程序及方法才有可能建立在非清算的基础之上，不采用破产清算的处理方法，这样才能保持会计信息处理的一致性和稳定性。

持续经营假设明确了会计核算的时间范围。

会计核算所使用的一系列方法都是建立在会计主体持续经营的基础之上的。例如，只有在持续经营的前提下，企业的资产和负债才区分为流动的和非流动的，企业的资产计价才可以采用历史成本原则，企业才有必要确立会计分期假设和配比、划分收益性支出和资本性支出、对收入、费用的确认才能采用权责发生制等会计规范。

3）会计主体假设与持续经营假设之间的关系

会计主体假设与持续经营假设分别统一了会计核算的两个范围，会计主体假设确定了会计核算的空间范围，它决定了会计的服务范围，为明确、考核、分析和评价经济责任确定了一个边界；持续经营假设确定了会计核算的时间范围，它为会计程序及会计处理方法的选择提供了一个统一的时间标准，从而保证了会计方法选择的标准化。

2.1.3　会计分期假设

1）会计分期的含义

会计分期是指把企业持续不断的生产经营过程划分为较短的相对等距的会计期间。如把企业整个持续经营期间等分为若干个会计年度，把每个会计年度等分为4个会计季度及12个月份等。

2）会计分期假设

会计分期假设是指在整个持续经营期间，会计核算以会计年度为时间段，人为等距地核算每个会计年度的经济活动。

会计分期假设的目的在于通过会计期间的划分，分期结算账目，按期编制会计报表，从而及时地向有关方面提供反映财务状况和经营成果的会计信息，满足有关方面的需要。从理论上来说，在企业持续经营情况下，要反映企业的财务状况和经营成果只有等到企业所有的生产经营活动结束后，才能通过收入和费用的归集与比较，进行准确的计算，但这样做在平时的经济管理中就不能及时得到会计信息，会计也就无法有效地为经营活动提供信息。因此，为了及时地取得会计信息，就必须人为地将持续经营过程划分为较短的会计期间，并按会计期间进行会计核算。

会计分期假设是对会计工作时间范围的具体划分，主要是确定会计年度。中外各国所采用的会计年度一般都与本国的财政年度相关。我国以日历年度作为会计年度，即从每年的1月1日至12月31日为一个会计年度。会计年度确定后，一般按日历确定会计半年度、会计季度和会计月度。其中，凡是短于一个完整的会计年度的报告期间称为中期。

会计分期假设有着重要的意义。有了会计分期，才产生了本期与非本期的区别，才产生了收付实现制和权责发生制，划分收益性支出和资本性支出、配比等会计规范。只有正确地划分会计期间，才能准确地提供财务状况和经营成果的资料，才能进行会计信息的对比。

2.1.4　货币计量假设

1）货币计量的含义

货币计量是指以货币为量度单位，计算被量度单位的增减变动数量及其结果。

2）货币计量假设

货币计量假设是指以货币为主要计量单位，从价值的角度记录、反映各会计要素的增减变动及其结余（如果有余额的话）数量。

会计核算对象千差万别，从自然属性上来看，不同性质的财物简单汇集没有经济学上的意义。如 3 000 平方米的房屋与 10 台机床相加是没有意义的。为了全面、综合地反映企业的生产经营活动，会计核算客观上需要一种能普遍使用的综合计量单位，作为统一的计量尺度。货币作为商品的一般等价物，能用以计量一切资产、负债和所有者权益，以及收入、费用和利润，也便于综合。因此，会计必须以货币计量为前提。需要说明的是，其他计量单位，如实物、劳动工时等，在会计核算中也要使用，但不占主要地位。

在我国，要求企业对所有经济业务采用同一种货币作为统一尺度来进行计量。若企业的经济业务由两种以上的货币计量，应该选用一种作为基准，称为记账本位币。记账本位币以外的货币则称为外币。我国有关会计法规规定，企业会计核算以人民币为记账本位币。业务收支以外币为主的企业，也可以选定某种外币作为记账本位币，但编制的财务报表应当折算为人民币反映。

货币本身也有价值，它是通过货币的购买力或物价水平表现出来的，但在市场经济条件下，货币的价值也在发生变动，币值不稳定，甚至有些国家会出现恶性通货膨胀，对货币计量提出了挑战。因此，一方面，我们在确定货币计量假设时，必须同时确立币值稳定假设，即假设币值是稳定的，不会有大的波动，或前后波动能够被抵销；另一方面，如果发生恶性通货膨胀，就需要采用特殊的会计方法，如物价变动会计方法，来处理有关的经济业务。

综上所述，会计假设虽然是人为确定的，但完全是出于客观的需要，有充分的客观必然性。否则，会计核算工作就无法进行。这四项假设缺一不可，既有联系也有区别，共同为会计核算工作的开展奠定了基础，也是确定会计规范的基础。

2.2　会计核算的基本规范

事物存在有一定的前提条件，如人生存的基本条件有食物、水、空气、适当的温度等。但光有这些前提条件，还不能使人顺利地生存下去。人要顺利地生存下去，除了上述前提外，还要遵循一些社会规范，如政治、法律和社会道德规范等。会计也是如此，会计假设就是会计存在的前提条件，但会计要正常存续下去，还要遵循一些基本核算规范，这就是我们讨论的会计基本准则。

2.2.1 会计基本准则的含义

会计核算的基本准则是在会计核算的基本前提下，对进行会计核算的基本要求，是处理具体会计业务的基本依据，也就是进行会计核算的标准和质量要求。

前已述及，会计假设是会计准则的基础。没有会计假设，就不能进行会计工作，也就不存在会计准则。会计假设和会计准则的区别是明显的：如果说会计假设是会计存在的"食物、水、空气和适当的温度"，即会计存续的前提条件，则会计准则是进行会计工作所应该遵循的"政治、法律和社会道德规范"。会计准则在我国的会计准则体系中居于指导性地位，对具体会计核算行为具有指导作用。

2.2.2 会计基本准则的具体内容

根据我国现行《企业会计准则》[①] 的规定，我国会计基本准则大体上可以划分为三类：一是关于会计信息质量方面的要求；二是关于会计惯例修订方面的要求；三是关于会计要素确认、计量方面的要求。

1）关于会计信息质量方面的要求

（1）可靠性要求

①可靠性要求的含义。

可靠性要求是指会计核算提供的信息应当以实际发生的经济业务及表明经济业务发生的合法凭证为依据，如实反映财务状况和经营成果，做到内容真实、数字准确、资料可靠。

②遵循可靠性要求的意义。

可靠性要求是对会计核算工作的基本要求。因为会计所提供的会计信息是国家宏观经济管理部门、企业外部经济利益相关方及内部经营管理部门的决策依据。如果会计数据不能可靠、真实地反映企业经济活动的实际情况，势必无法满足各有关方面了解企业财务状况和经营成果以进行决策的需要，甚至可能导致错误的决策。可靠性要求要求会计核算的各个阶段，包括会计确认、计量、记录和报告，必须符合会计真实、可靠的要求，必须以实际发生的经济活动及表明经济业务发生的合法凭证为依据。

③特殊说明。

会计核算的可靠性要求并不能涵盖所有的会计核算事项，有些会计核算事项的

---

① 该准则由财政部制定，于2006年2月发布，并于2007年1月1日起在上市公司率先施行。2014年，财政部又对之进行了修订，并于当年7月23日，以财政部令第76号方式发布，自公布日起施行。

发生并不能取得相应的证明凭据。如固定资产折旧的程度、坏账的提取比率等，这些数据只能根据会计人员的经验或对未来的预测予以计算。这就使得一些会计信息的加工受到一定程度的个人主观意志的影响。由于人的才能、观点和立场不可能完全相同，不同会计人员对同一经济业务的处理出现不同的计量结果是难免的。会计人员应该秉持公允的立场，坚守职业操守，将可能发生的误差降低到最低程度，以保证会计资料的真实可靠。

（2）相关性要求

①相关性要求的含义。

相关性又称有用性，是指会计核算所提供的会计信息应当有助于信息使用者做出决策，也就是信息要与决策相关联。

②遵循相关性要求的意义。

加工会计信息的目的，是为会计信息的使用人提供一种判断依据，会计信息的使用人要根据会计信息的内容做出某种判断，以进一步做出相关决策。这种决策是否正确，取决于两个方面：一方面是会计信息的质量高低，高质量的会计信息是进行正确决策的必要前提①；另一方面是会计信息是否与决策相关，如企业的偿债能力与债权人决策密切相关，而企业的股利分配政策则不一定与债权人决策直接相关。

会计信息最终必须能为其使用者所使用，也就是说信息必须是有用的。会计信息的有用性主要体现在两个方面：一方面是相关；另一方面是质量符合要求。

要充分发挥会计信息的作用，就必须使所提供的会计信息与会计信息使用者的要求相协调。而信息使用者从各自利益出发，对信息的要求和侧重点不同。这就要求在搜集、处理、传递信息的过程中，充分考虑有关各方对会计信息的不同要求，提供与使用者决策相关的有用信息。

（3）可理解性要求

①可理解性要求的含义。

可理解性要求是指财务报告及其他相关信息必须明晰、可懂，便于会计信息使用者理解和利用。

②遵循可理解性要求的意义。

会计信息的使用者，有相当一部分不是会计专家，如何使他们理解并运用会计信息，是会计的一大难题。即使会计信息的外部使用者是会计专家，他们也可能由于这样或那样的原因产生对会计信息理解上的困难。因此，会计信息的又一个质量标准是是否容易被一般使用者所理解。

会计信息能否被使用者所理解，首先取决于信息本身是否通俗易懂，其次取决于使用者理解信息的能力，但信息本身是否通俗易懂是前提。因此，会计人员应尽可能传递、表达易被人理解的会计信息。

---

① 当然，如果决策方法错误或决策者误解会计信息，高质量的会计信息也会导致错误的决策。

（4）可比性要求

①可比性要求的含义。

可比性要求是指对于相同或相类似的会计事项，采用的会计核算程序和方法应当是一致或相类似的。如对于相同环境下的房屋建筑物，采用的折旧方法就应当是相同的。

②遵循可比性要求的意义。

会计信息质量好坏的主要标志之一是对相同或相类似的会计事项进行会计核算所产生的会计信息是否可比。会计指标应当口径一致，相互可比。对于相同或相类似的事项采用相同或相类似的处理方法，是具有普遍适用性的科学方法。可比性要求要求各个企业的会计报表应按照规定的程序和方法编制，便于国民经济综合管理部门对各个企业提供的会计信息进行比较、分析和汇总，以利于国家的宏观调控，也便于在不同的企业之间进行横向比较，为企业受托责任的业绩评价提供评价标准。

建立可比性要求的目的是保证会计信息的可比性。从可比性要求的含义中我们可以看出，可比性要求强调的是“对于相同或相类似的会计事项，采用的会计核算程序和方法应当是一致或相类似的”，这既包括同一时期对同类会计业务所采用的会计核算程序和方法横向可比，又包括不同时期对同一会计业务所采用的会计核算程序和方法纵向可比。

会计信息的可比性不仅是指相同会计事项在同一会计期间和不同企业之间采用会计处理方法的可比性，同时也包含不同会计期间相同会计事项所采用会计处理方法的可比性。对前后时期会计资料进行纵向比较，可以判断经济事项的发展趋势，分析差异产生的原因等等，是获得会计信息的重要方面。二者的区别是：一种是事项间的横向比较，另一种是时间上的纵向比较。

需要注意的是，处理相同或相类似经济业务时所采用的会计处理方法不得随意变更，这一点并不是绝对的，如果环境发生变化，原选用的方法不再适用，则可以在允许的范围内变更会计处理方法。例如，某项固定资产原来采用直线法计提折旧，由于技术进步，市场上出现了性能和经济使用价值更高的替代产品，按原来使用年限计提折旧将使企业的经济效益和设备更新受到影响，企业应更改折旧方法，加速提取折旧。

由于环境变化造成会计方法变更的，会计应当将变更的情况、变更的原因及其对企业财务状况和经营成果的影响，在财务报告中说明。

（5）及时性要求

①及时性要求的含义。

及时性要求是指会计必须及时地提供会计信息。

②遵循及时性要求的意义。

信息的使用价值不仅在于真实、可靠，而且还在于必须保证时效，及时将信息提供给使用者使用。在现代经济社会中，市场竞争日趋激烈，市场变化越来越迅速，企业内外各有关方面对会计信息的及时性要求越来越高。任何信息如不及时提供，则将丧失其使用价值或降低其有用性。及时性的要求表现在：对会计信息及时搜集、及时加工处理和及时传递。

2）关于会计惯例修订方面的要求

会计惯例修订是指当会计事项的实际性质、数量、环境等发生变化时，会计核算不能因循惯例，而要采用适当的核算方法。目前，我国这方面的会计基本规范主要有实质重于形式要求、谨慎性要求和重要性要求等。

（1）实质重于形式要求

①实质重于形式要求的含义。

实质重于形式要求就是要求在选择会计要素确认和计量方法时，应根据会计事项的经济实质而不是其外在法律形式来确定。

②遵循实质重于形式要求的意义。

把握事物的本质是寻找解决问题的科学方法的前提，如被事物的表面现象所迷惑，就会找不着解决问题的科学方法，在会计领域也是如此。例如，对于融资租入的固定资产，从其外在法律形式上看，该项固定资产的所有权在出租方，承租方只是拥有使用权和控制权。也就是说，该项固定资产与购入的具有法律所有权的固定资产不同，从外在法律形式上看，不能将其作为企业的固定资产加以核算。但是，由于融资租入固定资产的租赁期限一般超过了固定资产可使用期限的 75%，而且到期企业可以以一定的价格（一般是名义价格）购买该项固定资产，因此，承租人已实质上拥有该项资产能够带来的未来经济利益和承担相应的风险。融资租入的固定资产，从经济实质上看，同其他企业自行购置或建造、具有法律上的所有权的固定资产一样，可能给企业带来未来经济利益，企业也要承担相关的风险。为了正确地反映企业的资产和负债状况，对于融资租入的固定资产，一方面应作为企业的自有固定资产加以核算，另一方面应作为企业的一项长期负债加以反映。

再如，企业将一项资产销售给另一单位时，可以在文件中声称将法律所有权转让给该单位。然而，还可能存在其他的协议，可以保证企业继续享有该项资产所包含的未来经济利益。在这种情况下，仅报告一项销售收入不可能真实地反映所达成的交易。

如果要真实地反映拟反映的交易或法律其他事项，那就必须根据它们的经济实质和经济现实，而不是仅仅根据它们的外在法律形式选择核算方法和程序。交易或其他事项的经济实质，不总是与它们的外在法律形式相一致。

（2）谨慎性要求

①谨慎性要求的含义。

谨慎性要求，又称稳健性原则或保守主义，是指在处理不确定性经济业务时，应持谨慎态度，如果一项经济业务有多种处理方法可供选择时，应选择不导致夸大资产、虚增利润的方法。在进行会计核算时，应当合理预计可能发生的损失和费用，而不应预计可能实现的收入和过高估计资产的价值。

②遵循谨慎性要求的意义。

当一项经济业务有多种处理方法可供选择时，如果企业不坚持谨慎的态度，选择导致夸大资产、虚增利润的方法，或不合理预计可能发生的损失和费用，预计可能实现的收入和过高估计资产的价值，就会不合理地增加企业的税负，同时会增加企业支付股利的负担。另外由于会计信息失真，会计信息的使用者可能会做出错误判断。

谨慎性要求体现在会计核算的全过程，在会计上的应用是多方面的。例如，对应收账款提取坏账准备，就是对预计不能收回的货款先行作为本期费用计入当期损益，以后确实无法收回时冲销坏账准备；固定资产采用加速折旧法等。

实施谨慎性要求，对于企业存在的经营风险加以合理估计，会对防范风险起到预警作用，有利于企业做出正确的经营决策，有利于保护投资者和债权人的利益，有利于提高企业在市场上的竞争能力。但是，企业在运用谨慎性要求时，不能滥用，不能以谨慎性要求为由任意虚减资产和利润，过高预计可能发生的损失和费用，导致企业偷税漏税并侵害股东利益。

（3）重要性要求

①重要性要求的含义。

重要性要求是指财务报告在全面反映企业的财务状况和经营成果的同时，应当区别经济业务的重要程度，采用不同的会计处理程序和方法。具体来说，对于重要的经济业务，应单独核算、分项反映，力求准确，并在财务报告中做重点说明；对于不重要的经济业务，在不影响会计信息真实性的情况下，可适当简化会计核算或合并反映，以便集中精力抓好关键。

②遵循重要性要求的意义。

重要性要求的意义在于：对会计信息使用者来说，对经营决策有重要影响的会计信息是最重要的，如果会计信息不分主次，反而会不利于使用，甚至影响决策。而且，对不重要的经济业务简化核算或合并反映，可以节省人力、物力和财力，符合成本效益原则。

需要明确的是，重要性要求具有相对性，并不是同样的业务对不同的企业都是重要的或不重要的事项。对某项会计事项判断其重要性，在很大程度上取决于会计人员的职业判断。一般来说，重要性可以从性质和数量两个方面进行判断。从性质方面来说，如果某会计事项发生可能对决策产生重大影响，则该事项属于具有重要性的事项；从数量方面来说，如果某会计事项的发生达到一定数量或比例可能对决策产生重大影响，则该事项属于具有重要性的事项。

3）关于会计要素确认、计量方面的要求

（1）会计要素确认与计量的含义

会计要加工、呈报会计信息，首先要确认哪些经济活动所产生的信息属于会计信息，哪些不应进入会计信息系统。在确认了应进入会计信息系统的信息后，还要对进入会计信息系统的信息进行量化，这就涉及会计要素的确认与计量问题。

所谓会计要素确认，也称会计确认，是指决定将交易或事项中的某一项目作为一项会计要素加以记录和列入财务报告的判断过程。会计确认是要解决一项交易或事项应不应该进入会计信息系统以及如何进入哪一个系统的问题，通俗地讲，就是要解决一个“有没有和有什么”的问题。会计确认按确认目的和确认程序，可分为初始确认、后续确认和终止确认几个阶段。

所谓会计要素计量，也称会计计量，是指在会计确认的基础上，将确认对象量化的过程。如前所述，会计主要是以货币为计量单位来表达、呈报信息，所以，会计计量主要是用货币为计量尺度将计量对象量化。通俗地讲，会计计量是要解决“在有什么的基础上有多少”的问题。按现行会计准则的规定，会计计量可采用历史成本、重置成本、可变现净值、现值和公允价值五种计量属性。本书只介绍历史成本，其他的属性将在后续的专业课程中学习。

（2）会计要素确认、计量的要求

①权责发生制。

A. 权责发生制的含义。

权责发生制是以“应收”“应付”为标准来确认会计期间损益的方法。[①] 损益是指收入与相应费用对比的结果。

B. 权责发生制确认会计期间损益的具体方法。

在权责发生制下，以当期应当收到的款项作为当期收入，而不管这种款项是否在当期收到了。应当在当期收到的款项，在当期收到了，作为当期收入；应当在当期收到的款项，在当期没有收到，也作为当期收入；不应当在当期收到的款项，在当期收到了，不应作为当期收入。

在权责发生制下，以当期应当承担的费用作为当期费用，而不管这种款项是否在当期支付了。应当由当期承担的费用，在当期支付了，作为当期费用；应当由当期承担的费用，在当期没有支付，也作为当期费用；不应当由当期承担的费用，在当期支付了，不应作为当期费用。

正确地应用权责发生制[②]是会计核算中一条非常重要的规范，它涉及会计信息的质量高低，也涉及经济利益的合理分配。

②配比要求。

A. 配比要求的含义。

配比要求是指某种收入应与为取得这种收入而发生的费用相对比，以确认某项

---

① 此处需要说明的是，权责发生制不仅仅是用来确认会计期间损益的，它也可以用来确认其他会计要素的增减变动。

② 与权责发生制规范相反的另一会计期间损益确认规范是收付实现制。它以“实收”“实付”为标准来确认会计期间的损益。在收付实现制下，以当期实际收到的款项作为当期款项，而不管这种款项是否应当在当期收到。应当在当期收到的款项，在当期收到了，作为当期收入；应当在当期收到的款项，在当期没有收到，不作为当期收入；不应当在当期收到的款项，在当期收到了，作为当期收入。

在收付实现制下，以当期实际支付的费用作为当期费用，而不管这种费用是否应当由当期承担。应当由当期承担的费用，在当期支付了，作为当期费用；应当由当期承担的费用，在当期没有支付，不作为当期费用；不应当由当期承担的费用，在当期支付了，作为当期费用。

在一般情况下，权责发生制是营利组织确认会计期间损益的规范，收付实现制是非营利组织确认会计期间损益的规范。

经济活动的业务成果。[1]

B. 遵循配比要求的意义。

会计期间的收入与费用对比，有两方面的含义：一方面是会计期间的收入与费用相对比，这是一种时间上的对比；另一方面是某种收入应与为取得这种收入而发生的费用相对比，这是一种收费和费用在因果关系上的对比。时间上的对比是为了确认会计期间损益，因果关系上的对比是为了确认某项经济活动的业务成果。确认某项经济活动的业务成果，对于企业经营管理有重要的现实意义。

C. 权责发生制与配比要求之间的关系。

权责发生制和配比要求都是用来确认经营损益的，但二者的侧重点不同：权责发生制是用来确认会计期间的损益的，强调的是收入与费用在时间上的对比，配比要求是用来确认某项经济活动的业务成果的，强调的是收入与费用在因果关系上的对比。权责发生制是确认会计期间损益的基本规范，配比要求是对权责发生制运用的进一步提高和深化。

③收益性支出与资本性支出相划分要求。

A. 收益性支出与资本性支出的含义。

凡支出的效益仅与本会计年度（或一个营业周期）相关的，是收益性支出；凡支出的效益与几个会计年度（或几个营业周期）相关的，是资本性支出。如为当期已售产品生产而发生的生产成本是收益性支出，购置固定资产支出则为资本性支出。

B. 收益性支出与资本性支出相划分要求的含义。

收益性支出与资本性支出相划分要求是指收益性支出作为当期费用，作为当期利润的抵减，资本性支出未耗费部分作为资产，不得冲减当期损益，二者不得混淆。

C. 遵循收益性支出与资本性支出相划分要求的意义。

会计核算应当合理划分收益性支出和资本性支出，划分收益性支出和资本性支出的目的在于正确确认会计期间（一般指一个会计年度）的损益。具体来说，收益性支出是为取得本期收益而发生的支出，应当作为本期费用，计入当期损益，列于利润表中，如已销售商品的成本、期间费用、所得税费用等。资本性支出是为形成生产经营能力，为以后各期取得收益而发生的各种支出，应当作为资产反映，列于资产负债表中，如购置固定资产和无形资产的支出等。

如果将一项收益性支出按资本性支出处理，就会造成少计费用而多计资产，出现当期利润虚增而资产价值偏高的现象；如果将一项资本性支出按收益性支出处理，则会出现多计费用少计资产，以致当期利润虚减而资产价值偏低的结果。

④历史成本要求。

A. 历史成本的含义。

---

① 同样地，配比要求也适用于其他会计要素的确认。

历史成本又称原始成本，是指企业的各项财产物资在取得或购建时发生的全部必要的实际支出价值。与历史成本概念相对的另一概念是现行成本，现行成本是指在现在条件下，取得或购建相同财产物资所需的全部必要的实际支出价值。

B. 历史成本要求的含义。

历史成本要求，是指企业的各项财产物资应当按取得或购建时发生的全部必要的实际支出价值作为资产的入账价值。物价变动时，除非国家或会计准则另有规定，否则不得调整账面价值。

C. 遵循历史成本要求的意义。

历史成本一经确定，就成为固定的账面价值，一般不再做调整。我们知道，资产的市场价值总是处于波动之中，如按现行市场价值调整资产的账面价值，虽然可以反映资产的真实情况，但单单是会计账面调整，就将极大地增加会计核算工作量，且不论市场价值的确定有相当的随意性和难以验证性。因此，相对于现行成本、重置成本等计量属性来说，历史成本的可行性、可靠性较好。

以历史成本为计价基础有助于对各项资产、负债项目的确认和对计量结果的验证和控制；同时，按照历史成本要求进行核算，也使得收入与费用的配比建立在实际交易的基础上，防止企业随意改动资产价格造成经营成果虚假或任意操纵企业的经营业绩。

用历史成本计价比较客观，有原始凭证作证明，可以随时查证和防止随意更改。但这样做是建立在币值稳定假设基础之上的，如果发生物价变动导致币值出现不稳定的情况，则需要使用其他计价基础，如现行成本、重置成本等。

2.3　会计人员工作规范

2.3.1　会计人员工作规范的含义

会计人员工作规范是指会计工作的具体操作规范。

2.3.2　会计人员工作规范同会计准则的区别

会计人员工作规范不同于会计准则，会计准则主要规范对会计要素的确认和计量时，会计政策、方法和程序的选择和制定。会计人员工作规范的主要内容包括：会计机构、人员的设置及管理规范；会计核算全过程的基础工作规范，包括审核原始凭证、填制记账凭证、设置会计账簿、记账、算账、对账、结账、查账、编制财务报告；建立健全内部会计管理制度，办理会计工作交接及会计档案管理规范等。

由于会计人员工作规范涉及会计核算的全过程，有些内容涉及目前我们还没有学过的知识，因此尽管从内容上来说它属于会计规范的一个组成部分，大家在学习了必要的知识后，可以自己收集相关资料来自学这个问题。

练习题

□ 名词解释

会计基本假设　权责发生制　历史成本要求　实质重于形式要求

□ 复习思考题

1. 为什么只有确定会计假设才能进行会计工作？每一个会计假设分别明确了什么问题？

2. 会计假设与会计准则有何关系？

3. 你认为从会计信息使用者的角度来看，会计核算的基本规范中首要的要求和最重要的要求各是什么？

4. 你认为会计所提供的信息应该满足哪些要求才能有用？

第3章　会计科目与账户

◆ **学习导航**

会计对象是能够用货币表现的经济活动，对会计对象的基本分类是会计要素，对会计要素的内容进行具体分类的名称为会计科目，会计科目具有一定结构则称为账户。本章阐述的内容有设置会计科目的意义；会计科目的概念；会计科目的分类；设置账户的意义；账户的概念；账户的基本结构；会计科目与账户之间的联系和区别等问题。通过本章学习，应熟悉会计科目表内的各类会计科目，明确账户的基本结构，为学习下一章复式记账做好铺垫。

3.1　会计科目

3.1.1　设置会计科目的意义

会计有六大要素，包括资产、负债、所有者权益、收入、费用和利润，这只是对会计对象的基本分类。仅有六大要素的基本分类，不能满足信息使用者对企业经济信息的需求。也就是说，信息使用者需要知道企业资产的具体组成，债务构成，所有者权益的组成，收入的来源，费用的去向，利润的形成、分配等等，这样，就需要在六个会计要素的基础上，按照各会计要素所包含的具体内容进一步细分，并给出名称，即为会计科目。

所谓会计科目，是对会计要素的内容进行具体分类的类别名称。

以制造业企业为例，为了反映和监督各项资产的增减变动，企业需要设置“库存现金”“银行存款”“应收账款”“固定资产”等科目，每一会计科目都有具体的核算内容。例如，为生产产品耗用的主要材料、辅助材料、燃料等劳动对象通过“原材料”科目进行反映和监督，企业房屋、建筑物、机器设备、运输设备等劳动资料通过“固定资产”科目进行反映和监督；企业用于销售的产品通过“库存商品”科目进行反映和监督。为了反映和监督各项负债及所有者权益的增减变动，需要设置“短期借款”、“长期借款”、“应付职工薪酬”、“应交税费”、“实收资本”、“资本公积”和“盈余公积”等科目；为了核算和监督收入、费用和利润的增减变动，需要设置“主营业务收入”、“其他业务收入”、“管理费用”、“财务费用”、“本年利润”和“利润分配”等科目。

因此，会计科目就是在会计对象划分为会计要素的基础上，按照会计要素的具体内容进一步分类，并以此为依据设置账户，分类地、连续地记录经济业务增减变动情况，从而提供各种有用的数据和信息。

设置会计科目，是填制会计凭证和设置账户的依据，是编制会计报表的基础。设置会计科目，不仅可以分门别类地核算和监督会计对象的具体内容，而且对统一核算指标口径具有重要的意义。

3.1.2 设置会计科目的原则

1）必须结合会计要素的特点，全面反映会计要素的内容

会计科目是对会计要素进行具体分类核算的项目，其设置应分门别类地反映各会计要素，由所有会计科目组成的会计科目体系应能全面、系统地反映会计要素及会计对象。

2）要兼顾对外报告和企业内部经营管理的需要，并根据提供数据的详细程度，分设总分类科目和明细分类科目

总分类科目提供的是总括性指标，这些指标基本上能满足企业外部有关方面的需要；明细分类科目是对总分类科目的进一步说明，它提供的是详细的资料，主要为企业内部管理服务。

3）既要适应经济业务发展的需要，又要保持相对稳定

会计科目的设置要适应社会经济环境的变化和本单位业务发展的需要。例如，随着经济的发展和投资观念的改变，对有关房地产或物业项目进行投资的业务越来越普遍，有必要专设“投资性房地产”科目对其予以反映。但是，会计科目的设置应保持相对稳定，以便在一定范围内综合汇总和在不同时期对比分析各项核算指标。

4）统一性与灵活性相结合

在设置会计科目时，对一些主要科目及核算内容应进行统一规定，以便做到口径一致，相互可比。但是，由于企业的经济业务千差万别，各单位可以根据本单位的具体情况和经济管理的要求，对统一的会计科目进行必要的减并或增补。例如，在统一规定的会计科目中，设置有“预收账款”和“预付账款”科目，如果企业预收预付款的业务不多，可以不单独设“预收账款”和“预付账款”科目，将其合并在“应收账款”和“应付账款”科目中反映。

5）会计科目要简明、适用

会计科目的数量和粗细程度应根据企业规模的大小，业务的繁简程度和管理的需要而定，对设置的会计科目要进行分类、编号。

3.1.3　会计科目的分类

1）会计科目按照反映的经济内容分类

每一会计科目都具体代表和包含会计要素某一方面的经济内容。会计科目按经济内容可以分为六类，即资产类科目、负债类科目、共同类科目、所有者权益类科目、成本类科目和损益类科目。

（1）资产类科目。资产类科目是用来反映资产要素内容的会计科目，按照资产的流动性，可分为反映流动资产的科目和反映非流动资产的科目。

①反映流动资产的科目，包括库存现金、银行存款、交易性金融资产、应收票据、应收账款、其他应收款、坏账准备、预付账款、原材料、周转材料等。

②反映非流动资产的科目，包括在建工程、固定资产、无形资产、长期股权投资等。

（2）负债类科目。负债类科目是用来反映负债要素内容的会计科目，按照负债的流动性，分为反映流动负债的科目和反映非流动负债的科目。

①反映流动负债的科目，包括短期借款、应付票据、应付账款、其他应付款、预收账款、应付职工薪酬、应交税费等。

②反映非流动资产的科目，包括长期借款、应付债券、长期应付款等。

（3）共同类科目。共同类科目是用来反映有关业务形成的资产或负债的会计科目，具有双重性质。一般企业共同类科目包括清算资金往来、套期工具和被套期项目。

（4）所有者权益类科目。所有者权益类科目是用来反映所有者权益要素内容的会计科目。按照所有者权益构成，可以分为：

①反映投资者原始投入资本的科目，如实收资本（股份制公司为股本）。

②反映由投入资本引起资本增值的科目，如资本公积。

③反映由收益转化引起所有者权益变动的科目，如本年利润、盈余公积、未利润分配。其中，盈余公积、未分配利润统称为留存收益。

（5）成本类科目。成本类科目是用来反映产品生产、提供劳务等过程中发生的各种耗费的会计科目，如制造业成本类会计科目包括生产成本、制造费用，核算发生在生产车间的直接费用和间接费用。

（6）损益类科目。损益类科目是用来反映企业生产经营过程中的收入和利得、费用和损失。该类科目的特点是期末结转到“本年利润”科目，以便计算确定损益。按照损益与企业生产经营活动的关系，可以分为：

①反映经营活动形成损益的科目，包括主营业务收入、其他业务收入、投资收益、主营业务成本、其他业务成本、税金及附加、管理费用、财务费用等。

②反映非日常经营活动形成损益的科目，包括营业外收入、营业外支出。

为了满足国家宏观经济管理的需要，我国会计科目及核算内容由财政部统一规定。制造企业常用的一级会计科目，见表 3-1。

表 3-1 **企业会计科目表**

编　号	会计科目名称	编　号	会计科目名称
	一、资产类	2203	预收账款
1001	库存现金	2211	应付职工薪酬
1002	银行存款	2221	应交税费
1012	其他货币资金	2231	应付利息
1101	交易性金融资产	2232	应付股利
1121	应收票据	2241	其他应付款
1122	应收账款	2314	代理业务负债
1123	预付账款	2401	递延收益
1131	应收股利	2501	长期借款
1132	应收利息	2502	应付债券
1221	其他应收款	2701	长期应付款
1231	坏账准备	2702	未确认融资费用
1321	代理业务资产	2711	专项应付款
1401	材料采购	2801	预计负债
1402	在途物资	2901	递延所得税负债
1403	原材料		三、共同类
1404	材料成本差异	3101	衍生工具
1405	库存商品	3201	套期工具
1406	发出商品	3202	被套期项目
1407	商品进销差价		四、所有者权益类
1408	委托加工物资	4001	实收资本
1411	周转材料	4002	资本公积
1471	存货跌价准备	4005	其他综合收益
1501	持有至到期投资	4101	盈余公积
1502	持有至到期投资减值准备	4103	本年利润
1503	可供出售金融资产	4104	利润分配
1511	长期股权投资	4201	库存股
1512	长期股权投资减值准备		五、成本类
1521	投资性房地产	5001	生产成本
1531	长期应收款	5101	制造费用

续表

编　号	会计科目名称	编　号	会计科目名称
1532	未实现融资收益	5201	劳务成本
1601	固定资产	5301	研发支出
1602	累计折旧		六、损益类
1603	固定资产减值准备	6001	主营业务收入
1604	在建工程	6051	其他业务收入
1605	工程物资	6101	公允价值变动损益
1606	固定资产清理	6111	投资收益
1701	无形资产	6301	营业外收入
1702	累计摊销	6401	主营业务成本
1703	无形资产减值准备	6402	其他业务支出
1711	商誉	6403	税金及附加
1801	长期待摊费用	6601	销售费用
1811	递延所得税资产	6602	管理费用
1901	待处理财产损溢	6603	财务费用
	二、负债类	6701	资产减值损失
2001	短期借款	6711	营业外支出
2201	应付票据	6801	所得税费用
2202	应付账款	6901	以前年度损益调整

2）会计科目按照反映经济内容的详细程度分类

会计科目按照反映经济内容的详细程度可以分为总分类科目（一级科目）和明细分类科目（二级科目、三级科目等）。

（1）一级科目。一级科目，即总分类科目，又称总账科目，是对会计要素具体内容进行总括分类的科目，如“原材料”“应付账款”等。根据总分类科目设置账户进行核算所提供的是总括性指标。

（2）二级科目。二级科目，又称子目，是企业根据需要对一级科目进一步分类的科目。例如，在“原材料”总分类科目下，按材料类别设置“原料及主要材料”“辅助材料”等二级科目。在“应付账款”总分类科目下按具体债权单位分设明细分类科目，具体反映应付哪个单位的货款。

（3）三级科目。三级科目，又称细目，是企业根据需要对二级科目进一步分类的科目。例如，在“原料及主要材料”二级科目下设置“钢板”“角钢”等明细科目。

会计科目各级次之间的关系见表3-2。

表3-2 会计科目级次关系表

<table>
<tr><th rowspan="2">总分类科目
（一级科目）</th><th colspan="2">明细分类科目</th></tr>
<tr><th>二级科目（子目）</th><th>三级科目（细目）</th></tr>
<tr><td rowspan="5">原材料</td><td rowspan="3">原料及主要材料</td><td>黄土</td></tr>
<tr><td>石灰石</td></tr>
<tr><td>萤石</td></tr>
<tr><td rowspan="2">辅助材料</td><td>石膏</td></tr>
<tr><td>水渣</td></tr>
<tr><td rowspan="2">应交税费</td><td rowspan="2">应交增值税</td><td>销项税额</td></tr>
<tr><td>进项税额</td></tr>
<tr><td rowspan="2">应付账款</td><td>大连华联公司</td><td></td></tr>
<tr><td>青岛顺意公司</td><td></td></tr>
</table>

为了适应经营管理和会计核算的需要，既需要设置提供总括核算资料的一级科目，又需要设置提供详细核算资料的二级科目、三级科目，或者更多的级次。例如，生产水泥需要耗用材料，企业设置“原材料”一级科目，在一级科目下设“原料及主要材料”“辅助材料”二级科目，在二级科目下设三级科目，生产水泥具体材料包括黄土、石灰石。

按我国现行企业会计准则规定，一级科目通常由财政部统一制定，企业根据业务需要进行选用。明细分类科目只有个别科目由财政部统一制定，其他的明细分类科目，可以根据实际情况由企业自行设置。

3.2 账户

3.2.1 设置账户的意义

会计科目只是对会计要素的具体内容进行分类并冠以的名称，是没有结构的。设置会计科目的目的是根据其设置账户，账户有结构，利用账户就可以对各项经济业务进行分类、系统、连续的记录，反映经济业务的增减变动及其结果。例如，企业从银行借款200 000元，期限1年。这笔经济业务发生后，涉及“银行存款”和“短期借款”科目，二者分别属于资产要素和负债要素，仅反映上述内容还不能满足信息使用者的需求，还需要记录企业银行存款增加200 000元，企业短期借款增加200 000元，这就需要通过“银行存款”“短期借款”账户核算，因为账户有结构，能记录经济业务的增减变化。

所谓账户，是根据会计科目开设的，用来对会计科目所反映的内容连续、系统地记录的一种工具。设置账户的意义在于它能够提供各类会计要素的增减变动的数据，通过结出各类账户的发生额及余额，为编制财务报告提供条件。

3.2.2　账户的基本结构

为了正确地记录和反映经济业务，账户不仅要有明确的核算内容，而且还要有一定的结构。账户的结构就是指账户的格式。因经济业务对会计要素的影响从数量上看不外乎增加和减少两种情况，另外，人们还需要了解会计要素增减变动以后的结果，这样，账户的基本结构就可以分为增加栏、减少栏、余额栏，以记录某个项目的增加、减少和余额。

在实际业务中，账户一般应包括下列内容：

（1）账户名称，填写设置账户所依据的会计科目的名称。

（2）日期栏，填写经济业务发生的时间。

（3）凭证号栏，填写记账凭证的编号。

（4）摘要栏，填写某项经济业务的简要说明。

（5）增加或减少的金额栏，填写某项经济业务增加或减少的具体金额。

（6）余额栏，填写经济业务增减变化后的结果。

在借贷记账法下，企业一般账户的格式见表 3-3。

表 3-3　　　　账户名称（会计科目）

年		凭证号	摘要	借方								贷方								借或贷	余额							
月	日			十	万	千	百	十	元	角	分	十	万	千	百	十	元	角	分		十	万	千	百	十	元	角	分

为了方便教学，通常把上述账户的格式用简化的“T”形账户（或称丁字账）代替，如图 3-1 所示。

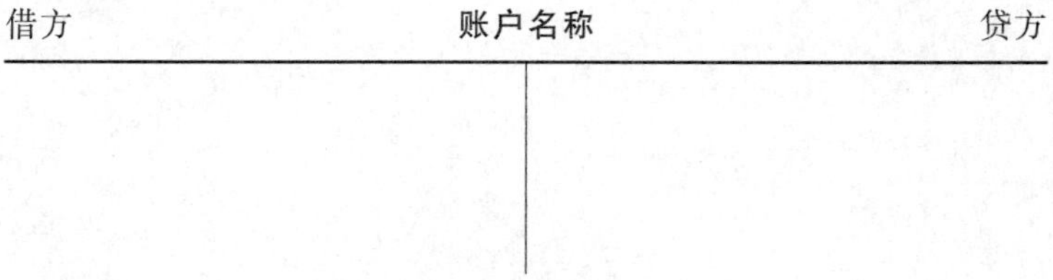

图 3-1　“T”形账户

图 3-1 所列账户借、贷两方记录的主要内容是增加额和减少额。增减相抵后的差额，即为账户余额。账户的借、贷两方是按相反方向来记录增加额和减少额的，也就是说，如果账户在借方记录增加额，则在贷方记录减少额；反之，如果账户在贷方记录增加额，则在借方记录减少额。至于账户哪一方记录增加数，哪一方

记录减少数，取决于采用的记账方法和账户的性质。具体内容在以后章节中介绍。

通常情况下，账户可提供的指标有期初余额、本期增加发生额、本期减少发生额和期末余额。四个指标的关系用公式表示为：

期末余额=期初余额+本期增加发生额-本期减少发生额

如果将本期的期末余额转入下一期，就是下一期的期初余额。账户的余额一般与记录增加额在同一方向。

3.2.3 会计科目与账户的关系

在会计实际工作中，账户通常也叫会计科目，但是在会计学中，会计科目和账户是两个不同的概念，两者之间既有联系又有区别。

会计科目和账户的联系是：会计科目和账户都是按照相同的经济内容来设置的，账户是根据会计科目开设的，会计科目就是账户的名称，会计科目规定的核算内容就是账户记录和反映的经济内容。

会计科目和账户的区别是：会计科目是按照经济内容对会计要素的具体内容进行分类的项目名称，不存在结构问题；账户则是在会计科目分类的基础上，对由于经济业务引起的会计要素增减变动情况及其结果进行全面、连续、系统的记录。因此，账户不仅要有反映的内容，还必须具备一定的结构。

练习题

□ 名词解释

会计科目　账户　总分类账户　明细分类账户

□ 复习思考题

1. 设置会计科目的原则有哪些？
2. 账户的基本结构如何？
3. 会计科目与账户的关系是什么？

第 4 章　复式记账

◆ 学习导航

本章阐述的内容主要有：复式记账原理、借贷记账法等。要求学生在学习会计要素的含义、构成和相互关系的基础上，掌握借贷记账法的应用。

4.1　记账方法概述

会计要向会计信息的使用者提供会计信息，必须在会计确认的基础上，用特殊的记录方法将经济业务中可以用货币计量的内容全面、连续、系统和综合地记录下来，这就是我们所说的记账方法。

1）记账方法的概念

记账方法是指对客观发生的会计事项在有关账户中进行记录时所采用的方法。记账方法一般由记账符号、记账规则和试算平衡等内容所构成。在经济发展全球化、区域分工系统化的今天，记账方法的设计要考虑记账方法的通用性、科学性和可理解性等问题。

2）记账方法演变过程

记账方法随着会计的产生和发展，经历了一个逐渐完善的过程。从历史上看，记账方法有原始计量记录法、单式记账法和复式记账法及三式记账法之分，并“按原始计量记录法—单式记账法—复式记账法—三式记账法”的路线演进。原始计量记录法产生于原始社会时期，单式记账法的产生已有数千年的历史，复式记账法从萌芽、产生至今也已有上千年的历史。三式记账法产生于 20 世纪 70 年代，至今没有在会计实务中应用，尚处于理论研究状态。

原始计量记录法和单式记账法已经成为历史烟云，我们在此不再介绍。目前广泛使用的记账方法是复式记账法。

复式记账法根据记账符号、记账规则和试算平衡等内容，从我国的应用历史来看，可分为借贷记账法、收付记账法和增减记账法等。其中，收付记账法还可以根据记账对象的不同分为行政事业单位收付记账法、银行资金收付记账法、现金收付记账法等等。这些方法在不同的历史时期都在我国有过应用。为了适应经济全球化和引进外资的需要，为了适应商业语言统一化的趋势，从 1998 年 3 月开始，我国规定，会计主体记账一律使用借贷记账法。

3）复式记账原理

（1）复式记账的概念

复式记账法是指对每一项经济业务，都以相等的金额，同时在相互联系的两个或两个以上的账户中进行双重平衡登记的一种记账方法。

（2）复式记账原理

从前面的相关知识中我们知道，会计要全面、连续、系统、综合地反映和监督会计主体的经济活动。关于全面、连续、系统和综合的含义，在前面已有论述。为了说明复式记账原理，我们再来回顾一下这里所说的“全面”的含义。这里的“全面”有两层含义，一是指要反映所有能用货币计量的经济业务，二是指要反映某一项经济业务的所有方面。要反映所有能用货币计量的经济业务，只要按照经济业务发生的时间先后顺序做不间断的记录就可以了。但要反映某一项经济业务的所有方面，就要分析具体的一项经济业务涉及哪些方面。

如果采用穷举的方法来测试每一项经济业务所涉及的方面，是不科学的，我们能不能从某一标准出发，从共性的角度，来归纳总结出每一项经济业务所涉及的方面呢？这要从企业所涉及的经济业务类型谈起。

①企业的经济业务类型。

企业的经营活动各不相同，所涉及的经济业务内容也不相同。但从共性的角度来看，不管一个企业的经济业务与其他企业相比有多么大的特殊性，所有的企业也只有以下九类经济业务：

A. 经济业务的发生，导致资产项目此增彼减，但增减金额相等。

B. 经济业务的发生，导致负债项目此增彼减，但增减金额相等。

C. 经济业务的发生，导致所有者权益项目此增彼减，但增减金额相等。

D. 经济业务的发生，导致负债项目增加，所有者权益项目减少，但增减金额相等。

E. 经济业务的发生，导致所有者权益项目增加，负债项目减少，但增减金额相等。

F. 经济业务的发生，导致资产项目增加，同时负债项目亦增加相同金额。

G. 经济业务的发生，导致资产项目增加，同时所有者权益项目亦增加相同金额。

H. 经济业务的发生，导致资产项目减少，同时负债项目亦减少相同金额。

I. 经济业务的发生，导致资产项目减少，同时所有者权益项目亦减少相同金额。

从对上述九类经济业务的概括中，我们可以得出两个规律：

第一，由于上述九类经济业务涉及的金额增减变动，对于“资产=负债+所有者权益”这个等式而言，要么相当于在会计等式的一边加上并同时减去一个相等的数额，要么相当于在会计等式的两边同时加上一个相等的数额，要么相当于在会计等式的两边同时减去一个相等的数额，这些变动都不会影响会计等式的平衡性。

第二，上述九类经济业务中的每一类都只涉及同一会计要素的内部增减（且金额相等）或若干个会计要素的同增同减（且金额相等）。

②复式记账原理。

从上面的分析中，我们看到一个规律，就是所有经济业务都只涉及“增”和“减”两个方面。要全面地反映一项经济业务的所有方面，只要既反映经济业务涉及的“增”，又反映该项经济业务涉及的“减”，就可以全面地反映该项经济业务。

要反映一项经济业务涉及的“增”，就至少要用一个（有时可能是一个以上）能反映这个“增”的账户来反映；要反映该项经济业务涉及的“减”，就至少要用一个（有时可能是一个以上）能反映这个“减”的账户来反映。这样，要全面地反映一项经济业务，就要用两个或两个以上的账户来双重地反映该项经济业务涉及的“增”和“减”。

从上面的分析中，我们看到的另一个规律是，一项经济业务涉及的“增”和“减”变动都不会影响会计等式的平衡性。因此，用两个或两个以上的账户双重地反映一项经济业务涉及的“增”和“减”是平衡的，不会影响会计等式的平衡性。会计对某一项经济业务的反映，是“双重平衡的”。这里的“双重”，是指运用两个或两个以上的账户反映一项经济业务涉及的一个或几个会计要素的若干个方面；这里的“平衡”是指经济业务涉及的会计要素是内部有增有减，且增减相等，或涉及的若干个会计要素同增同减。

这种“运用两个或两个以上的账户来双重平衡地记录每一笔经济业务”的原理，就叫复式记账原理。运用复式记账原理设计出来的记账方法，就是复式记账法。

4.2　借贷记账法

4.2.1　借贷记账法的产生和发展

借贷记账法大约产生于 12 世纪的意大利。由于海上商路的拓展，导致意大利北方的地中海沿岸港口城市（以威尼斯、热那亚和佛罗伦萨为代表）的商品经济和海上贸易有很大的发展。但当时小国或独立的城邦林立，各自发行独立的货币。流通的货币（包括币种、名称、重量、成色）非常杂乱。从商品经济的发展规律来看，币制不统一是商品交换的一大障碍。为此，当时出现了一些以经营货币兑换业务为主的“钱商”，为商品交易提供货币兑换和折算。但频繁的货币兑换和折算仍很不便。在这种情况下，通过“钱商”进行转账结算就受到商人的欢迎。商人可以把不同的货币存入“钱商”设立的机构，“钱商”则折成公认的货币计量单位为他开设存款户。“钱商”为每一存款人记账时，都预留两个记账部位：一方记录“我应当给他的”，记录“钱商”的债务，相当于今天借贷记账法的“贷方”；另一方记录“他应当给我的”，记录“钱商”的债权，相当于今天借贷记账法的“借方”。这里的“我”是指“钱商”，而“他”是指存款人或借款人。借贷的经济含义都是站在“钱商”的角度来讲的。这就是如今的借贷记账法产生的开端。

1494 年，意大利的数学家卢卡·帕乔利出版了《数学大全》一书，专篇专章系统地阐释了复式簿记的理论与方法，详细地介绍了借贷记账法的应用。后来，卢卡·帕乔利的著作先后被译为荷兰文、英文、德文、法文、西班牙文等，从而使借贷记账法在全世界得到迅速的传播。大约在 19 世纪，借贷记账法开始传入我国。

4.2.2 借贷记账法的基本内容

借贷记账法是以“借”“贷”为记账符号，用以记录经济业务增减变化及结果的一种复式记账法。借贷记账法的基本内容包括记账符号、账户设置、记账规则和试算平衡等。

1）记账符号的经济含义

记账符号，是表明经济业务增减变动的方向标志。不同记账方法的主要区别在于其记账符号的人为规定含义不同。

借贷记账法以“借”和“贷”作为记账符号，即用“借”和“贷”作为指明应记入某一账户的某一部分（方向）的符号。如前所述，“借”和“贷”的含义是一种历史习惯，并没有逻辑上的关联性。其最初的经济含义与债权、债务有关，债权的增加记录在借方，债务的增加记录在贷方。后来逐步转化为抽象的记账符号，并获得了新的经济含义：第一，它将每一个账户都固定地分为两个相互对立的部分，账户一方称为借方，另一方称为贷方，以此来表示账户内容的增减变化；第二，具有双重含义，以“借”和“贷”作为记账符号，表明账户涉及的经济业务内容从会计要素的角度在数量上的增减。借贷记账符号的经济含义见表 4-1。

表 4-1 **“借”和“贷”含义表**

账户类别	借 方	贷 方
资产	增加	减少
费用	增加	减少或转销①
负债	减少	增加
所有者权益	减少	增加
收入	减少或转销	增加
利润	减少或转销	增加

① 这里的转销是指将账户借方或贷方的金额转入其他账户。

借贷记账法的科学性也就在于利用“借”和“贷”这一对立的记账符号，恰当、全面地反映了会计要素变动涉及的方向、过程和结果，而且还使不同性质账户的增减变动内容得到了充分反映。正确地理解“借”“贷”符号的经济含义，对于充分掌握和准确运用借贷记账法具有重要意义。

2）账户的设置和结构

在借贷记账法下，应按照账户反映的经济内容设置账户。账户应区分为资产类账户、负债类账户、所有者权益类账户、收入类账户、费用类账户和利润类账户。每个账户分为借、贷两方，其中一方用来登记增加的金额，而另一方用来登记减少的金额。究竟哪一方用来登记增加额，哪一方用来登记减少额，要看账户反映的经济内容（即账户的性质）。不同性质的账户，其结构也是不同的。

（1）资产类账户的结构

反映各项资产增减变动及其余额的账户称为资产类账户。资产类账户的结构是：借方登记资产的增加额，贷方登记资产的减少额。在一定会计期间内（月、季、年），借方登记的增加数额的合计数称为借方发生额；贷方登记的减少数额的合计数称为贷方发生额；在每一会计期末，将借、贷方发生额相比较，考虑期初余额的因素，计算期末余额；本期的期末余额结转下期，即为下期的期初余额。

资产类账户的结构见表 4-2。

表 4-2

借方　　　资产类账户	贷方
期初余额	
本期增加额	本期减少额
本期发生额	本期发生额
期末余额	

资产类账户的期末余额一般在借方，其计算公式如下：

资产类账户期末余额=借方期初余额+借方本期发生额-贷方本期发生额

（2）负债及所有者权益类账户的结构

反映各项负债的账户称为负债类账户；反映各项所有者权益的账户称为所有者权益类账户。由会计平衡公式“资产=负债+所有者权益”所决定，负债及所有者权益类账户的结构与资产类账户正好相反，即其贷方登记负债及所有者权益的增加额，借方登记负债及所有者权益的减少额。在一定会计期间内（月、季、年）的贷方合计数称为贷方发生额，借方登记的减少数额的合计数称为借方发生额。在每一会计期期末，将借、贷方发生额相比，考虑期初余额的因素，计算期末余额；本期的期末余额结转到下期，即为下期的期初余额。

负债及所有者权益类账户的结构见表 4-3。

表 4-3

负债及所有者权益类账户

借方	贷方
	期初余额
本期减少额	本期增加额
本期发生额	本期发生额
	期末余额

负债及所有者权益类账户的期末余额一般在贷方，其计算公式如下：

负债及所有者权益类账户期末余额=贷方期初余额+贷方本期发生额-借方本期发生额

（3）收入类账户的结构

反映各项收入的账户称为收入类账户。企业在生产经营过程中为了取得收入，必然要发生各种费用，将一定期间的收入与费用配比，就可以计算实现的利润。利润是企业资产的一个来源，在未分配前，可以将其看作是所有者权益的增加。所以，收入类账户的结构与所有者权益类账户的结构基本相同，贷方登记收入的增加额，借方登记收入的转出额（或减少额）。由于贷方登记的收入增加额期末一般都是从借方转到“本年利润”账户，同转入的本期费用进行比较，以便确定一定期间的利润，因此，该类账户通常没有期末余额。

收入类账户结构见表 4-4。

表 4-4

收入类账户

借方	贷方
本期转出额	本期增加额
本期发生额	本期发生额
	无期末余额

（4）费用类账户的结构

反映各项费用的账户称为费用类账户。费用是对各种资产的损耗，因此费用类账户的结构与资产类账户的结构基本相同，借方登记费用的增加额，贷方登记费用的转出额。由于借方登记的费用增加额期末一般都要从贷方转到“本年利润”账户，同转入的本期费用进行比较，以便确定一定期间的利润，因此，该类账户通常也没有期末余额。

费用类账户的结构见表 4-5。

表 4-5

费用类账户

借方	贷方
本期增加额	本期转出额
本期发生额	本期发生额
无期末余额	

（5）利润类账户的结构

反映各类利润的账户称作利润类账户。利润是收入与费用相配比的结果，在未分配前可以看作是所有者权益的增加。因此，利润类账户的基本结构与所有者权益账户相同。借方登记利润的抵减额，贷方登记利润的附加数额。在每一会计期期末，将贷、借方发生额相比较，其差额称作期末余额；本期的期末余额结转到下期，即为下期的期初余额。

利润类账户的结构见表 4-6。

表 4-6

借方　　利润类账户	贷方
期初余额（未弥补亏损）	期初余额（未分配利润）
本期减少额	本期增加额
本期发生额	本期发生额
期末余额（未弥补亏损）	期末余额（未分配利润）

（6）双重性质账户的结构

在实务工作中，为了减少账户的使用数量，有的企业将如债权、债务类的账户记录内容合并，设置双重性质的账户。以债权、债务的合并记录为例，双重性质账户的具体结构见表 4-7。

表 4-7

借方　　债权、负债类账户	贷方
本期债权增加额	本期债权减少额
本期负债减少额	本期负债增加额
本期发生额	本期发生额
期末余额（表示债权）	期末余额（表示负债）

综合以上对各类账户结构的说明，将全部账户借方和贷方所记录的经济内容加以归纳，见表 4-8。

表 4-8

借方　　账户名称（会计科目）	贷方
资产的增加	资产的减少
费用的增加	费用的减少或转销
负债的减少	负债的增加
所有者权益的减少	所有者权益的增加
收入的减少或转销	收入的增加
利润的减少或转销	利润的增加
期末余额（资产余额）	期末余额（负债或所有者权益余额）

3）记账规则

记账规则是指运用记账方法记录经济业务时应当遵守的规律，是记账方法本质特征的具体表现。记账规则因记账方法不同而不同。那么，借贷记账法的记账规则是怎样的呢？

在企业的经营过程中，每天发生着大量的经济业务，这些经济业务虽然千差万别、错综复杂，但从经济业务发生对“资产=负债+所有者权益”这个会计等式的金额影响来看，归纳起来不外乎四种类型。现以这四种类型的经济业务为例，说明借贷记账法的记账规则。

第一种类型：导致“资产=负债+所有者权益”这个会计等式的两边金额同时增加的类型。资产与负债或所有者权益会计要素中有关项目同时增加的经济业务，一般是由资金进入企业所引起的。如收到投资者投入的资本、向银行取得借款以及购买材料尚未支付货款等，均属于此种类型。

【例 4-1】企业收到投资者投入的资本 780 000 元，并存入银行。

这笔经济业务发生，涉及资产和所有者权益两个会计要素中的有关项目同时发生变化，一方面使所有者权益方面的投入资本增加了 780 000 元，应记入“实收资本”账户的贷方；另一方面使资产方面的银行存款也增加了 780 000 元，应记入“银行存款”账户的借方。这笔经济业务的记录如下：

借方　**实收资本**	贷方	借方　**银行存款**	贷方
	780 000	780 000	

第二种类型：导致“资产=负债+所有者权益”这个会计等式的两边金额同时减少的类型。资产与负债或所有者权益会计要素中有关项目同时减少的经济业务，一般是由资金退出企业所引起的。如企业按照规定减资，以银行存款偿还银行借款和应付账款等，均属于此种类型。

【例 4-2】企业以银行存款 200 000 元偿还银行短期借款。

这笔经济业务发生，涉及资产和负债两个会计要素中的有关项目同时发生变化，一方面使资产方面的银行存款减少了 200 000 元，应记入“银行存款”账户的贷方；另一方面使负债方面的短期借款减少了 200 000 元，应记入“短期借款”账户的借方。这笔经济业务的记录如下：

借方　**银行存款**	贷方	借方　**短期借款**	贷方
	200 000	200 000	

第三种类型：导致“资产=负债+所有者权益”这个会计等式的资产方金额有增有减的类型。资产要素中有关项目有增有减的经济业务一般是由资金在企业内部循环周转所引起的。如企业从银行提取现金、用银行存款购买原材料、生产过程中领用原材料、产成品完工入库等，均属于此种类型。

【例 4-3】企业购入免税原材料一批，价值 600 000 元，价款已通过银行支付。

这笔经济业务的发生，涉及资产中的两个项目同时发生变化，一方面使资产方面的银行存款减少 600 000 元，应记入“银行存款”账户的贷方；另一方面使资产方面的原材料增加了 600 000 元，应记入“原材料”账户的借方。这笔经济业务的记录如下：

借方	银行存款	贷方
		600 000

借方	原材料	贷方
600 000		

第四种类型：导致“资产=负债+所有者权益”这个会计等式的负债或所有者权益方金额有增有减的类型。此种类型的经济业务一般是由资金来源的渠道相互转化所引起的。如职工为满足企业的资金需求，将工资借给企业周转使用；将资本公积或盈余公积转增资本金等，均属于此种类型。

【例 4-4】企业职工以工资 100 000 元，借给企业周转使用。

这笔经济业务的发生，涉及负债中的两个项目同时发生变化，一方面使负债方面的其他应付款增加了 100 000 元，应记入“其他应付款”账户的贷方；另一方面使负债方面的应付职工薪酬减少了 100 000 元，应记入“应付职工薪酬”的借方。这笔经济业务的记录如下：

借方	其他应付款	贷方
		100 000

借方	应付职工薪酬	贷方
100 000		

如前所述，收入、费用和利润变动对会计等式的影响也不外乎上述四种类型。

从以上四种类型的经济业务举例可以看出，在借贷记账法下，每一项业务发生后，为了全面地反映该项经济业务，既要记入有关账户的借方，又要记入有关账户的贷方，且记入借方账户的金额之和与记入贷方账户的金额之和必定是相等的。这样，我们可以从中归纳概括出借贷记账法的记账规则：有借必有贷，借贷必相等。这个记账规则也可以用图 4-1 表示。

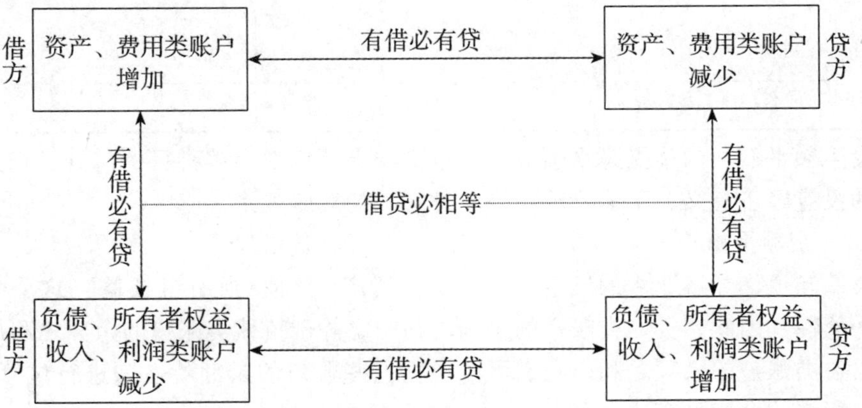

图 4-1　借贷记账法

4）试算平衡

试算平衡是指为保证会计账务处理的正确性，依据记账规则或会计等式，对本期各账户的全部记录进行汇总计算，计算出本期发生额或期末余额，以检查账户记录的正确性和完整性的会计方法。试算平衡的目的不仅仅是为了检查账户记录的正确性和完整性，它还有方便登记账簿和编制会计报表的功效。

在借贷记账法下，有发生额平衡法和余额平衡法两种试算平衡法。

（1）发生额平衡法

借贷记账法的记账规则是“有借必有贷，借贷必相等”，也就是说，在经济业务发生后，按借贷记账符号的经济含义，对发生的每一项经济业务分别记入有关账户的借方和贷方，借、贷两方的发生额必然是相等的。这样，当一定会计期间内（月、季、年）的全部经济业务的会计分录都记入有关账户后，所有账户的借方发生额合计数与贷方发生额合计数也必然是相等的。因此，运用借贷记账法记账，就可以根据“有借必有贷，借贷必相等”的规则进行试算平衡，以检查会计记录是否正确。

在借贷记账法下，运用发生额平衡法进行试算平衡，可以按照下列公式进行：

全部账户借方本期发生额合计数=全部账户贷方本期发生额合计数

发生额试算平衡法，是每一会计期间结束后，在把全部经济业务均登记入账并结出各个账户的本期发生额和期末余额后，通过编制“总分类账户本期发生额试算平衡表”（见表4-9）的方法来进行的。

表4-9 **总分类账户本期发生额试算平衡表**

会计科目	借方发生额	贷方发生额
合计		

发生额平衡法的优点是平衡方法简单，缺点是全部会计科目的借方、贷方发生额之和没有经济意义，不能反映经济业务之间的对应关系。

（2）余额平衡法

我们知道，经济业务的发生不会改变“资产=负债+所有者权益”这个会计等式的平衡性。因此，资产类账户的余额之和一定等于负债类账户的余额之和加上所有者权益类账户的余额之和，我们可以根据这些账户的余额特性来进行试算平衡，这就是所谓的余额平衡法。

在借贷记账法下，运用余额平衡法进行试算平衡，可以按照下列公式进行：

资产类账户余额合计数=负债类账户余额合计数+所有者权益类账户余额合计数

余额平衡法，是每一会计期间结束后，在把全部经济业务均登记入账并结出各个账户的本期发生额和期末余额后，通过编制“总分类账户期末余额试算平衡表”（见表 4-10）来进行的。

表 4-10　**总分类账户期末余额试算平衡表**

会计科目	借方余额	贷方余额
合计		

在实际工作中，为了达到会计信息加工和使用的多重目的，企业一般将“总分类账户本期发生额试算平衡表”和“总分类账户期末余额试算平衡表”合并在一张试算表上，见表 4-11。

表 4-11　**总分类账户本期发生额及余额试算平衡表**

账户名称	期初余额		本期发生额		期末余额	
	借方	贷方	借方	贷方	借方	贷方
合计						

应当注意，试算平衡表只是通过借贷金额是否平衡来检查账户记录是否正确的方法之一。如果试算不平衡，可以肯定账户记录有错误，应进一步查明原因，予以纠正。但是，如果试算平衡，并不意味着会计记录没有错误，这是因为有些错误并不影响借贷双方的平衡，如某项经济业务在有关账户中被重记、漏记或错记等，并不能通过试算平衡来发现。

4.2.3　会计分录和账户的对应关系

运用账户来记录经济业务的方式叫会计分录（简称分录）。会计分录，是指对每一项经济业务，按照复式记账的要求，分别列示其应借和应贷账户及其金额的一种记录。会计分录是登记账簿的依据，会计分录的正确与否，直接影响到账簿记录的正确性，影响到会计信息的质量。

为了保证账簿记录的正确性，对每一项经济业务，在记入有关账簿之前，首先应根据经济业务发生时取得或填制的原始凭证编制会计分录。

运用借贷记账法编制会计分录，一般按以下步骤进行：

首先，根据经济业务的内容，进行会计确认，判定每项经济业务涉及哪两个或两个以上具体账户，并判断其金额是增加还是减少。

其次，根据账户所反映的经济内容，确定所涉及的账户是属于什么性质的账户，按照其账户的结构，确定应该记入到有关账户的借方还是贷方。

最后，根据会计计量的标准和借贷记账法的记账规则，确定应记入每个账户的金额。

现以星海公司为例，2017 年 12 月份发生如下经济业务，用借贷记账法编制会计分录如下：

【例 4-5】星海公司从益阳公司购买免税原材料 50 000 元，货款已经转账支付。

借：原材料　　50 000

　贷：银行存款　　50 000

【例 4-6】星海公司收到股东投入的资本 100 000 元，当即存入银行。

借：银行存款　　100 000

　贷：实收资本　　100 000

【例 4-7】星海公司以银行存款 50 000 元偿还前欠友和公司货款。

借：应付账款　　50 000

　贷：银行存款　　50 000

【例 4-8】星海公司从银行提取现金 8 000 元，用于备用。

借：库存现金　　8 000

　贷：银行存款　　8 000

【例 4-9】星海公司收到天民公司临时汇入暂存的 30 000 元，已存入银行账户。

借：银行存款　　30 000

　贷：其他应付款　　30 000

【例 4-10】星海公司向中国银行申请取得短期借款 60 000 元，款项已经存入星海公司的相关账户内。

借：银行存款　　60 000

　贷：短期借款　　60 000

【例 4-11】星海公司董事会经批准决定将其资本公积 10 000 元转增资本。

借：资本公积　　10 000

　贷：实收资本　　10 000

【例 4-12】星海公司将其所欠光辉公司货款 10 000 元，转作光辉公司对星海公司的投入资本。

借：应付账款　　10 000

贷：实收资本　　10 000

【例 4-13】星海公司决定进行利润分配，其中，应付给投资者利润20 000元。

借：利润分配　　20 000

贷：应付股利　　20 000

【例 4-14】星海公司出售产品 1 200 件，每件售价 10 元，货款 12 000 元，款项已存入银行（不考虑纳税问题）。

借：银行存款　　12 000

贷：主营业务收入　　12 000

【例 4-15】星海公司向供应材料的甲工厂出售产品 200 件，每件售价 10 元，货款 2 000 元用于抵还应付的材料价款（不考虑纳税问题）。

借：应付账款　　2 000

贷：主营业务收入　　2 000

【例 4-16】星海公司计算出本月应付办公用电话费 1 600 元。

借：管理费用　　1 600

贷：应付账款　　1 600

【例 4-17】星海公司本期出售产成品 1 200 件，每件出售产品的生产成本 7 元，转出已售产品的成本。

借：主营业务成本　　8 400

贷：库存商品　　8 400

【例 4-18】星海公司月末将发生的主营业务成本 8 400 元和管理费用 1 600 元、主营业务收入 14 000 元转入"本年利润"账户。

借：本年利润　　10 000

贷：主营业务成本　　8 400

管理费用　　1 600

借：主营业务收入　　14 000

贷：本年利润　　14 000

会计分录有简单会计分录和复合会计分录之分。简单会计分录是指由一个账户的借方与另一账户的贷方相对应组成的会计分录，或者说是只涉及两个账户的会计分录。复合会计分录是指由一个（或几个）账户的借方与另外几个（或一个）账户的贷方相对应组成的会计分录，或者说是涉及两个以上账户的会计分录。

【例 4-19】甲企业购入免税原材料一批，价值 50 000 元，其中，以银行存款支付 30 000 元，其余 20 000 元暂欠。这笔经济业务可以编制复合会计分录如下：

借：原材料　　50 000

贷：银行存款　　30 000

应付账款　　20 000

一般来说，大部分的复合会计分录都是由几个简单会计分录合并而成的，因此，上述复合会计分录可以分解为两个简单会计分录：

（1）借：原材料　　30 000

　　贷：银行存款　　30 000

（2）借：原材料　　20 000

　　贷：应付账款　　20 000

在实务工作中，是编制复合会计分录还是编制简单会计分录，要视经济业务的复杂程度而定，以不破坏经济业务的完整性和保持经济业务的原貌为原则。不要随意合并不同类型的经济业务，以编制复合会计分录；也不要为了编制简单会计分录而拆分经济业务。

从上述举例中可以看出，运用借贷记账法在账户中登记经济业务后，在有关账户之间就形成了应借、应贷的关系。账户之间应借、应贷的关系，称为账户的对应关系。存在对应关系的账户，称为对应账户。了解和掌握账户的对应关系非常重要，通过账户的对应关系，可以知道经济业务的内容，了解价值运动的来龙去脉，同时，可以检查经济业务的账务处理是否合理、合法。

4.3 账户的使用方法

4.3.1 总分类账户和明细分类账户

在会计信息使用者对会计信息的需求中，既要有总括的会计信息，又要有详尽的会计信息，因此在会计核算工作中，既要进行总分类核算，又要进行明细分类核算，这样才能满足会计信息使用者的需求。

1）设置总分类账户和明细分类账户的意义

在会计工作中，正确设置总分类账户，进行总括核算是全面反映会计对象、加强经营管理的需要。因为只有通过总分类核算，我们才可能概括了解和全面控制资金运动，有利于促进整个企业经营活动的有序进行。不过，只有总分类核算所提供的资料，对于深入了解资金运动的详细情况来说，还是不够的。一方面，总分类核算只能提供价值指标，不能提供实物指标；另一方面，总分类核算不能提供会计信息使用者所需的详尽会计信息。所以，在会计核算中，除了应正确组织总分类核算，提供总括反映资本运动的各项货币指标外，还应设置明细分类账户，正确组织明细分类核算，提供反映各项资产、负债，以及各有关收入、费用和所有者权益等变动的详细信息。

一个总分类账户下需要设置几个明细分类账户，要根据管理的需求来设计。一个明细分类账户要设置到怎样的明细程度，也要根据管理的需求来设计。直接在总分类账户下设置的明细分类账户，一般称为二级明细账户。根据管理的需要，可在二级明细账户下设置三级明细账户，在三级明细账户下设置四级明细账户等。

总分类账户的设置一般由财政部统一规定，由企业根据自己的业务特点来选用。明细分类账户则由企业根据自身的需要来自己设计。

2）**总分类账户与明细分类账户之间的关系及登记原则**

总分类账户与明细分类账户之间的关系正如前面所指出的是一种统驭与被统驭、涵盖与被涵盖的关系；在使用总分类账户与明细分类账户进行核算时，原则上应当采用平行登记法。所谓平行登记，就是记入总分类账户和记入明细分类账户的资料，都以相同的会计凭证为依据。平行登记法的要点可以概括如下：

（1）对于每一项经济业务，一方面要记入有关总分类账户，另一方面要分别记入各总分类账户所属的有关各明细分类账户（不设置明细分类账户的除外），即所谓记账内容相同。

（2）记录经济业务的记账方向必须相同。如记录在总分类账户的借方，则在所属明细分类账户中也应记借方；如果记录在总分类账户的贷方，则在所属明细分类账户中也应记贷方。

（3）记入总分类账户中的金额要同记入所属明细分类账户的金额相等（如关系到几个明细分类账户，则应与其金额之和相等），即所谓的记账金额相等。

（4）记入明细分类账户中的资料一般要根据原始凭证；记入总分类账户中的资料则一般根据以原始凭证为基础编制而成的记账凭证或有关的汇总凭证。总之，记入总分类账户及其所属明细分类账户的资料，原则上都应直接来自会计凭证，也就是不能根据明细分类账来登记明细分类账，也不能根据明细分类账来登记总分类账。

总体来说，实行平行登记意味着把相同的原始会计数据，通过对两个相互联系又相互制约的核算系统——总分类账户和明细分类账户进行处理，最后使有关指标相符，起到核对的作用。很明显，这样做将有可能查明有关核算环节上的差错，保证会计信息的质量。

4.3.2　账户的应用

1）**以案例说明账户的具体应用方法**

下面以“原材料”账户为例，说明总分类账户和明细分类账户的平行登记法。为了简单明了，这里不进行原材料的三级核算。

【例 4-20】某企业总分类账户中“原材料”账户在2×17 年 8 月 31 日的余额，是由下列各项原材料所组成：

名　称	数　量	单　价	金　额
甲材料	1 000 千克	300 元/千克	300 000 元
乙材料	2 000 千克	50 元/千克	100 000 元
合　计			400 000 元

9 月份，有关原材料采购结算及原材料收入与发出的业务（假设不考虑相关税

费）如下：

（1）9月4日，向A厂购入材料一批，价款未付。已验收入库的这批原材料如下所示：

名　称	数　量	单　价	金　额
甲材料	400千克	300元/千克	120 000元
乙材料	200千克	50元/千克	10 000元
合　计			130 000元

这笔经济业务，应编制如下会计分录：

借：原材料——甲材料　　120 000

　　　　——乙材料　　10 000

　贷：应付账款——A厂　　130 000

（2）9月10日，向B厂购入丙材料700千克，单价100元/千克，共计金额70 000元，价款未付，材料已验收入库。

这项业务，应编制如下会计分录：

借：原材料——丙材料　　70 000

　贷：应付账款——B厂　　70 000

（3）9月11日，生产车间因产品需要向仓库领用一批材料，其中包括：

名　称	数　量	单　价	金　额
甲材料	500千克	300元/千克	150 000元
乙材料	600千克	50元/千克	30 000元
丙材料	600千克	100元/千克	60 000元
合　计			240 000元

这笔业务，应编制如下会计分录：

借：生产成本　　240 000

　贷：原材料——甲材料　　150 000

　　　　　——乙材料　　30 000

　　　　　——丙材料　　60 000

根据上述有关材料月初结存、本月收入和本月发出的资料，分别在“原材料”总分类账户（见表4-12）及其所属“甲材料”、“乙材料”和“丙材料”三个明细分类账户按平行登记原则进行登记，见表4-13、表4-14、表4-15。其登记方法是：

①在原材料总分类账户中登记月初余额400 000元，同时，分别在“甲材料”“乙材料”的明细分类账户中，登记其月初数量、单价和金额。前面还说过，之所以我们要进行明细分类核算是要提供满足管理需要的更为详尽的信息。因此，明细分类账户的结构应同明细分类核算的目标相一致，其结构也就有不同形式。对于原

材料明细账来说，其结构应能提供“数量”、“单价”、“收入”、“发出”和“余额”等指标。其格式可见甲材料明细分类账户（表 4-13）。

②将本月收入两批材料的合计金额 130 000 元和 70 000 元按业务发生的时间先后，记入原材料总分类账户中的借方；同时将每批收入和各种材料的数量、单价、金额分别记入有关的原材料明细分类账户中的收入栏。

③将本月发出材料（车间领用）的合计金额 240 000 元记入“原材料”总分类账户中的贷方；同时将发出各种原材料的数量、单价、金额分别记入有关的原材料明细分类账户中的发出栏。

④根据原材料总分类账户和所属明细分类账户的记录，分别计算它们的本期发生额和期末余额。

按照上述登记方法，原材料总分类账户及其所属三个明细分类账户的登记结果见表 4-12 至表 4-15。

表 4-12 **总分类账户**

账户：原材料 单位：元

2×17 年		凭证字号（略）	摘　要	借　方	贷　方	借或贷	余　额
月	日						
9	1		月初余额			借	400 000
	4		购入	130 000		借	530 000
	10		购入	70 000		借	600 000
	11		车间领用		240 000	借	360 000
	30		本月发生额及期末余额	200 000	240 000	借	360 000

表 4-13 **甲材料明细分类账户** 金额单位：元

2×17 年		凭证字号（略）	摘　要	计量单位	单价	收入		发出		余额	
月	日					数量	金额	数量	金额	数量	金额
9	1		月初余额	千克	300					1 000	300 000
	4		购入	千克	300	400	120 000			1 400	420 000
	11		车间领用	千克	300			500	150 000	900	270 000
	30		本月合计	—	—	400	12 000	500	150 000	900	270 000

表 4-14　　乙材料明细分类账户　　金额单位：元

2×17 年		凭证字号（略）	摘　要	计量单位	单价	收入		发出		余额	
月	日					数量	金额	数量	金额	数量	金额
9	1		月初余额	千克	50					2 000	100 000
	4		购入	千克	50	200	10 000			2 200	110 000
	11		车间领用	千克	50			600	30 000	1 600	80 000
	30		本月合计	—	—	200	10 000	600	30 000	1 600	80 000

表 4-15　　丙材料明细分类账户　　金额单位：元

2×17 年		凭证字号（略）	摘　要	计量单位	单价	收入		发出		余额	
月	日					数量	金额	数量	金额	数量	金额
9	10		购入	千克	100	700	70 000			700	70 000
	11		车间领用	千克	100			600	60 000	100	10 000
	30		本月合计	—	—	700	70 000	600	60 000	100	10 000

在上述业务中，除“原材料”账户外，“应付账款”账户也应按照供应单位设置明细分类账户，并按平行登记法进行登记但不必设置数量栏。

2）总分类核算与明细分类核算记录的相互核对

总分类核算与明细分类核算相互配合，既能提供全面总括的信息，又能提供具体详细的信息，以便加强经营管理。无论是总括的信息，还是具体详细的信息，都应保证其准确无误。为了保证分录的准确性，总分类核算与明细分类核算之间，应当经常进行核对，保证账账相符，以便相互制约和相互配合，使之组成一个严密的反映和控制体系。总分类账和明细分类账是按平行登记法进行核算的，平行登记的资料来源虽然是一个，但记账的程序并不相同，所以，需要相互核对双方的记录，以及时纠正一方登记的可能错误，做到账账相符，使双方的金额保持着统驭和被统驭的关系。

要进行这种核对，可以根据明细分类账的记录编制本期发生额和余额表，它是按每一总分类账户所属的全部明细分类账户进行编制的。

现根据【例 4-20】中该企业 2×17 年 9 月份有关明细分类账户列示的资料，编制本期发生额和余额表，见表 4-16。

从表 4-16 可以看到，在总分类账户与明细分类账户核算之间，应达到四个金额相符，即月初余额、本期增加额、本期减少额、期末余额相符。

表 4-16　　**原材料明细分类账户本期发生额和余额表**

2×17 年 9 月　　　　金额单位：元

明细科目（材料名称）	计量单位	单价	月初余额		本期发生额				期末余额	
			数量	金额	收入		发出		数量	金额
					数量	金额	数量	金额		
甲材料	千克	300	1 000	300 000	400	120 000	500	150 000	900	270 000
乙材料	千克	50	2 000	100 000	200	10 000	600	30 000	1 600	80 000
丙材料	千克	100	0	0	700	70 000	600	60 000	100	10 000
合计	—	—	—	400 000	—	200 000	—	240 000	—	360 000

	“原材料”总分类账户		原材料明细分类账户				
			甲材料		乙材料		丙材料
月初余额	400 000	=	300 000	+	100 000	+	0
本期增加额	200 000	=	120 000	+	10 000	+	70 000
本期减少额	240 000	=	150 000	+	30 000	+	60 000
期末余额	360 000	=	270 000	+	80 000	+	10 000

明细分类账户本期发生额和余额表的主要作用是：把日常核算的明细资料加以综合，借以检查每个总分类账户及其所属明细分类账户的记录是否正确可靠；还可以提供有关财产、物资、债权、债务等资料，用于加强日常的管理。

在设有三级明细分类账户的情况下，总分类核算与明细分类核算的相互核对，还应当包括与二级明细分类账户与三级明细分类账户的相互核对在内。二级明细分类账户与三级明细分类账户及更明细的分类账户的相互核对，可遵照上述方法进行，其道理是相同的，在这里就不再细述了。

练习题

□ 名词解释

复式记账法　借贷记账法　对应账户　会计分录　平行登记

□ 复习思考题

1. 简述复式记账法的理论基础和基本内容。
2. 简述编制会计分录的步骤。
3. 简述借贷记账法的账户结构。
4. 借贷记账法的试算平衡的意义何在？有哪几种方法？
5. 为什么要同时设置总分类账户和明细分类账户？平行登记法的要点有哪些？

第 5 章　会计凭证

◆ **学习导航**

填制和审核会计凭证是会计核算基本方法之一，本章主要阐述了会计凭证的概念、作用、分类、填制方法和审核方法，以及会计凭证的传递程序和保管要求。通过本章学习，应重点掌握原始凭证、记账凭证的填制方法和审核方法，了解《会计基础工作规范》对会计凭证的传递和保管工作的具体规定。

5.1　会计凭证概述

5.1.1　会计凭证的概念

会计记录必须具有真实性和客观性，每一笔业务的发生都要有真凭实据，所以会计主体所办理的每一项经济业务，都必须取得或填制会计凭证，用来记录经济业务的发生日期、具体内容以及数量和金额。也就是说，会计凭证是记录经济业务、明确经济责任，并据以登记账簿的书面证明。填制会计凭证是会计工作的起点和基础。例如，支付款项要由收款方开出收款收据，购买商品要取得供货方开出的发货票，材料或商品入库要有入库单等。同时，经办人还需要在凭证上签名或盖章，对经济业务的合法性、真实性和正确性负完全责任。另外，所有的会计凭证都要经过财务部门和其他有关部门严格审核，经审核无误的会计凭证，才可以作为登记账簿的依据。

5.1.2　会计凭证的作用

会计凭证具有以下几个方面的作用：

（1）真实记录经济业务，提供记账依据。

会计主体所发生的每一项经济业务，都必须由经办人员按规定的程序和要求，及时取得和填制会计凭证，如实反映经济业务的具体发生情况，以保证会计记录的真实性、可靠性和及时性。

（2）明确经济责任，强化内部控制，加强经济责任制。

对于发生的各项经济业务，都要由经办人在凭证上签字或盖章，以便于划清责任范围，促使经办人员对经济业务的真实性、合法性与合理性承担责任，加强责任感，一旦出现问题，也便于查明责任，有利于推行经济责任制。

（3）监督经济活动，控制经济运行。

通过会计凭证的审核，可以查明会计主体所发生的经济业务是否符合国家有关法规、制度的规定，有无贪污盗窃、铺张浪费的行为，从而发挥会计的监督作用，保护会计主体资产的安全完整，维护投资者、债权人和有关各方的合法权益。

5.1.3 会计凭证的分类

会计凭证按其填制程序和用途的不同，可以分为原始凭证和记账凭证两大类。

1）原始凭证

原始凭证是在经济业务发生时，由业务经办人员直接填制或取得，用以记载经济业务具体内容和完成情况的书面证明。它是填制记账凭证和登记账簿的原始资料和主要依据。

原始凭证按其来源不同，可分为自制原始凭证和外来原始凭证两种。

（1）自制原始凭证是指本单位内部具体经办业务的部门和人员，在执行或完成某项经济业务时所填制的原始凭证。企业自制原始凭证按其填制手续和内容不同，又可分为一次原始凭证、累计原始凭证和汇总原始凭证三种。

①一次原始凭证，是指在一张原始凭证上只记载一项经济业务，或者同时反映若干项同类型的经济业务，填制手续是一次完成的，已填制的凭证不能再重复使用，这类自制原始凭证称为一次原始凭证。例如，领料单（见表 5-1）、材料验收入库的收料单（见表 5-2）、付款收据、费用报销单等都是一次原始凭证。一次原始凭证能反映一笔业务的内容，使用方便灵活，但数量较多，核算较麻烦。

表 5-1 **（企业单位）**

领 料 单

领料单位： 年 月 日 编号：

用 途： 仓库：

材料类别	材料编号	材料名称	计量单位	数量		单价	金额
				请领	实发		

记账： 发料： 审批： 领料：

表 5-2

（企业单位）

收 料 单

材料类别：　　　　　　　　　　　　年　　月　　日

库别：　　　　　　　　　　　　　　　　　　　　　　　　　　　　编号：

<table>
<tr><td rowspan="3">材料编号</td><td rowspan="3">材料名称</td><td rowspan="3">规格型号</td><td rowspan="3">计量单位</td><td rowspan="3">实收数量</td><td colspan="5">实际成本</td></tr>
<tr><td colspan="2">买价</td><td rowspan="2">运杂费</td><td rowspan="2">其他</td><td rowspan="2">合计</td></tr>
<tr><td>单价</td><td>金额</td></tr>
<tr><td></td><td></td><td></td><td></td><td></td><td></td><td></td><td></td><td></td><td></td></tr>
<tr><td>请购单位</td><td colspan="2"></td><td>供应单位</td><td colspan="3"></td><td colspan="2">单据号码</td><td></td></tr>
<tr><td>备注</td><td colspan="9"></td></tr>
</table>

仓库负责人：　　　　　　　记账：　　　　　　　仓库保管：　　　　　　　收料：

②累计原始凭证，是指一定时期内在一张凭证中连续记录同类的经济业务，期末按累计数作为记账依据的自制原始凭证。例如，限额领料单（见表 5-3）。限额领料单中注明了某种材料在规定期限内的领用额度，用料单位每次领料及退料，都要由经办人员在限额领料单上逐笔记录、签章，并结出限额结余。累计原始凭证的填制是随着经济业务的发生分次进行的，这样可以减少凭证张数，简化填制手续；同时，也可以随时计算累计发生数，以便同计划或定额数量进行比较，便于控制和管理。需要注意的是，因这种凭证要反复使用，所以必须严格执行凭证的保管制度和材料收发手续。

表 5-3

（企业名称）

限 额 领 料 单

年　　月　　日

领料单位：　　　　　　　　　　　　　　　　　　　　　　　　编号：

产品名称：　　　　　　　　　　　　　　　　　　　　　　　　发料仓库：

计划产量：　　　　　　　　　　　　　　　　　　　　　　　　单位消耗定额：

<table>
<tr><td rowspan="2" colspan="2">材料编号</td><td rowspan="2">材料名称</td><td rowspan="2">规格</td><td rowspan="2">计量单位</td><td rowspan="2">单价</td><td rowspan="2">领料限额</td><td colspan="2">全月实领</td></tr>
<tr><td>数量</td><td>金额</td></tr>
<tr><td colspan="2"></td><td></td><td></td><td></td><td></td><td></td><td></td><td></td></tr>
<tr><td rowspan="2">领料日期</td><td colspan="3">请领</td><td colspan="3">实发</td><td rowspan="2" colspan="2">限额结余</td></tr>
<tr><td>数量</td><td>领料单位负责人签章</td><td>领料人签章</td><td>数量</td><td colspan="2">发料人签章</td></tr>
<tr><td></td><td></td><td></td><td></td><td></td><td colspan="2"></td><td colspan="2"></td></tr>
<tr><td></td><td></td><td></td><td></td><td></td><td colspan="2"></td><td colspan="2"></td></tr>
<tr><td></td><td></td><td></td><td></td><td></td><td colspan="2"></td><td colspan="2"></td></tr>
<tr><td>合　计</td><td></td><td></td><td></td><td></td><td colspan="2"></td><td colspan="2"></td></tr>
</table>

仓库负责人：　　　　　　　　　　生产部门负责人：　　　　　　　　　　仓库管理员：

③汇总原始凭证，也称原始凭证汇总表，是将一定时期内若干同类性质经济业务的原始凭证或会计核算资料加以汇总而重新编制的一张原始凭证。例如，发料凭证汇总表（见表 5-4）、收料凭证汇总表等。实际工作中，汇总原始凭证是为了集中反映某项经济业务的总括情况，并简化记账凭证的填制工作，它既可以提供经营管理所需要的总量指标，又可以大大简化核算手续。需要注意的是，汇总原始凭证所汇总的内容，只能是同类型的经济业务，且其本身不具备法律效力。

表 5-4　**发料凭证汇总表**

年　　月　　日

会计科目		领料部门	原材料	辅助材料	燃料	合计
生产成本	基本生产车间	一车间				
		二车间				
		小计				
	辅助生产车间	供电车间				
		锅炉车间				
		小计				
制造费用		一车间				
		二车间				
		小计				
合　　计						

会计主管：　　　　审核：　　　　制表：

（2）外来原始凭证是在经济业务活动发生或完成时，从其他单位或个人直接取得的原始凭证，如采购时取得的增值税专用发票（见表 5-5）等，出差乘坐的车船飞机票、运输部门开具的运费收据等。

表 5-5　**×××增值税专用发票**

发票联

010000000　　　　№00000000

开票日期：　　年　　月　　日

<table>
<tr><td>购买方</td><td colspan="4">名　　称：
纳税人识别号：
地 址 、电 话：
开户行及账号：</td><td>密码区</td><td colspan="4"></td><td rowspan="6">第一联：发票联　购买方的记账凭证</td></tr>
<tr><td colspan="2">货物或应税劳务、服务名称</td><td>规格型号</td><td>单位</td><td>数量</td><td>单　价</td><td>金　额</td><td>税率</td><td>税　额</td></tr>
<tr><td colspan="2"></td><td></td><td></td><td></td><td></td><td></td><td></td><td></td></tr>
<tr><td colspan="2">合　　计</td><td></td><td></td><td></td><td></td><td></td><td></td><td></td></tr>
<tr><td colspan="2">价税合计（大写）</td><td colspan="7">（小写）¥</td></tr>
<tr><td>销售方</td><td colspan="4">名　　称：
纳税人识别号：
地 址 、电 话：
开户行及账号：</td><td>备注</td><td colspan="4"></td></tr>
</table>

收款人：　　　复核：　　　开票人：　　　销售方：（章）

2）记账凭证

记账凭证是由会计人员根据审核后的原始凭证加以归类整理而编制的，用以确定会计分录、登记账簿的直接依据。由于原始凭证种类繁多、格式不一，而账簿需要按照一定的会计科目和记账规则进行登记，为了做好记账工作，会计人员必须将各种原始凭证按其所反映的经济内容进行归类和整理，然后据此编制记账凭证。

记账凭证按其编制方式不同，可以分为复式记账凭证和单式记账凭证。

（1）复式记账凭证，是指将一项经济业务所涉及的全部会计科目都集中在一张凭证上，完整地反映该项经济业务概况的记账凭证。在会计实务中，大多数单位使用的都是复式记账凭证。使用复式记账凭证可减少记账凭证的数量，便于查账和凭证的保管，但不便于同时汇总计算每一会计科目的发生额，也不利于会计人员分工记账。

复式记账凭证按照使用范围不同，又可分为专用记账凭证和通用记账凭证。

专用记账凭证是指分类反映经济业务的记账凭证。这种记账凭证按其反映的经济业务内容不同，又分为收款凭证、付款凭证和转账凭证。

①收款凭证。收款凭证是用来反映库存现金和银行存款增加业务的记账凭证。它既是出纳人员收款的依据和证明，也是登记库存现金和银行存款日记账、总分类账和明细分类账的依据。实际工作中，出纳人员须根据会计人员审核无误的收款凭证办理库存现金和银行存款的收入业务，同时要在收款凭证上加盖“收讫”戳记，以避免差错。收款凭证的具体格式见表5-6。

表5-6 收 款 凭 证

借方科目： 年 月 日 收字第 号

摘 要	贷方科目		金 额										记账符号
	总账科目	明细科目	千	百	十	万	千	百	十	元	角	分	
附单据 张	合计												

会计主管： 记账： 出纳： 审核： 制单：

②付款凭证。付款凭证是用以反映库存现金和银行存款减少业务的记账凭证，根据支付库存现金和银行存款业务的原始凭证填制而成。它既是出纳人员付款的依据和证明，也是登记库存现金和银行存款日记账、总分类账和明细分类账的依据。实际工作中，出纳人员须根据会计人员审核无误的付款凭证办理库存现金和银行存款的支付业务并在凭证上加盖“付讫”戳记，以免重复付款。付款凭证的具体格式见表5-7。

表 5-7 **付 款 凭 证**

贷方科目： 年 月 日 付字第 号

摘 要	借方科目		金 额										记账符号
	总账科目	明细科目	千	百	十	万	千	百	十	元	角	分	
附单据 张	合 计												

会计主管： 记账： 出纳： 审核： 制单：

会计实务中，为了避免重复记账，对现金和银行存款之间的划转业务，一般只编制付款凭证，如从银行提取现金时，只编制银行存款付款凭证。

③转账凭证。转账凭证是用以反映与库存现金和银行存款收付无关的其他各项经济业务的凭证，是登记总分类账和明细分类账的依据。其格式（表 5-8）与通用记账凭证的格式相同。

表 5-8 **转 账 凭 证**

年 月 日 转字第 号

摘 要	借方科目			贷方科目			金 额											记账符号
	总账科目	明细科目	√	总账科目	明细科目	√	亿	千	百	十	万	千	百	十	元	角	分	
附单据 张		合 计																

会计主管： 记账： 审核： 制单：

通用记账凭证，是全部经济业务使用统一格式的记账凭证。与专用记账凭证中的转账凭证基本相同，只是增加了“出纳”的签章，适用于业务较简单，经营规模较小的单位。

（2）单式记账凭证，是将一项经济业务所涉及的每一个会计科目，分别编制记账凭证，每张凭证上只填列此笔会计分录的一个会计科目，而其对应的会计科目名称仅作参考，不据以记账。也就是说，采用单式记账凭证，一笔经济业务涉及几个会计科目，就要填制几张记账凭证，即每笔经济业务所涉及的会计科目多少决定了需编制记账凭证的张数。填列借方账户的称为借项记账凭证（表5-9），填列贷方账户的称为贷项记账凭证（表5-10）。

表5-9　　借项记账凭证

对应科目：　　　　年　　月　　日　　　　编号

摘　要	总账科目	明细科目	金　额	记　账

附件　　张

会计主管：　　记账：　　审核：　　制单：　　出纳：

表5-10　　贷项记账凭证

对应科目：　　　　年　　月　　日　　　　编号

摘　要	总账科目	明细科目	金　额	记　账

附件　　张

会计主管：　　记账：　　审核：　　制单：　　出纳：

单式记账凭证便于汇总每一个会计科目的发生额，也便于会计人员合理分工，但由于填制单式记账凭证的工作量较大，且不能反映经济业务的全貌，不利于检查账目，故在实务中，使用单式记账凭证的单位较少。

记账凭证按其是否经过汇总，可分为汇总记账凭证和非汇总记账凭证。

汇总记账凭证是一定时期内将同类记账凭证加以汇总而重新编制的记账凭证，目的是简化登记总分类账的手续。汇总记账凭证，也可按其所反映经济业务的内容分为汇总收款凭证（表5-11）、汇总付款凭证（表5-12）、汇总转账凭证（表5-13）和记账凭证汇总表（也称科目汇总表，见表5-14）。汇总记账凭证的具体内容在第12章详述。

表5-11　　汇总收款凭证

借方科目：　　　　年　　月　　　　编号

贷方科目	金　额				记　账	
	（1）	（2）	（3）	合计	借　方	贷　方

附注：（1）自______日至______日　　收款凭证共计______张

（2）自______日至______日　　收款凭证共计______张

（3）自______日至______日　　收款凭证共计______张

表 5-12　**汇总付款凭证**

贷方科目：　　　　　　　　年　月　　　　　　　　编号

借方科目	金额				记账	
	(1)	(2)	(3)	合计	借方	贷方

附注：(1) 自________日至________日　　付款凭证共计________张

(2) 自________日至________日　　付款凭证共计________张

(3) 自________日至________日　　付款凭证共计________张

表 5-13　**汇总转账凭证**

贷方科目：　　　　　　　　年　月　　　　　　　　编号

借方科目	金额				记账	
	(1)	(2)	(3)	合计	借方	贷方

附注：(1) 自________日至________日　　转账凭证共计________张

(2) 自________日至________日　　转账凭证共计________张

(3) 自________日至________日　　转账凭证共计________张

表 5-14　**科目汇总表**

年　月　日至　日

科目名称	总账页数	本期发生额		记账凭证起讫号数
		借方	贷方	

非汇总记账凭证是没有经过汇总的记账凭证。前面介绍的复式记账凭证和单式记账凭证都是非汇总记账凭证。

综上所述，会计凭证的分类可归纳如图 5-1 所示。

- 会计凭证
  - 原始凭证（按来源分类）
    - 外来原始凭证
    - 自制原始凭证
      - 一次原始凭证
      - 累计原始凭证
      - 汇总原始凭证
  - 记账凭证
    - 按使用范围分类
      - 专用记账凭证
        - 收款凭证
        - 付款凭证
        - 转账凭证
      - 通用记账凭证
    - 按编制方式分类
      - 单式记账凭证
        - 借项记账凭证
        - 贷项记账凭证
      - 复式记账凭证
    - 按是否经过汇总分类
      - 非汇总记账凭证
      - 汇总记账凭证
        - 汇总收款凭证
        - 汇总付款凭证
        - 汇总转账凭证

图 5-1 会计凭证的分类

5.2 原始凭证

5.2.1 原始凭证的基本内容

由于企业的经济业务是多种多样的，故记录经济业务的原始凭证所包括的具体内容也是多种多样的，但无论哪一种原始凭证，都应能说明经济业务的执行和完成情况，且该原始凭证能够明确有关经办人员和单位的经济责任。因此，各种原始凭证尽管格式不统一，项目不一样，但都须具备一些共同的基本内容。这些基本内容也就是每一原始凭证所具备的要素。

（1）原始凭证的名称。

（2）填制原始凭证的日期及编号。

（3）接受凭证单位的名称。

（4）经济业务的内容摘要，涉及财物的数量、单价和金额。

（5）填制凭证的单位名称和经办人员的签名或盖章。

有些原始凭证除包括上述基本内容外，为满足其他管理工作的需要。还要列入一些补充项目，以更加完整地反映经济业务。例如，与该笔经济业务有关的计划任务、经济合同号码、定额等。

5.2.2 原始凭证的填制

原始凭证是会计核算的原始依据，是保证会计信息正确和真实的重要前提。虽然各种原始凭证的具体填制依据和方法不尽相同，但就原始凭证所反映的经济业务，明确经济责任而言，原始凭证的填制必须符合以下几个原则：

1）**记录真实**

原始凭证上记载的经济业务必须与实际情况相符，所填写的日期、业务内容、数量、金额必须经过严格审核，确保凭证内容真实可靠，不允许有任何弄虚作假的行为。从外单位取得的原始凭证如有遗失，应当取得原开具单位盖有公章的证明，注明原来凭证的号码、金额和内容等，并由经办人员签名后，报经办单位负责人批准后，才能代作原始凭证。如果确实无法取得证明的，如火车票、轮船票、飞机票等凭证，由当事人写出详细情况，由经办单位负责人批准后，代作原始凭证。

2）**内容完整**

原始凭证中应该填写的项目都要详尽地填写齐全，不得漏填或省略不填。为明确经济责任，从外单位取得的原始凭证必须盖有填制单位的公章或财务专用章。从个人取得的原始凭证，必须有填制人员的签名或盖章。自制原始凭证必须有经办部门负责人或其指定人员的签名或盖章。对外开出的原始凭证，必须加盖本单位公章或财务专用章。

3）**手续完备**

原始凭证的填制手续必须符合内部牵制原则的要求。凡填有大写和小写金额的原始凭证，大写与小写金额必须相符。购买实物的原始凭证必须有验收证明。支付款项的原始凭证必须有收款单位和收款人的收款证明。发生销货退回的，除填制退货发票外，还必须有退货验收证明；退款的，必须取得对方的收款收据或者汇款银行的凭证，不得以退货发票代替收据。收回借款时，应当另开收据或者退还借据副本，不得退还原借款收据。一式几联的原始凭证、应当注明各联的用途，并用双面复写纸套写，并连续编号。作废时应当加盖“作废”戳记，连同存根一起保存，不得撕毁。

4）**书写规范**

原始凭证上的文字和数字书写要规范，字迹要工整、清晰、易于辨认。具体要符合下列要求：

①阿拉伯数字应当一个一个地写，不得连笔写。合计的小写金额前应书写货币币种符号，如人民币符号“￥”，美元符号“$”。币种符号与阿拉伯金额数字之间不得留有空白。

②所有以元为单位（或以其他货币种类为货币基本单位，下同）的阿拉伯数字，除表示单价等情况外，一律填写到角分；无角分的，角位和分位可写“00”，或符号“—”；有角无分的，分位应当写“0”，不得用符号“—”代替。例如：￥497.30、￥639.00或￥639.—。

③汉字大写数字金额一律用正楷字或者行书体书写，如零、壹、贰、叁、肆、伍、陆、柒、捌、玖、拾、佰、仟、万、亿等，不得用○、一、二、三、四、五、

六、七、八、九、十等简化字代替，不得任意自造简化字。大写金额数字到元或角为止的，在“元”或者“角”字之后应写“整”或者“正”字；大写金额数字有分的，分字后面不写“整”或者“正”字。大写金额数字前未印有货币名称的，应当加填货币名称，货币名称与金额数字之间不得留有空白。例如：¥143 957.30用大写金额表示为“人民币壹拾肆万叁仟玖佰伍拾柒元叁角整”。阿拉伯金额数字中间有“0”时，汉字大写金额要写“零”字；阿拉伯数字金额中间连续有几个“0”时，汉字大写金额中可以只写一个“零”字；阿拉伯数字金额元位是“0”，或者数字中间连续有几个“0”、元位也是“0”，但角位不是“0”时，汉字大写金额可以只写一个“零”字，也可以不写“零”字。例如：¥100 730.00用大写金额表示为“人民币壹拾万零柒佰叁拾元整”。

④原始凭证的各项内容均不得随意涂改、刮擦、挖补。一旦发现原始凭证有错误的应当由开具原始凭证的单位重新开具或者更正，且更正处必须加盖开具单位的公章。开具单位应当依法开具准确无误的原始凭证，对于填制有误的原始凭证，负有更正和重新开具的法律义务，不得拒绝。对于支票等重要的原始凭证如果填写错误，不得在凭证上更正，应注销留存，另行填写。

5）填制及时

当每一项经济业务发生或完成，经办该业务的部门和有关人员都要立即填制原始凭证，做到不积压、不拖延、不事后补制，并按规定的程序将原始凭证送交会计部门。

5.2.3 原始凭证的审核

为确保原始凭证内容的真实性和合法性，避免影响会计信息质量的原始凭证的出现，会计部门必须对一切外来的和自制的原始凭证进行严格的审核。原始凭证的审核内容如下：

1）原始凭证所反映的经济业务是否合法、合规、合理

审核原始凭证的依据主要有国家颁布的现行财经法规、制度，以及本单位的有关规定及预算计划。根据这些依据审核经济业务是否违反国家法律法规；凭证日期、业务内容、数据是否真实；记录的经济业务是否符合单位生产经营活动的需要等。

2）原始凭证的填制是否符合规定的要求

审核原始凭证是否具备合法凭证所必需的基本内容；所有的内容是否填写齐全；数字和文字是否有涂改或不清晰的现象；大小写金额是否相符；有关单位和个人是否签字（盖章）等。总之，通过严格把关，坚决杜绝不真实、不合法、不准确、不完整的原始凭证出现在会计凭证中。

原始凭证的审核能直接影响到会计核算的质量和会计工作秩序的正常进行，现实工作中存在的许多违法违纪问题，有相当部分与原始凭证的审核把关不严有关系。如果原始凭证失真，就不能正确地反映各项经济业务的真实情况，甚至造成国家税收的减少、国有资产的流失以及企业财产的损失。因此，作为会计基础性工作的原始凭证审核，尤其重要和关键。

原始凭证经过审核无误后，才可以根据原始凭证的内容编制记账凭证、登记有关账簿。

5.3　记账凭证

5.3.1　记账凭证的基本内容

账簿需要按照一定的会计科目和记账规则进行登记，而原始凭证中并未写明会计科目和记账方向。为了做好记账工作，会计人员必须将各种原始凭证按其所反映的经济内容进行归类和整理，然后据此编制记账凭证。也就是说，记账凭证是按经济业务性质加以整理归类，运用账户和复式记账法确定会计分录，填制而成的作为登记账簿依据的一种会计凭证。会计人员必须根据审核无误的原始凭证或原始凭证汇总表填制记账凭证。记账凭证必须具备以下基本内容：

（1）记账凭证的名称。

（2）凭证的日期和编号。

（3）经济业务的内容摘要。

（4）账户（包括一级、二级及其明细账户）名称、记账方向和金额。

（5）所附原始凭证张数和其他有关资料。

（6）填制单位的名称和有关人员的签名或者盖章。

5.3.2　记账凭证的填制

1）记账凭证的填制依据

记账凭证可以根据每一张审核无误的原始凭证单独填制，也可以根据汇总原始凭证填制。对期末的结转损益和更正错账的业务，还可以根据账簿的有关记录进行填制。

2）记账凭证的填制要求

为保证账簿记录的正确性，记账凭证必须符合以下要求：

①摘要简明。

“摘要”栏是对经济业务内容的简要说明，要求与原始凭证内容一致，文字说明应当简练且语意准确，使阅读的人通过摘要就能了解该项经济业务的性质、特征，判断出会计分录正确与否，一般不必再去翻阅原始凭证或询问有关人员。

②编号连续规范。

记账凭证必须按全部经济业务的先后顺序连续编号，以便查对，避免凭证散失。每个月都从第 1 号编起，按顺序编至月末，中间不允许重号、漏号或错号，最后一张记账凭证编号后面加注“全”字，以防丢失和舞弊。使用通用记账凭证时将所有的记账凭证按照填制日期从1号开始顺序编号，例如，总字第7号、总字第8号等。使用专用凭证时，将每月的记账凭证按照收款凭证、付款凭证和转账凭证三类分别顺序编号，例如，收字第1号、付字第1号、转字第1号等。如果单位使用的是现金收入、现金支出、银行存款收入、银行存款支出和转账凭证等五类记账凭证进行经济业务的处理，则可按这五类记账凭证分别进行编号，例如，现收字第1号、现付字第1号、银收字第1号、银付字第1号、转字第1号等。当处理复杂的经济业务需填制两张或两张以上记账凭证时，采用分数编号法，即在原编号后面用分数的形式表示，例如，某经济业务需要填制三张记账凭证，这张凭证的编号为转字第18号，那么这笔经济业务的记账凭证编号就可以编为转字第18 1/3号、转字第18 2/3号、转字第18 3/3号。

③会计分录正确。

企业必须根据国家统一会计制度的规定和经济业务的内容，正确使用会计科目和编制会计分录，并保证借贷平衡，合计数计算正确。有关的二级或明细科目要填写齐全，不得省略。记账方向和账户对应关系必须清楚，编制复合会计分录，应是一借多贷或一贷多借，一般不编制多借多贷的会计分录。

④附件齐全。

除结账和更正错误的记账凭证可以不附原始凭证外，其他记账凭证必须附有原始凭证并要注明所附原始凭证的张数，以便日后查对。所附原始凭证张数的计算一般以原始凭证的自然张数为准。如果记账凭证中附有原始凭证汇总表，则应把所附原始凭证和原始凭证汇总表的张数一起计入附件的张数之内。报销差旅费的零散票据，可以粘贴在一张纸上，作为一张原始凭证。一张原始凭证如涉及几张记账凭证的，可以将该张原始凭证附在一张记账凭证后面，在其他记账凭证上注明该记账凭证的编号（例如：附件××张，见第××号记账凭证）或者附上该原始凭证的复印件。

⑤注销多余行次。

记账凭证应按行次逐项填写，不得跳行或留有空行，记账凭证填制完经济业务事项后，如果最后一笔数字和合计数之间有空行，应在金额栏自最后一笔数字下的空行处至合计数的空行处该划斜线或“S”线注销。

⑥正确处理错误凭证。

在记账前发现记账凭证有误，应当重新填制正确的记账凭证替代原来的错误凭证。但如果发现错误的记账凭证已经登记入账，则应该区分不同的情况按不同方法进行更正，具体内容见本书第6章。

⑦明确责任。

记账凭证应该按制单、审核、出纳（库存现金、银行存款收付业务）、记账、会计主管的顺序传递，每一个经手人员都必须在记账凭证的相关栏目中签名或盖章，以明确责任。

⑧机制凭证的处理。

实行会计电算化的单位，机制记账凭证应当符合记账凭证的一般要求，打印出来的机制记账凭证上也要加盖制单人员、审核人员、记账人员和会计机构负责人（会计主管人员）的印章或者签字，以明确责任。

下面分别举例说明收款凭证、付款凭证、转账凭证和单式记账凭证的填制。

【例 5-1】某企业 2×17 年 12 月 16 日销售甲产品 500 件，单价 200 元/件，增值税税率为 17%，货款收到并存入银行。根据该笔经济业务填制的收款凭证见表 5-15。

表 5-15　　收 款 凭 证

借方科目：银行存款　　2×17 年 12 月 16 日　　收字第 9 号

摘　要	贷方科目		金　额										记账符号
	总账科目	明细科目	千	百	十	万	千	百	十	元	角	分	
销售甲产品 500 件	主营业务收入	甲产品			1	0	0	0	0	0	0	0	√
	应交税费	应交增值税（销项税额）				1	7	0	0	0	0	0	√
附单据　贰　张	合　计			¥	1	1	7	0	0	0	0	0	

会计主管：杨勇　　记账：马晓红　　出纳：李伟　　审核：王辉　　制单：张志东

因该笔经济业务收到的货款存入银行，故填制这张收款凭证时，应在收款凭证左上角的借方科目栏填写“银行存款”。根据经济业务的内容，在摘要栏写明“销售甲产品 500 件”。该经济业务会计分录的贷方分别涉及“主营业务收入”和“应交税费”两个科目，故在收款凭证的贷方科目的总账科目栏要分别注明总账科目“主营业务收入”和“应交税费”，并分别在明细科目栏对应注明“甲产品”和“应交增值税（销项税额）”，在金额栏分别填入 100 000 元的收入金额和 17 000 元的增值税税额，并注明合计数。除此之外，还要注明业务发生日期“2×17 年 12 月 16 日”，并对收款凭证进行编号，注明所附原始凭证张数。制单、审核、出纳、记账、会计主管等每一个经手人员都必须在此凭证的相关栏目中签名或盖章。另外，“记账符号”栏供记账员在根据收款凭证登记有关账簿以后做记号用，表示该项金额已经记入有关账户，避免重记或漏记。最后一笔数字和合计数之间的空行用斜线注销。

【例 5-2】某企业财务部 2×17 年 12 月 23 日购买办公用品 1 200 元，款项用现金支付。根据该笔经济业务填制的付款凭证见表 5-16。

表 5-16　　　　　　　　　　**付款凭证**

贷方科目：库存现金　　　　2×17 年 12 月 23 日　　　　付字第 29 号

摘　要	借方科目		金　额										记账符号
	总账科目	明细科目	千	百	十	万	千	百	十	元	角	分	
购买办公用品	管理费用	办公费					1	2	0	0	0	0	√
附单据　壹　张	合　计					¥	1	2	0	0	0	0	

会计主管：杨勇　　记账：马晓红　　出纳：李伟　　审核：王辉　　制单：张志东

因该笔经济业务以现金支付了办公用品的款项，故填制这张付款凭证时，应在付款凭证左上角的贷方科目栏填写“库存现金”。根据经济业务的内容，在摘要栏写明“购买办公用品”。在借方科目的总账科目栏内注明“管理费用”，在明细科目栏内注明“办公费”，在金额栏注明 1 200 元，并填入合计数。除此之外，还要填入报销日期“2×17 年 12 月 23 日”，并对该付款凭证进行编号，注明所附原始凭证张数。跟收款凭证一样，所有的经办人员都必须签章，以明确责任。出纳人员在付款之后要加盖“现金付讫”章。

【例 5-3】某企业 2×17 年 12 月 25 日生产甲产品领用 A 材料 300 千克，单位成本 50 元/千克。根据该项经济业务填制的转账凭证见表 5-17。

表 5-17　　　　　　　　　　**转　账　凭　证**

2×17 年 12 月 25 日　　　　转字第 35 号

摘　要	借方科目			贷方科目			金　额									
	总账科目	明细科目	√	总账科目	明细科目	√	千	百	十	万	千	百	十	元	角	分
生产领用 A 材料	生产成本	甲产品	√	原材料	A 材料	√				1	5	0	0	0	0	0
附单据　壹　张			合　计						¥	1	5	0	0	0	0	0

会计主管：杨勇　　记账：马晓红　　审核：王辉　　制单：张志东

转账凭证是根据不涉及库存现金和银行存款收付的转账业务的原始凭证填制的。转账凭证没有主体科目，经济业务所涉及的会计科目全部登记在会计科目栏内，用借方金额和贷方金额来确定科目的借贷关系。根据该经济业务的内容，可以在摘要栏简要地写明“生产领用 A 材料”，然后在会计科目栏的借贷方分别填入总账科目和明细科目；最后在金额栏填入金额 15 000 元。跟收、付款记账凭证一样也需要在凭证上注明日期"2×17 年 12 月 25 日"，并对该转账凭证进行编号，注明所附原始凭证张数，所有经办人员应签章。

如果企业使用单式记账凭证，则在一张凭证上只填列一个会计科目。每项经济业务的会计分录涉及几个会计科目，就填写几张记账凭证，其中，借方账户填入借项记账凭证，贷方账户填入贷项记账凭证。需要注意的是，使用单式凭证在填制一套会计分录时要编一个总号，然后采用分数编号法，即在总号后面用分数的形式表示。例如前述的【例 5-1】，如果使用单式记账凭证，可以用三张凭证完成，见表 5-18、表 5-19、表 5-20。

表 5-18　**借项记账凭证**

对应科目：主营业务收入　2×17 年 12 月 16 日　编号 8 1/3

摘　要	总账科目	明细科目	金　额	记　账
销售甲产品 500 件	银行存款		100 000	√

附单据 2 张

会计主管：杨勇　记账：马晓红　出纳：李伟　审核：王辉　制单：张志东

表 5-19　**贷项记账凭证**

对应科目：银行存款　2×17 年 12 月 16 日　编号 8 2/3

摘　要	总账科目	明细科目	金　额	记　账
销售甲产品 500 件	主营业务收入	甲产品	100 000	√

附单据 2 张

会计主管：杨勇　记账：马晓红　出纳：李伟　审核：王辉　制单：张志东

表 5-20　**贷项记账凭证**

对应科目：银行存款　2×17 年 12 月 16 日　编号 8 3/3

摘　要	总账科目	明细科目	金　额	记　账
销售甲产品 500 件	应交税费	应交增值税（销项税额）	17 000	√

附单据 2 张

会计主管：杨勇　记账：马晓红　出纳：李伟　审核：王辉　制单：张志东

5.3.3　记账凭证的审核

为保证账簿记录的正确性及会计信息的质量，记账凭证编制后，必须经专人审核才能登记账簿。记账凭证审核的主要内容有：

（1）记账凭证是否附有原始凭证，记账凭证的内容、金额是否与原始凭证一致。原始凭证的张数是否与记账凭证所列附件的张数一致。

（2）记账凭证所使用的会计科目是否正确，二级科目或明细科目是否齐全，账户对应关系是否清晰明了，金额计算是否准确无误，借、贷方金额是否平衡。

（3）记账凭证规定的项目是否填写齐全，有关人员是否签章。

在审核中一旦发现记账凭证的填制有错误，应立即查明原因，重新填写或按规定的方法及时更正。只有经过审核无误的记账凭证才可以据以记账。

5.4 会计凭证的传递与保管

会计凭证的传递，是指凭证从取得或填制时起，经过审核、记账、装订到归档保管时止，在单位内部各有关部门和人员之间按规定的时间、线路办理业务手续和进行处理的过程。

正确、合理地组织会计凭证的传递，对于及时处理和登记经济业务，协调单位内部各部门、各环节的工作，加强经营管理的岗位责任制，实行会计监督，具有重要作用。各种会计凭证所记载的经济业务不同，涉及的部门和人员自然也不一样，办理业务的手续和所需要的时间也不尽相同，因此各单位应当为会计凭证规定一个合理、科学的传递程序。比如，一项经济业务发生了，谁负责填制或取得原始凭证，填制多少联，填制的各联原始凭证应分别交到哪个部门，由谁经办下一步的业务手续，由谁负责交到会计部门，再由谁负责整理和填制记账凭证，谁负责审核、记账，最后由谁归档保管。这个过程设计得科学，就可以使会计凭证沿着最合理、最迅速的轨道进行传递。

5.4.1 记账凭证的传递

会计凭证的传递主要包括凭证的传递路线、传递时间和传递手续三个方面的内容。

各单位应根据经济业务的特点、机构设置、人员分工情况，以及经营管理上的需要，明确规定会计凭证的联次及其流程。既要使会计凭证经过必要的环节进行审核和处理，又要避免会计凭证在不必要的环节停留，从而保证会计凭证沿着最合理、最迅速的路线传递。

会计凭证的传递时间是指各种凭证在各经办部门、环节所停留的最长时间。它应考虑各部门和有关人员，在正常情况下办理经济业务所需的时间来合理确定。明确会计凭证的传递时间，能防止拖延处理和积压凭证，保证会计工作的正常运行，提高工作效率。一切会计凭证的传递和处理，都应在报告期内完成。否则，将会影响会计核算的及时性。

会计凭证的传递手续是指在凭证传递过程中的衔接手续。应该做到既完备严密，又简便易行。凭证的收文、交接都应按一定的手续制度办理，以保证会计凭证的安全和完整。

会计凭证的传递路线、传递时间和传递手续，还应根据实际情况的变化及时加以修改，以确保会计凭证传递的科学化、制度化。

5.4.2　记账凭证的保管

会计凭证是各项经济活动的历史记录，是重要的经济档案。为了便于随时查阅利用，各种会计凭证在办理好各项业务手续，并据以记账后，应由会计部门加以整理、归类，并送交档案部门妥善保管。

1）会计凭证的整理、归类

会计部门在记账以后，应定期（一般为每月）将会计凭证加以归类、整理，即把记账凭证及其所附的原始凭证，按记账凭证的编号顺序进行整理，在确保记账凭证及其所附的原始凭证完整无缺后，将其折叠整齐，加上封面、封底，装订成册，并在装订线上加贴封签，以防散失和任意拆装。在封面上要注明单位名称、凭证种类、所属年月、起讫日期、起讫号码、凭证张数等。会计主管或指定装订人员要在装订线封签处签名或盖章，然后入档保管。

对于那些数量过多或需要随时查阅的原始凭证，可以单独装订保管，在封面上注明记账凭证的日期、编号、种类，同时在记账凭证上注明“附件另订”。各种经济合同和重要的涉外文件等凭证，应另编目录，单独登记保管，并在有关记账凭证和原始凭证上注明。

2）会计凭证的造册归档

每年的会计凭证都应由会计部门按照归档的要求，负责整理立卷或装订成册。当年的会计凭证，在会计年度终了后，可暂由会计部门保管一年，期满后，原则上应由会计部门填制移交清册，移交本单位档案部门保管。档案部门接收的会计凭证，原则上要保持原卷册的封装，个别需要拆封重新整理的，应由会计部门和经办人员共同拆封整理，以明确责任。会计凭证必须做到妥善保管，存放有序，查找方便，并要严防毁损、丢失和泄密。

3）会计凭证的借阅

会计凭证原则上不得借出，如有特殊需要，须报请批准，但不得拆散原卷册，并应限期归还。需要查阅已入档的会计凭证时，必须办理借阅手续。其他单位因特殊原因需要使用原始凭证时，经本单位负责人批准，可以复制。但向外单位提供的原始凭证复印件，应在专设的登记簿上登记，并由提供人员和借阅人员共同签名或盖章。

4）会计凭证的销毁

会计凭证的保管期限，一般为 30 年。保管期未满，任何人都不得随意销毁会计凭证。按规定销毁会计凭证时，必须开列清单，报经批准后，由档案部门和会计部门共同派人员监销。在销毁会计凭证前，监督销毁人员应认真清点核对，销毁后，在销毁清册上签名或盖章，并将监销情况报本单位负责人。

练习题

□ 名词解释

会计凭证　原始凭证　记账凭证　汇总记账凭证

□ 复习思考题

1. 原始凭证填制的基本要求是什么？
2. 为什么要编制记账凭证？它与原始凭证的关系是什么？
3. 记账凭证分类的依据有哪些？各包含什么内容？
4. 说明原始凭证的一般内容和审核办法。
5. 说明记账凭证的一般内容和审核办法。

第 6 章　会计账簿

◆ **学习导航**

本章介绍的是会计核算方法之一——登记账簿。它不仅是会计核算的基本方法，也是会计基础理论之一。通过对本章内容的学习，可以使学生在理解账簿设置的意义和原则、账簿的分类等问题的基础上，进一步掌握各种账簿的登记、对账与结账、错账更正等会计基本技能和方法。

6.1　账簿概述

6.1.1　会计账簿的意义

账簿是由有一定格式且相互联系的账页组成，用以连续、系统、全面、综合地记录和反映各项经济业务的簿籍。设置和登记账簿是会计核算的方法之一。《会计法》中明确规定，各企事业单位必须依法设置账簿。

在日常会计核算中，各会计主体对所发生的各项经济事项，首先必须取得和填制会计凭证，但由于会计凭证是分散的，数量种类多，缺乏系统性，无法满足管理上所需要的各种会计信息，因此必须通过设置和登记账簿来完成。有人将会计账簿比喻成计算机的储存系统，通过设置和登记账簿，自动将那些分散的、零星的会计凭证上所记录的经济事项进行整理、归纳、分类、汇总，最终提供出连续、系统、全面、综合的各种会计信息。设置和登记账簿是会计工作的一项重要环节，对保证会计工作的质量，提供真实、准确的会计信息具有重要的意义。

1）设置和登记账簿，能全面反映各会计要素的变动及结果

通过设置和登记账簿，可以全面、系统、连续地记录和反映各项资产、负债、所有者权益的增减变动情况及结果，为改善经营管理、合理运用资金、保护投资者利益等提供总括和明细的资料。同时，可以为正确计算收入、费用和利润提供可靠的依据，有利于企业、单位考核经营成果和财务状况，促进其依法经营，遵守财经法规，进一步提高经济效益。

2）设置和登记账簿，能保护各项财产物资的安全和完整

通过设置和登记账簿，可以随时了解和掌握各项财产物资的增减变化，将有关账簿的账面结存数与实存数进行核对，监督检查账实是否相符。同时，借助于账簿的记录，可以监督各项财产物资是否妥善保管，防止损失浪费，揭露贪污盗窃行为，从而保护财产的安全、完整。

3）设置和登记账簿，能提供编制会计报表的信息和资料

通过设置和登记账簿，可以为定期编制财务报告提供系统的数据资料。账簿记录会计信息的质量，是企业、单位编制财务报告的重要保证条件，只有完整、系统、真实、可靠的会计资料才能成为财务报告的资料来源。同时，这些资料又可以作为企业、单位制订财务计划和进行财务分析的依据。

6.1.2 会计账簿的种类

账簿的种类繁多，不同的账簿，其用途、形式、内容和登记方法不同。为了便于更好地掌握账簿的使用方法，发挥账簿的作用，有必要了解账簿的分类。

账簿分类的标准一般有以下三种：

1）账簿按用途可划分为序时账、分类账和备查账三种

（1）序时账

序时账又称日记账，是按照经济业务的发生和完成的时间顺序，逐日逐笔进行登记的账簿，在古代会计中也称为“流水账”。序时账又分为两种，一种是用来登记全部经济业务事项的，称为普通日记账。普通日记账是将企业每天发生的所有经济业务，不论其性质如何，按其时间先后顺序登记入账。另一种是用来记录某一类经济业务的，称为特种日记账。特种日记账是按经济业务的性质单独设置的账簿，它只把特定项目按经济业务发生或完成的先后顺序登记入账，反映其详细情况。在实际工作中，应用比较广泛的是特种日记账，如库存现金日记账和银行存款日记账。

（2）分类账

分类账是对全部经济业务进行分类登记的账簿。按其反映内容的详细程度不同，又分为总分类账和明细分类账。

①总分类账。总分类账简称总账，是根据总账科目开设账户登记全部经济业务的账簿，是提供总括会计核算资料的账簿。

②明细分类账。明细分类账简称明细账，是根据总账科目设置，按其所属明细科目开设账户，用以分类登记某一类经济业务的账簿，是提供明细会计核算资料的账簿。

（3）备查账

备查账又称辅助账簿，是对某些在日记账和分类账等主要账簿中未能记载的事项或记载不全的经济业务进行补充登记的账簿。备查账主要是用来记录一些供日后查考的有关经济事项，如代销商品登记簿、租入固定资产登记簿等。备查账是对账簿记录的一种补充，它与其他账簿之间不存在严密的依存或勾稽关系。

2）账簿按外表形式可划分为订本账、活页账和卡片账三种

（1）订本账

订本账是在未启用前把一定数量的账页固定装订在一起，并进行连续编号的账簿。订本账可以避免账页散失或被抽换，因此，一般用于比较重要的账簿，如库存现金日记账、银行存款日记账和总分类账等。但这种账簿不能根据需要增减账页，不便于分工记账，也不便于计算机打印记账。

（2）活页账

活页账是一种将所需零散账页存放在账夹中，可以随时取放的账簿。由于其账页并不固定装订在一起，因此同一时间可以由若干会计人员分工记账。在年终使用后，必须将其整理归类并装订成册，按一定类别统一编号，妥善保管。一般明细账都采用活页账，但由于账页容易散失和被抽换，因此，要加强平时的管理监督。

（3）卡片账

卡片账是将卡片作为账页，存放在卡片箱内保管的账簿。它实际上是一种活页账，除了具有一般活页账的优缺点外，它不需要每年更换，可以跨年使用，适用于固定资产明细账、周转材料明细账等。它一般在实物保管、使用部门使用。

3）账簿按所使用的账页格式不同可分为三栏式账、多栏式账、数量金额式账和横线登记式账四种

（1）三栏式账

三栏式账页一般采用“借方”“贷方”“余额”三栏作为基本结构，用以反映某项会计要素的增加、减少（转销）和结余的情况。三栏式账适用于只需要进行金额核算的经济业务，如总账及债权、债务等分类账。

（2）多栏式账

多栏式账页的基本结构也是采用“借方”“贷方”“余额”三栏，但是根据所反映的经济业务的特点和管理的要求，在“借方”“贷方”栏下面分别设置若干专栏，以详细记录具体经济业务的不同指标或项目。其适用于需要进行分项目具体反映的经济业务，如管理费用明细账、制造费用明细账等。

（3）数量金额式账

数量金额式账页的基本格式也同样是采用“借方”“贷方”“余额”三栏，但在每栏下面再分设“数量”“单价”“金额”三个小栏目，以具体反映这三者之间的关系。其适用于既需要金额核算又需要数量核算的经济业务，如原材料明细账、库存商品明细账等。

（4）横线登记式账

横线登记式账页的基本结构是在同一张账页的同一行，记录某一项经济业务从发生到结束的全部过程及相关内容。其适用于逐笔结算的经济业务，这样可以反映每一笔业务从发生到完成的来龙去脉，如材料采购明细账、其他应收款明细账等。

账簿的分类具体如图 6-1 所示。

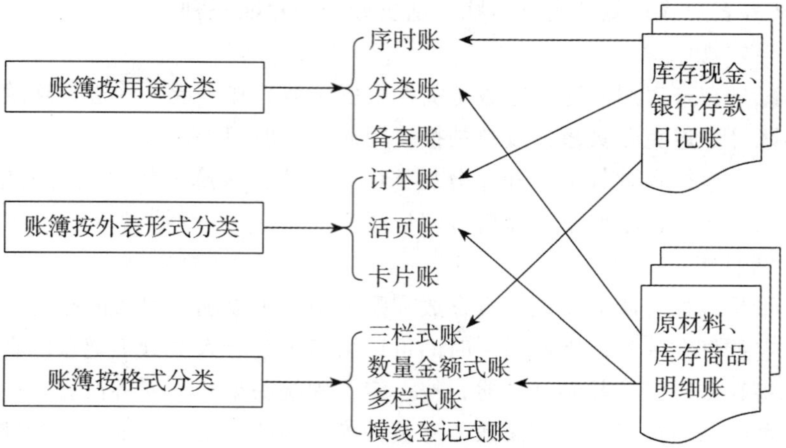

图 6-1 账簿分类图

6.2 账簿格式选择与登记方法

6.2.1 设置账簿的原则

会计账簿的设置、账簿格式的选择，一般应遵循下列原则：

1）统一性原则

各单位应当按照国家统一会计制度的规定和本单位的实际需要设置账簿。所设置的账簿应能全面反映本单位的各项经济事项，满足经营、管理的需要，并为对外提供各种会计信息奠定基础。

2）科学性原则

会计账簿的设置要组织严密、层次分明，账簿之间要相互衔接、相互补充、相互制约，能清晰地反映各账户之间的对应关系，满足单位内部管理需求。

3）实用性原则

会计账簿的设置要从企业、单位实际出发，根据规模、业务量的大小和管理水平的高低，会计机构和会计人员的配备等多方面综合考虑。既防止账簿过于繁杂，又不能过于简化，考虑人力和物力的节约，力求避免重复和遗漏。一般来讲，规模大、业务复杂、会计人员较多、分工较细的单位，账簿设置可以详细一些。对于业务简单、规模小、会计人员少的单位，账簿设置可以简化一些。

4）合法性原则

各单位必须依据会计有关法规设置会计账簿。依法设账，在我国会计实际工作中是一个比较薄弱的环节，一些单位存在不设账、账外设账、私设小金库、造假账等现象，既损害了国家和社会公众的利益，又干扰了正常的经济秩序。我国的《会计法》中对依法设账做出了明确的规定，这充分地说明了依法设账的重要性。

6.2.2　账簿的基本内容和账簿格式的选择

1）账簿的基本内容

各企业、单位由于管理要求不同，所设置的账簿也不同，各种账簿所记录和反映的经济业务也不同，其格式也不同。但无论格式如何，作为会计账簿都具备以下基本组成部分：

①封面。写明账簿名称和记账单位的名称。

②扉页。填明启用日期、截止日期、页数、册次、经管账簿人员一览表及签章、会计主管签章、账户目录等。

③账页。账页的基本内容包括账户名称（一级科目、二级科目或明细科目）、记账日期、凭证种类和号数栏、摘要、金额栏、总页次和分户页次。

2）账簿格式的选择

前面介绍的各种不同格式的账簿用途不同，各企业、单位在设置会计账簿时，应根据所要记录的不同经济内容，选择不同格式的账簿。特别是新建企业、单位，会计人员面临如何选择不同格式的账簿来设置会计账簿的问题，只有科学、合理地选择和设置会计账簿，才能满足本企业、单位经营和管理的需要。

对比较重要的会计账簿，如总账、库存现金日记账、银行存款日记账等，为了保证其安全，应采用订本账。同时，在格式上应选用三栏式账页。

对于反映债权、债务经济业务的各种往来账，为了方便增减账页，应采用活页账，同时，在格式上应选用三栏式账页。

对于反映财产物资增减变化经济业务的各种会计账簿，为了全面反映数量、单价、金额的不同指标，应采用活页账，同时，在格式上应选用数量金额式账页。

对于反映备查辅助经济业务的会计账簿，如应收票据明细账、租入固定资产明细账，应采用备查账，同时，根据需要分别选用不同格式的账页。

对于需要长期记录具体、详细的内容，并可以随时存取，便于日常查阅经济业务的会计账簿，如固定资产明细账、低值易耗品明细账，应采用卡片账。

总之，在实际工作中，如何选用科学、合理、符合管理需要的会计账簿，是会计人员应掌握的基本技能。下面主要介绍几种常见账簿的设置和登记方法。

6.2.3　日记账的设置与登记方法

日记账分为普通日记账和特种日记账两种。

1）普通日记账的设置和登记方法

普通日记账是将全部经济业务，按照每天经济业务完成时间的先后顺序，逐笔进行登记。普通日记账一般只设“借方”“贷方”两个金额栏，分别记录各种经济业务应记入的账户名称及借方、贷方的金额，也称两栏式日记账或分录簿，格式见表 6-1。

表 6-1　　　　　　　　　　　**普通日记账**　　　　　　　　　　　单位：元

2×17 年		凭证号（略）	摘　　要	会计科目	金　　额		过账分类账页数
月	日				借方	贷方	
12	1		收回欠款	银行存款	20 000		
				应收账款		20 000	
	2		从银行提取现金	库存现金	500		
				银行存款		500	
	3		采购材料	原材料	18 000		
				应付账款		18 000	

2）特种日记账的设置和登记方法

特种日记账是专门用来登记某一类经济业务的日记账，它是普通日记账的进一步发展。常用的特种日记账主要有库存现金日记账和银行存款日记账。

现将库存现金日记账和银行存款日记账的设置和登记方法说明如下：

（1）库存现金日记账的设置和登记方法

库存现金日记账是由出纳人员根据审核后的现金收款凭证、现金付款凭证或者从银行提取现金的银行付款凭证，序时逐日逐笔登记现金收付款业务的账簿。每次收付现金后，随时结出账面余额，每日结出的账面余额应与库存现金实存额核对相符。库存现金日记账分为三栏式和多栏式两种。

三栏式库存现金日记账，在同一账页上分设“收入”、“支出”和“结余”三栏。为了清晰地反映现金收付款业务的具体内容，在“摘要”栏后，还应设“对方科目”专栏，登记对方科目名称，以便随时检查、核对与现金收付款业务相关的对方会计科目。三栏式库存现金日记账的格式及登记方法见表 6-2。

表 6-2　　　　　　　　　　　**三栏式库存现金日记账**

2×17 年		凭证号	对方科目	摘　要	核对号	收入（借方）金额										付出（贷方）金额										结余金额									
月	日					千	百	十	万	千	百	十	元	角	分	千	百	十	万	千	百	十	元	角	分	千	百	十	万	千	百	十	元	角	分
4	1			期初余额	√																									5	8	0	0	0	0
4	2	收 1	主营业务收入	收到货款						2	1	6	0	0	0															7	9	6	0	0	0
4	3	付 2	其他应收款	支付差旅费																1	7	0	0	0	0					6	2	6	0	0	0
4	4	付 5	管理费用	付电话费																	2	0	0	0	0					6	0	6	0	0	0
4	4	付 6	银行存款	提现金						3	0	0	0	0	0															9	0	6	0	0	0
4	5	付 8	银行存款	送存现金																4	0	0	0	0	0					5	0	6	0	0	0
4	10	付 10	管理费用	付车险费																2	0	0	0	0	0					3	0	6	0	0	0
4	15	收 4	其他应收款	报差旅费							4	0	0	0	0															3	4	6	0	0	0

多栏式库存现金日记账，把收入、付出分别按对应科目设置若干专栏。收入按应贷科目设置，付出按应借科目设置。每日终了，应分别计算现金收入、付出的合计数及账面结存余额，并与实存现金核对相符。多栏式库存现金日记账的格式及登记方法见表 6-3。

表 6-3　多栏式库存现金日记账

2×17 年		凭证号	摘要	对应科目贷方			现金增加合计	对应科目借方			现金减少合计	余额	过账
月	日			银行存款	其他应收款	其他		银行存款	其他应付款	其他			

（2）银行存款日记账的设置和登记方法

银行存款日记账是由出纳人员根据审核后的银行收款凭证、银行付款凭证或将现金存入银行的现金付款凭证，序时逐日逐笔登记银行收付款业务的账簿。每次收付银行存款后，随时结出余额，定期结出账面余额后，应与银行对账单对账，以验证企业银行存款日记账的记录是否正确。银行存款日记账分为三栏式和多栏式两种。

三栏式银行存款日记账的格式及登记方法与库存现金日记账基本相同，但由于银行存款收付与银行结算方式相关，故增设“结算凭证——种类、编号”栏。多栏式银行存款日记账，一般在实际工作中，为了避免账页过长，将其分为银行收入日记账和银行支出日记账。

6.2.4　分类账的设置与登记方法

分类账分为总分类账和明细分类账两种。

1）总分类账的设置和登记

总分类账是按照一级会计科目设置，用以记录全部经济业务情况，提供总括会计资料的账簿。总分类账能够提供全面、系统、连续的经济业务情况，同时也是编制会计报表的重要依据，各企业、单位必须设置。由于只需提供货币计量单位的价值变化，因此，总分类账一般采用三栏式订本账。

总分类账的登记方法根据企业、单位采用的会计核算组织程序不同而有所区别。概括地讲，登记总账的方法有两种：一种是直接根据记账凭证逐笔登记；另一种是将记账凭证定期汇总后登记（见第 12 章）。

三栏式固定资产总账的格式见表 6-4。

总分类账除三栏式外，还有多栏式。它是把所有的总账科目设在一张账页上，对所有的经济业务，根据记账凭证进行序时、分类的登记。这种格式的日记账兼有

表 6-4 **三栏式固定资产总账**

会计科目 固定资产 明细科目________ 子目________

2×17年		凭证号	摘要	借方											贷方											核对号	借或贷	余额										
月	日			亿	千	百	十	万	千	百	十	元	角	分	亿	千	百	十	万	千	百	十	元	角	分			亿	千	百	十	万	千	百	十	元	角	分
1	1		上年结转																							√	借				7	0	0	0	0	0	0	0
7	10	汇1	1—10日发生					5	0	0	0	0	0	0																	7	5	0	0	0	0	0	0
	20	汇2	11—20日发生				1	0	0	0	0	0	0	0					2	0	0	0	0	0	0						8	3	0	0	0	0	0	0
	31	汇3	21—31日发生					4	0	0	0	0	0	0																	8	7	0	0	0	0	0	0
	31		本月合计				1	9	0	0	0	0	0	0					2	0	0	0	0	0	0		借				8	7	0	0	0	0	0	0
11	20	汇2	11—20日发生					1	0	0	0	0	0	0					2	5	0	0	0	0	0						8	5	5	0	0	0	0	0
	30		本月合计					1	0	0	0	0	0	0					2	5	0	0	0	0	0		借				8	5	5	0	0	0	0	0
12	31		本年累计				2	0	0	0	0	0	0	0					4	5	0	0	0	0	0						8	5	5	0	0	0	0	0
			结转下年																								借				8	5	5	0	0	0	0	0

序时和分类的作用，实际上是一种序时和分类相结合的联合账，通常也称为日记总账。它适合规模小、业务量少的企业、单位，优点是对企业、单位全部经济业务的来龙去脉一目了然，缺点是账页过长不便于分工记账和保管。

多栏式总账的格式见表 6-5。

表 6-5 **多栏式总账**

会计科目	月初余额	借方发生额			贷方发生额			月末余额	过账
		现金业务	存款业务	转账业务	现金业务	存款业务	转账业务		

2）明细分类账的设置和登记

明细分类账是根据总账所属的明细科目设置的，用以记录某一类经济业务明细核算资料的分类账。明细账的格式主要是根据所反映的经济业务的特点，以及实物管理的不同要求来选择和确定的。明细账既可以根据原始凭证或原始凭证汇总表登记，也可以根据记账凭证登记。

下面分别介绍不同格式的明细账的设置和登记方法。

（1）三栏式明细账的设置和登记

三栏式明细账的格式与总分类账的格式相同，即账页只设有“借方”、“贷方”和“余额”三个金额栏，不设数量栏。它一般适用于反映只需要金额核算、不需要进行数量核算的经济业务，如应收账款明细账、应付账款明细账等。下面举例说明应收账款明细账的格式和登记方法，见表 6-6。

表 6-6

应收账款明细账

总页 100

会计科目 应收账款　明细科目 华盛公司　子目 ______　分页 30

2×17年 月	日	凭证号	摘要	借方金额（亿千百十万千百十元角分）	贷方金额（亿千百十万千百十元角分）	借或贷	余额（亿千百十万千百十元角分）	核对号
4	1		期初余额			借	8000000	√
4	5	收 5	收回货款		2000000		6000000	
4	10	转 3	销售产品	11000000			17000000	
4	12	收 8	收回货款		4500000		12500000	
4	20	付 2	代垫运费	400000			12900000	
4	22	转 10	更正错账（收 5）		200000		12700000	

（2）数量金额式明细账的设置和登记

数量金额式明细账在“收入”、“支出”和“结存”（或“借方”、“贷方”和“余额”）栏内，再增设“数量”、“单价”和“金额”栏，分别记录实物、金额的增减变动情况。它适用于既需要反映金额，又需要反映数量的各种财产物资科目，如原材料明细账、库存商品明细账等。下面举例说明库存商品明细账的格式和登记方法，见表 6-7。

表 6-7

库存商品明细账

编号	0015
名称	方钢
材质	
规格	KØ500

贮备天数______　最高存量 1 000　最低存量 200　计划价格 300.00　计量单位 kg

库	
区	
架	
层	位

总　页 100　分　页 25

2×17年 月	日	凭证号（略）	摘要	收入（借方）数量	单价	金额（千百十万千百十元角分）	发出（贷方）数量	单价	金额（千百十万千百十元角分）	余额 数量	单价	金额（千百十万千百十元角分）
4	1		期初余额							500		15000000
4	3		入库	500		15000000				1 000		30000000
4	10		销售				200		6000000	800		24000000
4	13		入库	300		9000000				1 100		33000000
4	20		销售				500		15000000	600		18000000
4	25		销售				300		9000000	300		9000000

（3）多栏式明细账的设置和登记

多栏式明细账是根据经济业务的特点和管理的需要，在同一账页内按项目设置若干个专栏，集中反映某一经济业务的详细资料。它适用于费用、成本、收入和成果等明细分类核算，如生产成本明细账、制造费用明细账、管理费用明细账等。下面举例说明生产成本明细账的格式和登记方法，见表 6-8。

（4）横线登记式明细账的设置和登记

横线登记式明细账是在同一账页的同一行分设若干专栏，详细记录一项经济业务从发生到结束的有关内容。它的结构特点是将前后密切联系的相关经济业务在同一横行内进行登记，以便检查每笔业务的完成及变动情况。它适用于材料采购明细账、其他应收款明细账等。下面举例说明材料采购明细账的格式和登记方法，见表 6-9。

表 6-8

生产成

科目编号：____________

会计科目：生产成本　细目 一车间　子目 A 产品

2×17年 月	2×17年 日	凭证号(略)	摘要	直接材料（千百十万千百十元角分）	直接人工（千百十万千百十元角分）	制造费用（千百十万千百十元角分）	借方合计（千百十万千百十元角分）
4	1		期初余额	2400000	1276800	1670000	5346800
4	20		材料费用	12800000			18146800
4	25		工资费用		1687200		19834000
4	28		制造费用			1300000	21134000
4	30		结转完工产品				
			本月合计	15200000	2964000	2970000	

表 6-9

材料采

明细科目：甲材料

2×17年 月	2×17年 日	凭证号	供应单位或采购人员姓名	摘要	借方 实际成本 购入数量	单位进价	买价（千百十万千百十元角分）	运杂费（千百十万千百十元角分）	运输合理损耗（千百十万千百十元角分）	整理挑选费用（千百十万千百十元角分）	税金及外汇价差（千百十万千百十元角分）
4	5	付5	长城公司	购入材料	320	50.00	1600000	35000	10000	24000	
4	7	付8	宏达公司	购入材料	200	60.00	1200000	1000000			
4	10	付12	开源工厂	购入材料	150	55.00	825000	15000			

本明细账

期初在产品产量：10 箱　　本期完工产量：22 箱
本期投入产量：20 箱　　期末在产品产量：8 箱
本期完工产品单位成本：¥6 820.00

完工产品成本				余额
直接材料	直接人工	制造费用	合计	
千百十万千百十元角分	千百十万千百十元角分	千百十万千百十元角分	千百十万千百十元角分	千百十万千百十元角分
				5346800
12000000	1254000	1750000	15004000	6130000
12000000	1254000	1750000	15004000	6130000

购明细账

计量单位：千克

		贷方					余额
其他费用	借方合计	收货日期	记账凭证号码	入库物资计划成本	成本差异	其他	
千百十万千百十元角分	千百十万千百十元角分			千百十万千百十元角分	千百十万千百十元角分	十万千百十元角分	千百十万千百十元角分
	1669000	4月10日	转10	1600000	69000		
	1300000						
	840000			750000	90000		

6.3 错账的查找与更正

6.3.1 账簿登记的规则

账簿作为重要的会计档案和会计信息的主要储存工具和系统，必须按规定的方法，依据审核无误的记账凭证进行登记。财政部颁布的现行《会计基础工作规范》中明确规定了记账的规则。

①登记账簿时必须使用钢笔或签字笔，用蓝黑墨水书写。不得使用圆珠笔（银行的复写账簿除外）或铅笔书写。红墨水只能在结账划线、改错、冲账或会计制度中规定用红字登记的其他记录时使用。

②账簿登记时，必须根据审核无误的记账凭证连续、系统地登记，不能漏记、错记和重记。在记账时必须使用会计科目的全称，不得简化。凭证的编号、日期、经济业务的内容摘要、金额等，要准确、清楚，登记及时。

③各种账簿必须按页次连续登记。不能隔页、跳行，如发生类似情况，应在空页、空行处用红墨水划线注销，注明此页或此行空白，并由记账人员签名或盖章，不得任意撕毁或抽换账页。

④“摘要”栏的文字要用标准的简化汉字，不能使用不规范的汉字。“金额”栏的数字应该用阿拉伯数字。数字和文字一般应占行宽的1/2，为更正错误留有余地。

⑤凡需结出余额的账户，结出余额后，应在“借或贷”栏内写明“借”或“贷”字样；没有余额的账户，应写“平”字，在余额栏内用“0”表示。每一页登记完毕结转下页时，应结出本页合计数及余额。应在本页最后一行“摘要”栏内注明“过次页”，并在下一页的首行“摘要”栏内注明“承前页”，以便于对账和结账。

⑥登账时或登账后如果发现错误，应根据具体情况，按照正确的方法进行更正。不得刮擦、挖补、涂改或更改字迹，应保持账簿和字迹清晰、整洁。

6.3.2 错账更正的规则

会计账薄应当按照国家统一的会计制度规定的方法更正，并由会计人员和会计机构负责人（会计主管人员）在更正处盖章。

使用电子计算机进行会计核算的，其会计账簿的登记、更正、应当符合国家统一的会计制度规定。

1）错账的类型及查找方法

错账的类型一般有两种：一种是由于记账凭证错误所引起的错账，即记账凭证中使用的会计科目和所记金额发生错误，或汇总记账凭证在汇总时，发生漏汇、重汇和错汇而出现的错误；另一种是登记账簿过程中出现的错误，在过账时出现了记反方向、数字错位、数字颠倒等错误。

对上述错账的查找一般有两种方法。

(1) 个别检查法

所谓个别检查法就是针对错账的数字错误进行检查的方法。这种检查方法适用于记反方向、数字错位和数字颠倒等造成的错账。常用的方法有差数法、倍数法和 9 除法三种。

差数法就是首先确定错账的差数，再根据差数去查找错误的方法。这种方法对于查找漏记账比较方便。

倍数法也称 2 除法，这种方法是将记错账的数字除以 2，得出的数就是记反方向的数字。这种方法对于查找由于数字记反方向而产生的错账比较方便。

9 除法就是先算出借方与贷方的差额，再除以 9，得出的数就可能是记错位的原数。这种方法适用于数字错位和数字颠倒的情况。

(2) 全面检查法

全面检查法就是对一定时期的账目进行全面核对检查的方法。具体又分为顺查法和逆查法。

顺查法就是按照记账的顺序，从原始凭证、记账凭证到明细账、总账以及科目余额表等从头到尾检查，直至找到错误为止。

逆查法就是与记账方向相反，首先检查科目余额表中数字的计算是否正确，其次检查各账户的登记、计算是否正确，再次核对各账簿记录与记账凭证是否相符，最后再检查记账凭证与原始凭证是否相符。

2) 错账更正的方法

查找出错账后，不能随意更改，必须使用规定的错账更正的方法进行更正。错账原因不同，采用的更正方法也不同。下面介绍错账更正的三种方法。

(1) 划线更正法

划线更正法适用于过账中或结账前，记账凭证正确，只是在过账时发生文字或数字笔误或计算上出现错误的情形。这种方法的具体操作过程是，先将错误文字或数字全部划一条红线予以注销，使原来的字迹仍然清晰可见，然后在红线上方的空白处，用蓝字做出正确记录，并由记账人员在更正处盖章。由于记账凭证无错误，故毋须编制更正分录。

例如：在登记应付账款总账时，将 3 000.00 元误记为 8 000.00 元。正确的更正方法见表 6-10。

(2) 红字更正法

红字更正法适用于记账以后发现记账凭证中所使用的会计科目名称有错误或所记金额大于应记金额，从而导致账簿记录错误的情况。其具体操作过程是，先用红字填制一张与原错误记账凭证完全相同的记账凭证，在“摘要”栏注明“更正××号凭证的错误”，并用红字登记入账，以便将原错误记录冲销，然后再用蓝字填制一张正确的记账凭证，重新据以登记入账。

【例 6-1】企业采购材料一批，货款及增值税合计 11 600 元，材料已验收入库，货款已支付。编制的记账凭证为：

借：原材料 11 600

　贷：银行存款 11 600

表 6-10 **应付账款总账中的错账更正**

会计科目 应付账款 明细科目 长城公司 子目

2×17年 月	日	凭证号	摘要	借方	贷方	核对号	借或贷	余额
4	5		期初余额			√	贷	2100000
4	7		购入材料		2560000			2356000
4	10		偿还欠款	300000 ~~800000~~				2326000 ~~2276000~~
4	12		偿还欠款	1280000				2198000 ~~2148000~~

更正时，填制一张红字记账凭证，并据以登记入账：

借：原材料 [11 600]

　贷：银行存款 [11 600]

再填制一张蓝字记账凭证，并据以登记入账：

借：原材料 10 000

　　应交税费——应交增值税（进项税额） 1 600

　贷：银行存款 11 600

在账簿中的具体更正方法见表 6-11。

表 6-11 **原材料总账中的错账更正**

会计科目 原材料 明细科目 子目

2×17年 月	日	凭证号（略）	摘要	借方	贷方	核对号	借或贷	余额
4	1		期初余额			√	借	2400000
4	2		购料	300000				2700000
4	3		领料		200000			2500000
4	5		购料	1160000				3660000
4	10		更正错账	[1160000]				2500000
4	10		更正错账	1000000				3500000

【例 6-2】采购员张叙出差回来报销差旅费 5 000 元，交回结余现金 200 元。编制的记账凭证为：

借：管理费用 5 200

　　库存现金 200

　贷：其他应收款——张叙 5 400

更正时，填制一张红字记账凭证，并据以登记入账：

借：管理费用　　　　5 200

　　库存现金　　　　200

　贷：其他应收款——张叙　　　　5 400

再填制一张蓝字记账凭证，并据以登记入账：

借：管理费用　　　　5 000

　　库存现金　　　　200

　贷：其他应收款——张叙　　　　5 200

或者直接编制如下红字记账凭证，并据以登记入账：

借：管理费用　　　　200

　贷：其他应收款——张叙　　　　200

在账簿中的更正方法见表 6-12。

表 6-12　　**其他应收款明细账错账更正**

总页________

会计科目　其他应收款　明细科目　采购部　子目________　分页________

2×17 年		凭证号（略）	摘　要	借　方											贷　方											核对号	借或贷	余　额										
月	日			亿	千	百	十	万	千	百	十	元	角	分	亿	千	百	十	万	千	百	十	元	角	分			亿	千	百	十	万	千	百	十	元	角	分
4	1		期初余额																							√	借									0		
4	10		借差旅费					1	4	2	0	0	0	0																		1	4	2	0	0	0	0
4	12		付备用金					2	4	6	0	0	0	0																		3	8	8	0	0	0	0
4	15		报差旅费																	5	4	0	0	0	0							3	3	4	0	0	0	0
4	20		更正错账																	5	4	0	0	0	0							3	8	8	0	0	0	0
4	20		更正错账																	5	2	0	0	0	0							3	3	6	0	0	0	0

（3）补充登记法

补充登记法适用于记账凭证中所用会计科目无误，对应关系也正确，只是所记错误金额小于正确金额的情况。这种方法的具体操作过程，将少记金额用蓝字填制一张记账凭证，在“摘要”栏注明“补记××号凭证少记金额”，并据以记账，补充原少记的金额。

【例 6-3】企业收到上个月华盛公司的销货款 22 000 元，已存入银行。编制的记账凭证为：

借：银行存款　　　　20 000

　贷：应收账款——华盛公司　　　　20 000

更正时，填制一张蓝字记账凭证，并据以登记入账：

借：银行存款　　　　2 000

贷：应收账款——华盛公司　　2 000

在账簿中的更正方法详见表6-6。

6.4 对账与结账

6.4.1 对账

对账，就是核对账目。一般在会计期间（月份、季度、中期、年终）结束时，为了保证各种账簿记录的正确、完整，如实反映和监督经济活动的状况，要核对和检查账证、账账、账实、账表是否相符，为编制会计报表提供可靠的会计资料。

会计在日常填制凭证和登记账簿时，往往会因各种原因，造成账簿记录与实际库存物资、货币资金、往来款项等不相符，因此必须定期进行核对、检查，保证账簿记录的正确、完整。

对账包括以下几个方面：

1）账证核对

账证核对是将各种账簿记录与会计凭证核对。这种核对主要是在日常编制凭证和记账过程中进行。必要时，也可以采用抽查核对和目标核对的方法。核对的重点是凭证所记载的业务内容、金额和分录是否与账簿中的记录一致。若发现差错，应重新对账簿记录和会计凭证进行复核，直到查出错误的原因为止，以保证账证相符。

2）账账核对

账账核对是对各种账簿之间的有关数字进行核对。账账核对包括：①总分类账各账户的借方期末余额合计数与贷方期末余额合计数核对相符；②明细分类账各账户的余额合计数与有关的总分类账的余额合计数核对相符；③日记账的余额与总分类账各账户的余额核对相符；④会计部门各种财产物资明细分类账的期末余额与保管或使用部门的财产物资明细分类账的期末余额核对相符。

3）账实核对

账实核对就是将账面数字和实际的物资、款项进行核对。账实核对包括库存现金日记账账面余额与库存现金实有数额相互核对；银行存款日记账账面余额与银行各账户的银行对账单相互核对；各种材料物资明细账账面余额与材料物资实存数额相互核对；各种应收、应付款项明细账账面余额与有关的债权、债务单位相互核对。保证账实相符，一般通过财产清查来进行（见第9章）。

4）账表核对

账表核对是指将账簿记录与各种会计报表相互核对。

只有通过上述的对账工作，才能做到账证相符、账账相符、账实相符和账表相符，使会计核算资料真实、正确、可靠。

6.4.2 结账

结账，就是把一定时期内所发生的全部经济业务，在登记入账的基础上，结出每个账户的本期发生额及期末余额，并将期末余额转入下期的一项会计工作。

《会计基础工作规范》中规定，为了正确反映一定时期内账簿记录中已经记录的经济业务，总结有关经济业务活动和财务状况，各单位必须在会计期末进行结账，不得为赶编会计报表而提前结账，更不得先编会计报表而后结账。结账工作可相应地分为月结、季结、半年结和年结。对资产、负债和所有者权益等实账户，可以在会计期末直接结账；而对收入、费用和利润等虚账户，应按权责发生制原则进行账项调整后再结账。

结账时，不同的账户可以分别采用不同的方法：

（1）对于不需要按月结计本期发生额的账户，如各项应收应付款明细账和各种财产物资明细账等，每次记账后，都要随时结出余额，每月最后一笔余额即为月末余额。所以月末结账时，只需要在最后一笔经济业务记录之下通栏划单红线，不需要再结计一次余额。

现举例说明库存商品明细账的结账方法，详见前面的表 6-7。

（2）对于需要按月结计发生额的账户，如收入、费用等明细账，每月结账时，要在最后一笔经济业务记录下面通栏划单红线，结出本月发生额和余额，并在“摘要”栏内注明“本月合计”字样，下面再通栏划单红线。

现举例说明生产成本明细账的结账方法，详见前面的表 6-8。

（3）需要结计本年累计发生额的某些明细账户，每月结账时，应在“本月合计”行下结出自年初起至本月末止的累计发生额，登记在月份发生额下面，在“摘要”栏内注明“本年累计”字样，并在下面再通栏划单红线。12 月末的“本年累计”就是全年累计发生额，全年累计发生额下通栏划双红线。

现举例说明实收资本明细账的结账方法，见表 6-13。

表 6-13 **实收资本明细账**

总页 100

会计科目 实收资本 明细科目 个人 子目 ______ 分页 50

2×17年		凭证号	摘要	借方											贷方											核对号	借或贷	余额										
月	日			亿	千	百	十	万	千	百	十	元	角	分	亿	千	百	十	万	千	百	十	元	角	分			亿	千	百	十	万	千	百	十	元	角	分
1	1		上年结转																							√	贷				5	0	0	0	0	0	0	0
10	10		汇总 1															1	0	0	0	0	0	0	0													
10	31		本月合计															1	0	0	0	0	0	0	0						6	0	0	0	0	0	0	0
10	31		本年累计															1	0	0	0	0	0	0	0						6	0	0	0	0	0	0	0
12	31		本年累计															1	0	0	0	0	0	0	0						6	0	0	0	0	0	0	0

（4）总账账户平时只需结出月末余额。年终结账时，为了总括反映本年的全

部经济业务的全貌，要将所有总账结出全年发生额和年末余额，在“摘要”栏内注明“本年累计”字样，在合计数下通栏划双红线。

现举例说明固定资产总账的结账方法，详见表6-4。

年终结账后，有些账户的余额需转入下年。结转时，将有余额的账户余额直接记入新账“余额”栏内，不需要编制记账凭证，也不必将余额再记入本年账户的借方或贷方。

6.5 账簿的更换与保管

6.5.1 账簿启用的规则

为了保证账簿记录的合法性和会计资料的完整性，明确记账责任，在账簿启用时，应遵守下列规则：

①设置账簿的封面与封底。除订本账不另设封面外，其他明细账都应设置封面和封底。封面主要标明单位的名称、账簿名称，如总账、债权债务明细账，以及所属会计年度。

②填写账簿启用及经管人员一览表。在账簿的扉页上附有“账簿启用及经管人员一览表”，包括启用日期、账簿页数、记账人员、审核人员、会计主管人员和单位负责人姓名，并加盖印章和单位公章。会计人员变动时，应注明交接日期、接办人员或监交人员姓名，并由交接双方人员签名盖章，以明确双方经济责任。

③填写科目目录。总账要按会计科目顺序填写会计科目名称、页码。活页明细账，应按所属会计科目填写科目名称、页码。

④粘贴印花税票。印花税票应粘贴在账簿的右上角，并且划线注销。在使用缴款书缴纳印花税时，应在右上角注明“印花税已缴”及缴款金额。

账簿使用登记表格式见表6-14。

6.5.2 账簿的更换

账簿的更换是指在会计年度终了时，将上一年度的旧账簿更换为新账簿。新的会计年度建账，一般总账、日记账和多数的明细账应每年更换一次。但有些财产物资明细账和债权债务明细账等，由于更换工作量大，因此可以跨年使用，不必每年更换一次。各种备查账也可以连续使用。

更换账簿时，应将上年度各账户的余额直接记入新年度相应的账簿中，并在旧账簿各账户年终余额“摘要”栏内加盖“结转下年”戳记。同时，在新账簿中相关账户的第一行“摘要”栏内加盖“上年结转”戳记，并在“余额”栏内记入上年余额。

表 6-14　　**账簿使用登记表**

辽税集账证　　号

<table>
<tr><td>单　位　名　称</td><td>海天公司</td><td>粘贴印花</td></tr>
<tr><td>账　簿　名　称</td><td>总账</td><td rowspan="4"></td></tr>
<tr><td>册次及起讫页数</td><td>自 1 页起至 100 页止　共 100 页</td></tr>
<tr><td>启　用　日　期</td><td>2×17 年　1　月　1　日</td></tr>
<tr><td>停　用　日　期</td><td>2×17 年　12　月　31　日</td></tr>
</table>

<table>
<tr><td colspan="2">经管人员姓名</td><td>接管日期</td><td>交出日期</td><td>经管人员盖章</td><td>会计主管人员盖章</td></tr>
<tr><td colspan="2">王　红</td><td>2×17 年　1　月　1　日</td><td>年　　月　　日</td><td></td><td>于大洋</td></tr>
<tr><td colspan="2"></td><td>年　　月　　日</td><td>年　　月　　日</td><td></td><td></td></tr>
<tr><td colspan="2"></td><td>年　　月　　日</td><td>年　　月　　日</td><td></td><td></td></tr>
<tr><td colspan="2"></td><td>年　　月　　日</td><td>年　　月　　日</td><td></td><td></td></tr>
<tr><td colspan="2"></td><td>年　　月　　日</td><td>年　　月　　日</td><td></td><td></td></tr>
<tr><td colspan="2"></td><td>年　　月　　日</td><td>年　　月　　日</td><td></td><td></td></tr>
<tr><td rowspan="2">备注</td><td colspan="3" rowspan="2"></td><td colspan="2">单位公章</td></tr>
<tr><td colspan="2"></td></tr>
</table>

6.5.3　账簿的保管

会计账簿与会计凭证、会计报表一样，都是重要的经济档案，必须按照国家的有关规定加强保管，做好会计档案的管理工作。

会计账簿要定期进行整理、分类，装订成册，编写目录后移交有关部门保管。账簿的保管期限一般为 30 年，固定资产明细账（卡片）在固定资产报废清理后应继续保管 5 年。保管期满后，报经有关部门批准后，按规定的手续进行处理。

账簿的保管，应明确责任，由专人负责。未经批准不得翻阅、查看、摘抄或复印。会计账簿除特殊情况或司法介入要求外，一般不得携带外出。

练习题

□ 名词解释

账簿　序时账　分类账　对账　结账

□ 复习思考题

1. 为什么要设置账簿？账簿与记账凭证的联系和区别各是什么？账簿的作用是什么？

2. 账簿按其用途不同可以分为哪几类？按用途分类的各类账簿之间的相互关系是怎样的？

3. 说明各类账簿的登记方法。

4. 可能存在的错账有哪些？不同的错账更正方法各适用于什么情况下形成的错账更正？

5. 为什么要进行对账和结账？对账和结账的内容及方法有哪些？

第 7 章　企业基本业务核算

◆ 学习导航

本章主要介绍企业基本经济业务的核算方法。在了解企业基本业务概述的基础上，主要掌握企业资金筹措业务的核算，资产取得业务的核算，产品成本制造业务核算，收入、费用和利润业务核算等，同时，要理解损益确认原则等重要的会计基本理论。通过本章的学习，为进一步学习中级财务会计打好基础。

7.1　企业基本业务概述

任何企业、单位在生产经营和开展各项工作过程中，都存在通过对各种经济资源的开发和利用而产生的各种经济关系。这些经济关系表现为对自然资源、人力资源、资本等的组合和转化而形成的企业与政府、企业与其他企业或单位、企业与职工及相关方的各种利益关系。由于各行业所从事的工作性质不同，组织规模不同，所发生的经济业务也不尽相同。

7.1.1　制造业生产经营过程概述

制造业是生产产品的行业，其生产经营过程由供应过程、生产过程和销售过程所构成。

供应过程是一个购买材料、物资，为生产做准备的过程。这个过程不仅要完成对劳动对象、劳动资料的购买，实现从货币资金到储备资金、固定资产的转化，还要在采购过程中与供应单位或其他单位形成结算、债权、债务关系。同时企业要对采购过程中发生的采购费用、成本进行核算，确定材料的采购成本。材料、物资到达企业后，作为企业的资产在验收、保管、领用等方面也会涉及管理与核算工作。

生产过程是企业的主要经营过程，是从材料投入生产到生产出满足社会需要的产成品，完成对劳动对象的形态改变的过程。在这个过程中既有劳动资料的消耗，又有劳动对象的消耗；既有物化劳动的消耗，又有活劳动的消耗。在生产过程中，必然会发生各种费用、成本，除了材料在生产中被一次性消耗掉或改变形态外，还要对生产过程中的劳动资料（固定资产等）的价值耗用进行核算，同时，对活劳动所发生的工资费用也要进行反映，这些共同构成了生产费用。随着生产过程的不断进行，企业最终加工生产出产成品，与此同时，为了确定生产过程的消耗和成本，还要进行产品的成本计算。可见，在生产过程中，对劳动对象的消耗和加工的过程也是使储备资金形态进一步转化为生产资金、成品资金形态的过程。在这个过程中，各项生产费用的归集和分配、制造成本的计算及相关的经济活动构成了主要的经济业务。

销售过程是企业通过销售产品实现产品价值的过程。当企业将生产的产品销售后，一方面取得了一定的收入，完成了由成品资金形态向货币资金形态的转化；另一方面，在销售过程中还会发生与购买单位的结算，对销售过程中所发生的费用、应缴纳的各种税费进行计算，还要通过收入与费用的配比，确定企业的销售成果。

制造业的生产经营过程并不以销售过程作为结束，除了这些主营业务外，还会发生与经营活动相关的其他经济业务，如筹资活动、投资活动、固定资产的租赁业务、企业最终经营成果的确定和分配等。企业的生产经营活动是一个循环往复的过程，资金进入企业后，经过一个循环周转后还有一部分资金要退出企业，如上缴税费、对外分配利润等。综上所述，制造企业在经营过程中的主要经济业务内容可概括为：①资金筹集业务；②资产取得业务；③产品制造业务；④取得收入业务；⑤发生费用业务；⑥利润形成与利润分配的业务。

7.1.2 商品流通业经营过程概述

商品流通业是从事商品购销活动的行业，其经营过程分为商品的购进过程、商品的储存过程和商品的销售过程。

商品的购进过程是企业以营运中的货币资金为媒介，从生产者手中购进商品，实现商品所有权由生产者向销售者转移的过程。这个过程的主要经济业务包括购进商品与供应商或其他单位的结算业务、在采购中发生的采购商品的成本计算、为采购商品等所发生的销售费用的核算等。

商品的储存过程是商品离开生产领域尚未进入消费领域所形成的停留，是商品购进和商品销售的中间环节。保持合理的商品储备，是保证商品销售的基础。这个过程的主要经济业务包括储存商品、库存商品盘点和商品溢缺、库存商品调价和削价等。

商品的销售过程是销售者将购进的商品转卖给消费者重新收回货币，实现商品所有权由销售者向消费者转移的过程。这个过程的主要经济业务包括销售库存商品与购货方或其他单位结算、支付销售过程中发生的相关费用、收回货币补偿商品购销活动的全部支出，并取得合理盈利，实现货币增值等。

商品流通业除了上述主要经营过程的业务外，为了保证必要的经营条件，也要进行筹资、投资、固定资产的购置和转让以及其他与主营业务相关的经济活动。

与制造业相比较，商品流通业的经营活动具有以下三个特点：①经济活动的主要内容是商品的购销活动；②商品资产在企业全部资产中所占比重较大，是企业资产管理的重点；③企业营运资金运动的基本轨迹是“货币—商品—货币”，主要形式是货币与商品的相互转化。

7.2　资金筹措业务的核算

7.2.1　所有者权益与债权人权益

资金是任何一个企业赖以生存和发展的基础和前提，企业的资金来源只有两条渠道：一条是投资者投入；另一条就是企业通过各种方式借入。投资者投入的资金及资金发生增值后，投资人仍拥有所有权，对企业而言，这属于企业对所有者的权益；而借入的资金形成了企业的负债，则是企业对债权人的权益。虽然两者从为企业提供资产的角度看，具有共同的作用，统称为权益，但是两者的性质不同，偿还期不同，资金提供者享有的权利不同，所承担的风险也不同。

①性质不同。所有者权益是投资者对其投入资本及其所产生的盈利的要求权，是企业的资本；而债权人权益是债权人对企业资产的索偿权，是企业的负债。

②偿还期不同。债权人提供的资金是有一定的偿还期限的，当企业经营获得收入，实现利润并具有一定的偿还能力时，必须按期偿还负债的本金和利息；而所有者权益在企业整个经营过程中无须偿还。

③享有的权利不同。债权人仅对其所提供的资产，按事先规定的时间、利率有索回权，却没有参与企业经营决策和收益分配的权利；而所有者对企业净资产的要求权，会随企业经济效益的提高而有所增加，享有参与企业经营决策、管理与收益分配的权利。

④所承担的风险不同。债权人的权益在前，所有者的权益在后。当企业经营失败时，所有者是第一破产人，债权人是第二破产人。从这个意义上讲，债权人是对所提供资产的要求权，风险较小；而所有者是对企业净资产的要求权，风险较大。

7.2.2　权益性资金筹集业务的核算

企业的所有者权益包括实收资本（或股本）、资本公积和留存收益等内容。

1）实收资本（或股本）

（1）实收资本（或股本）概述

实收资本（或股本）是指投资者按照企业章程或者合同、协议的约定，实际投入企业的资本。我国《企业法人登记管理条例》规定，企业申请开业，必须具有符合国家规定并与生产经营和服务规模相适应的资金数额。《公司法》中也对不同类型企业组织形式的最低资金额做了限制。这都说明企业经营的基本条件就是要有一定数额的资金保障，否则，企业的生存和发展就会受到限制。

投资者既可以采用以现金资产的方式出资，也可以采用以非现金资产（固定资产、原材料、库存商品、无形资产）的方式出资。所有者向企业投入资本即形成企业的资本金。企业资本金按投资主体不同可分为：国家资本金——企业接受国家投资而形成的资本金；法人资本金——企业接受其他单位的投资而形成的资本金；个人资本金——企业接受个人投资而形成的资本金；外商资本金——企业接受外国及中国港、澳、台地区投资而形成的资本金。目前我国实行的是注册资本制度，要求企业实收资本与注册资本相一致。企业实收资本比原注册资本数额增减超过20%时，应持资本使用证明或验资证明，向原登记机关申请变更登记。擅自改变注册资本或抽逃资本等，应受到工商行政管理部门的处罚。

（2）实收资本（或股本）的核算

为了反映和监督投资者投入资本的增减变动，除股份有限公司之外，其他各类企业应设置“实收资本”科目。该科目贷方登记实收资本的增加数额，借方登记实收资本的减少数额，期末余额在贷方反映企业期末实收资本的实有数额。为了反映企业各所有者投资在企业所有者权益中的构成及变化情况，“实收资本”科目还必须按所有者设置明细科目，进行明细分类核算。

股份有限公司应设置“股本”科目，用于核算股东投入公司的股本的变化过程及结果。该科目贷方登记公司在核定的股份总额范围内实际发行的股票票面总额，借方登记公司按照法定程序经批准减少的股本数额，贷方余额反映公司期末股本实有数额。为了提供公司股份的构成情况，公司还应在“股本”科目下设明细科目，进行明细核算。

下面举例说明实收资本（或股本）的核算。

【例7-1】华泰公司注册资本300万元，根据合同约定，该企业收到A投资者投入资本150万元，B投资者投入资本100万元，C投资者投入资本50万元。该款项全部存入企业的开户银行。其会计分录如下：

借：银行存款	3 000 000	
贷：实收资本——A投资者		1 500 000
——B投资者		1 000 000
——C投资者		500 000

【例7-2】方圆公司收到甲投资方投入的设备一台，经投资各方确认价值为50万元，增值税8万元，乙投资方投入的原材料一批，增值税专用发票上注明增值税为31.2万元，经确认材料价值为195万元。其会计分录如下：

借：固定资产	500 000	
原材料	1 950 000	
应交税费——应交增值税（进项税额）	392 000	
贷：实收资本——甲投资方		580 000
——乙投资方		2 262 000

2）资本公积

（1）直接计入所有者权益的利得和损失概述

直接计入所有者权益的利得和损失，是指不应计入当期损益、会导致所有者权益发生增减变动的、与所有者投入资本或者向所有者分配利润无关的利得或损失。

利得是指由企业非日常活动所形成的、会导致所有者权益增加的、与所有者投入资本无关的经济利益的流入。损失是指由企业非日常活动所形成的、会导致所有者权益减少的、与所有者的利润分配无关的经济利益流出。利得和损失有两个去向，即作为资本公积直接反映在资产负债表中或作为非经常损益反映在利润表中。如资产评估增值等，反映在资产负债表的“资本公积——其他资本公积”中；如处置固定资产收益等，则应反映在利润表的“营业外收入”中。

其他资本公积包括的内容较多，与长期股权投资、企业合并、投资性房地产、出售金融资产等业务相关，此内容将在财务会计中作介绍。例如，在同一控制下的企业合并，合并差额调整所有者权益项目，借记或贷记“资本公积——其他资本公积”科目。

（2）资本溢价和直接计入所有者权益的利得和损失的核算

为了核算企业资本溢价和直接计入所有者权益的利得和损失的增减变动情况，企业应设置“资本公积”科目，核算企业收到投资者出资额超出其注册资本或股本所占份额的部分及直接计入所有者权益的利得或损失。该科目的贷方核算企业资本公积的增加额，借方核算企业资本公积的减少额，期末贷方余额为企业资本公积结余数额。为了反映各类不同性质的资本公积的增减变动情况，“资本公积”科目应当分别按“资本溢价（股本溢价）”“其他资本公积”设置明细账，进行明细核算。

股份有限公司在核定的股本总额及核定的股份总额范围内发行股票时，应在实际收到现金资产时进行会计处理，即按实际收到的款项，借记“银行存款”等科目，按每股面值与核定的总股份的乘积，贷记“股本”科目，按其差额，贷记“资本公积——股本溢价”科目。公司发行股票支付的手续费、佣金等发行费用，应从溢价发行收入中抵销。

下面举例说明资本公积的核算。

【例 7-3】安居股份有限公司委托 A 证券公司代理发行普通股 1 000 万股，每股面值 1 元，每股发行价格 5 元，根据合同约定，A 证券公司按发行收入的 1% 收取发行费用，现股票已发行成功，股款已划入公司的银行存款账户。其会计分录如下：

借：银行存款	49 500 000	
贷：股本		10 000 000
资本公积——股本溢价		39 500 000

【例 7-4】A 公司于 2×17 年 3 月 10 日对同一集团内某全资 B 公司进行了吸收合并，为进行该项企业合并，A 公司发行了 600 万股普通股（每股面值 1 元）作为对价。合并日，B 公司的所有者权益构成如下：

股本	600 万元
资本公积	400 万元
盈余公积	200 万元
未分配利润	800 万元
合计	2 000 万元

A 公司应进行如下会计处理：

借：长期股权投资　　20 000 000

　贷：股本　　6 000 000

　　资本公积——其他资本公积　　14 000 000

【例 7-5】华泰公司持有的股票（划分为可供出售金融资产）市价上涨 10 万元，确认股票价格变动时，其会计分录如下：

借：可供出售的金融资产——公允价值变动　　100 000

　贷：资本公积——其他资本公积　　100 000

3）留存收益

（1）留存收益概述

留存收益是指企业从历年实现的利润中提取或留存于企业的内部积累，它来源于企业的生产经营活动所实现的净利润，包括企业的盈余公积和未分配利润两个部分。

盈余公积是指企业按照规定从净利润中提取的积累资金，包括法定盈余公积、任意盈余公积等。

法定盈余公积是指企业按照规定的比例从净利润中提取的盈余公积。公司制企业的法定盈余公积按照净利润（减弥补以前年度亏损）的 10% 提取（非公司制企业也可按照超过 10% 的比例提取），法定盈余公积累计额已达注册资本的 50% 时可以不再提取。任意盈余公积主要是公司制企业按照股东会的决议提取。

法定盈余公积和任意盈余公积的区别在于各自计提的依据不同。前者以国家的法律或法令为依据提取；后者则由企业自行决定提取。企业提取的法定盈余公积和任意盈余公积可用于弥补亏损、转增资本或股本以及分配现金股利或利润。

未分配利润是企业留待以后年度进行分配的结存利润，是企业所有者权益的组成部分。相对于所有者权益的其他部分来说，企业对于未分配利润的使用有较大的自主权。未分配利润是企业实现的净利润经过弥补亏损、提取盈余公积和向投资者分配利润后留存在企业的、历年结存的利润。

（2）留存收益的核算

为了核算企业盈余公积的提取和使用的增减变动情况，企业应设置“盈余公积”科目，并在“盈余公积”科目下设置“法定盈余公积”“任意盈余公积”两个明细科目，分别用于核算企业从净利润中提取的各项盈余公积及其使用情况。该科目的贷方登记企业按照规定提取的各项盈余公积数额，借方登记企业将盈余公积用于弥补亏损、转增资本或股本以及分配现金股利或利润而减少盈余公积的数额等，期末贷方余额表示企业提取的尚未转出的盈余公积结存数。

下面举例说明盈余公积的核算。

【例 7-6】华泰公司按规定从当年实现的净利润中提取法定盈余公积 40 000 元。其会计分录如下：

借：利润分配——提取法定盈余公积　　40 000

　贷：盈余公积——法定盈余公积　　40 000

【例 7-7】华泰公司决定将 100 000 元盈余公积用于转增资本。其会计分录如下：

借：盈余公积　　100 000

　贷：实收资本　　100 000

盈余公积弥补亏损和未分配利润的核算举例见本章 7.8 部分。

7.2.3　负债资金筹集业务的核算

企业从债权人那里筹集到的资金形成了企业的负债，它表示企业债权人对企业资产的要求权，即债权人权益。企业的负债分为流动负债和非流动负债。这里主要介绍短期借款、长期借款和其他负债的核算。

1）短期借款的核算

短期借款是指企业为了满足其生产经营对资金的临时需要而向银行或其他金融机构借入的偿还期限在 1 年以内（含 1 年）的各种借款。无论借入款项的来源如何，企业均需要向债权人按期偿还借款的本金及利息，并及时、如实地反映款项借入、利息的结算和本息的偿还情况。

为了核算短期借款的增减变动及结存情况，应设置“短期借款”科目。该科目的贷方登记取得借款的本金数，借方登记偿还借款的本金数，余额在贷方，表示尚未偿还的借款本金数额。本科目应按照债权人设置明细账，并按借款种类进行明细核算。

短期借款所发生的利息属于筹资费用，应设置“财务费用”科目进行核算。用来核算企业为筹集生产经营所需资金等而发生的各种筹资费用，包括利息支出（减利息收入）、汇兑损失（减汇兑收益）、相关的手续费，以及企业发生的现金折扣或收到的现金折扣等。该科目的借方登记发生的财务费用，贷方登记应冲减财务费用的利息收入、汇兑收益以及期末转入“本年利润”的财务费用净额，期末结转后应无余额。

下面举例说明短期借款的核算。

【例 7-8】方圆公司向银行借入为期 6 个月的短期借款 24 万元，年利率 6%，该借款到期后如数归还，利息分月预提，到期后与本金一并支付。其会计分录如下：

①取得借款时：

借：银行存款　　240 000

贷：短期借款 240 000

②按月计提借款利息时：

借：财务费用（240 000×6%÷12） 1 200

贷：应付利息 1 200

③到期偿还时：

借：短期借款 240 000

应付利息（6×1 200） 7 200

贷：银行存款 247 200

2）长期借款的核算

长期借款是指企业向银行等金融机构借入的偿还期在1年以上或超过1年的一个营业周期的各种款项。长期借款一般用于固定资产的购建、改扩建、大修理等方面。

长期借款的利息费用，应按照权责发生制，按期预提计入所购建资产的成本（即予以资本化）或直接计入当期损益（财务费用）。为了购建或生产满足资本化条件的资产发生的应予资本化的借款费用，在“在建工程”“制造费用”等科目核算。

为了反映和监督企业长期借款的借入、应计利息和归还本息等情况，应设置“长期借款”科目。本科目的贷方登记长期借款本息的增加额，借方登记本息的减少额，贷方余额表示企业尚未偿还的长期借款的本息。本科目应按照贷款单位和贷款种类分别按“本金”“利息调整”设置明细账，并进行明细核算。

下面举例说明长期借款的核算。

【例7-9】方圆公司为改造设备，向银行借入为期2年的借款50万元，实际年利率8%，合同年利率7%，到期一次还本付息，所借款项已用于改造设备工程。其会计分录如下：

①取得借款时：

借：银行存款 500 000

贷：长期借款 500 000

②用于改造设备时：

借：在建工程 500 000

贷：银行存款 500 000

③年末计算利息时：

借：在建工程（500 000×8%） 40 000

贷：应付利息（500 000×7%） 35 000

长期借款 5 000

3）其他负债的核算

企业除了为取得生产经营所需的资金、商品或劳务等向银行或其他金融机构取得的借款外，还会与其他经济实体之间发生债务关系，从而形成了其他负债。这部分资金由于暂时停留在企业，便构成了企业筹集资金的一部分，具体包括应付账款、应付票据、预收账款、应交税费等。具体核算内容见本章 7.3 和 7.8 两部分。

7.3　资产取得业务的核算

7.3.1　固定资产购置业务的核算

1）固定资产概述

企业在生产经营中，为了保证经营活动的正常进行，除了上述两种主要的筹资渠道外，还需要涉及购置固定资产的业务。

固定资产是为生产商品、提供劳务、出租或经营管理而持有的，使用寿命超过一个会计年度的有形资产。固定资产同时满足下列条件的才能予以确认：与该固定资产有关的经济利益很可能流入企业；该固定资产的成本能够可靠地计量。

固定资产应当按照初始计量成本计量。来自不同取得方式的固定资产有其实际成本计量的具体标准。外购固定资产的实际成本包括购买价款，相关税费，使固定资产达到预定可使用状态前所发生的可归属于该项资产的运输费、装卸费、安装费和专业人员服务费等。

2）固定资产取得的核算

为了核算和监督固定资产取得成本的增减变动及结余情况，应设置“固定资产”科目。该科目的借方登记固定资产取得成本的增加，贷方登记固定资产取得成本的减少，期末余额在借方，表示固定资产原值的结余额。该科目应按照固定资产的种类设置明细账，进行明细核算。

为了核算企业进行建造工程、安装工程、技术改造工程、大修理工程等发生的实际支出，应设置“在建工程”科目。该科目的借方登记各项在建工程的实际支出，贷方登记完工工程转出的实际支出，期末借方余额反映企业尚未完工的基建工程发生的实际支出。该科目按工程项目或内容设置明细账，进行明细核算。

下面举例说明固定资产取得的核算。

【例 7-10】安居股份有限公司购入不需安装的设备一台，增值税专用发票上注明价款为 50 000 元，增值税税额为 8 000 元，款项已支付，另支付运杂费 1 200 元、包装费 500 元，设备已交付使用。其会计分录如下：

借：固定资产（50 000+1 200+500）	51 700	
应交税费——应交增值税（进项税额）	8 000	
贷：银行存款		59 700

【例 7-11】安居股份有限公司购入一台需安装的大型设备，增值税专用发票上注明的设备价格为 200 000 元，增值税税额 32 000 元，款项已支付，另支付运杂费 5 000 元、安装费用15 000元。其会计分录如下：

①购入设备时：

借：在建工程（200 000+5 000） 205 000

　　应交税费——应交增值税（进项税额） 32 000

　贷：银行存款 237 000

②发生安装费时：

借：在建工程 15 000

　贷：银行存款 15 000

③设备安装完毕交付使用时：

借：固定资产 220 000

　贷：在建工程 220 000

7.3.2 材料采购业务的核算

1）材料采购业务概述

企业要进行正常的生产经营活动，就必须储备一定品种和数量的材料、物资，材料、物资是产品制造企业生产产品不可缺少的物质要素，在生产过程中，材料经过加工而改变其原来的实物形态，构成产品实体的一部分，或者实物消失而有助于产品的生产。因此，产品制造企业要有计划地采购材料，既要保证及时、按质、按量地满足生产上的需要，同时又要避免储备过多，不必要地占用资金。

企业储存备用的材料，通常都是向外单位采购而取得的。在材料采购过程中，一方面是企业从供应单位购进各种材料，要计算购进材料的采购成本；另一方面企业要按照经济合同和约定的结算办法支付材料的买价和各种采购费用，并与供应单位发生货款结算关系。

不同方式取得的原材料，其成本的确定方法不同，成本的构成内容也不同。购入的原材料，其实际采购成本由以下几项内容组成：

（1）购买价款，是指购货发票所注明的货款金额。

（2）采购过程中发生的相关税费、运输费、装卸费、保险费等。

（3）其他归属于存货采购成本的费用，如运输途中发生的合理损耗、材料入库之前发生的整理和挑选费用等。

2）材料采购业务的核算

为了组织材料采购业务的核算，企业应设置“材料采购”、“在途物资”、“原材料”、“应付账款”、“预付账款”和“应交税费”等科目。

（1）“材料采购”科目核算企业采用计划成本进行材料日常核算而购入材料的采购成本。其借方登记购入材料的实际成本，贷方登记结转完成采购过程、验收入库的材料的计划成本，期末借方余额表示尚未到达企业或已到达企业但尚未验收入库的在途材料成本。该科目应按购入材料的品种或种类设置明细账，进行明细核算。

（2）“在途物资”科目核算的是货款已付但尚未验收入库的在途物资的实际成

本。其借方登记购入材料、商品采购成本的金额，贷方登记所购材料、商品到达并验收入库的采购成本的金额，月末借方余额，反映企业在途材料、商品等物资的采购成本。

（3）“原材料”科目核算企业库存的各种材料（如原料及主要材料、辅助材料、外购半成品、修理用备件、包装材料、燃料等）的计划成本或实际成本。其借方登记已验收入库材料的实际成本或计划成本，贷方登记发出材料的实际成本或计划成本，期末借方余额，表示库存材料实际成本或计划成本的结余额。该科目应按材料种类或品种设置明细账，进行明细核算。

（4）“应付账款”科目核算企业因购买材料、商品和接受劳务等经营活动应支付的款项。其贷方登记应付供应单位的款项的增加额，借方登记应付供应单位的款项的减少额（或偿还额），期末余额一般在贷方，表示尚未偿还的应付账款余额。该科目应按供应单位的名称设置明细账，进行明细核算。

（5）“预付账款”科目是用来核算企业按合同规定预付的款项。其借方登记预付款的增加额，贷方登记收到供应单位提供的材料而冲销的预付款项，期末余额一般在借方，表示尚未结算的预付款的结余额。该科目应按供应单位的名称设置明细账，进行明细核算。

（6）“应交税费”科目核算企业按规定应缴纳的各种税费，包括增值税、消费税、所得税等。其贷方登记计算出应交而未交的税费，借方登记实际缴纳的各种税费。期末余额方向不固定，如果是贷方余额，反映企业尚未缴纳的税费；如果是借方余额，则反映企业多交或尚未抵扣的税费。该科目应按照税种设置明细账，进行明细核算。

企业在材料采购业务中涉及的税费主要是增值税。增值税是对我国在境内销售货物或者提供劳务，以及进口货物的单位和个人，就其取得的货物或应税劳务销售额计算税款，并实行税款抵扣制的一种流转税。企业在核算采购材料业务时，增值税作为一种价外税，不计入材料采购成本，而单独作为应交增值税的进项税额，记入“应交税费——应交增值税（进项税额）”的借方。进项税额是指纳税人购进货物或接受应税劳务所支付或负担的增值税税额。其计算公式如下：

进项税额=购进货物或劳务价款×增值税税率

下面举例说明材料采购业务的核算。

【例 7-12】华泰公司购入一批甲材料，货款 40 000 元，增值税 6 400 元（增值税专用发票已收到），运杂费 1 000 元，货款及运杂费全部以银行存款支付，材料已验收入库。其会计分录如下：

借：在途物资——甲材料	41 000	
应交税费——应交增值税（进项税额）	6 400	
贷：银行存款		47 400

同时：

借：原材料——甲材料	41 000	

贷：在途物资——甲材料 41 000

【例 7-13】华泰公司从 A 企业购入乙材料 300 吨，单价 50 元/吨，增值税税率为 16%，材料已到达企业，但货款尚未支付。其会计分录如下：

借：在途物资——乙材料 15 000

应交税费——应交增值税（进项税额） 2 400

贷：应付账款——A 企业 17 400

【例 7-14】上月已预付给 B 企业采购丙材料款，现丙材料已到达企业，并已验收入库，同时收到发货票，价款 80 000 元，增值税 12 800 元。入库时发生包装整理费用 2 000 元，以银行存款支付。其会计分录如下：

借：在途物资——丙材料（80 000+2 000） 82 000

应交税费——应交增值税（进项税额） 12 800

贷：预付账款——B 企业 92 800

银行存款 2 000

同时：

借：原材料——丙材料 82 000

贷：在途物资——丙材料 82 000

从以上核算可见，"在途物资"是材料采购过程中会计核算的中心账户。它既是计算采购材料成本的账户，又是与供应单位结算的账户，同时，其期末余额还表示归属企业的在途或尚未验收入库材料物资的成本。

在途物资明细账采用多栏式，详见第 6 章的表 6-9。

7.3.3 商品购进的业务核算

上面介绍的制造业企业材料采购的业务核算，在商品流通企业则是商品购进的业务核算。商品流通企业购进的库存商品有按进价核算和按售价核算两种，无论采用哪种价格，都应设置"在途物资"科目，用来核算采购商品过程中发生的实际成本（一般指进货原价），其使用方法与制造业企业基本相同，而且商品流通企业采购商品的成本与制造业企业也相同。商品流通企业在采购商品过程中发生的运输费、装卸费、保险费以及其他可归属于存货采购成本的费用等，应当计入存货采购成本，也可以先进行归集，期末根据所购商品的存销情况进行分摊。

为了核算商品购入、销售情况，应设置"库存商品"科目。其借方登记企业购入商品的成本；贷方登记销售商品结转的成本；期末余额在借方，表示结存的库存商品成本。该科目应按商品的种类、名称以及存放地点设置明细账，进行明细核算。

由于库存商品采用的计价方法不同，"库存商品"科目在使用上与制造业有较大的差异。在采购按售价核算的情况下，为了反映库存商品的进价与售价的差额，需设置"商品进销差价"科目。该科目用来核算库存商品含税售价与不含税进价之间的差额，贷方登记企业购进商品验收入库含税售价与不含税进价之间的差额，借方登记分摊已销商品进销差价，余额在贷方，反映期末库存商品应分摊的进销差价。所以“库存商品”科目的期末余额（按售价核算）减去“商品进销差价”科目的贷方余额，就是期末库存商品的进价成本。

下面举例说明商品购进业务的核算。

【例 7-15】某商品流通企业为增值税一般纳税人，本月购进一批商品，采购商品的增值税专用发票注明的货款为 30 000 元，增值税税额为 4 800 元，发生运杂费 1 540 元。商品已到达企业并已验收入库，货款及运杂费已支付（该公司库存商品采用进价核算）。其会计分录如下：

①购入商品：

借：在途物资　　31 540

　　应交税费——应交增值税（进项税额）　　4 800

　贷：银行存款　　36 340

②验收入库：

借：库存商品　　31 540

　贷：在途物资　　31 540

【例 7-16】资料同【例 7-15】，该公司库存商品采用售价核算，商品的含税售价为 45 000 元。其会计分录如下：

①购入商品：

借：在途物资　　31 540

　　应交税费——应交增值税（进项税额）　　4 800

　贷：银行存款　　36 340

②验收入库：

借：库存商品　　45 000

　贷：在途物资　　31 540

　　　商品进销差价　　13 460

7.4　产品制造业务的核算

7.4.1　产品制造业务的内容

生产过程既是制造产品的过程，同时也是物化劳动和活劳动的消耗过程。在生产过程中所发生的各项耗费，称为生产费用。它主要包括为制造产品所消耗的各种原材料、燃料、动力、生产工人工资、提取的职工福利费、厂房和机器设备的折旧费及修理费、为制造产品而发生的制造费用等。将发生的各种生产费用按产品进行归集和分配，就构成了各种产品的生产成本，或称为制造成本。

生产费用按其计入产品成本的方式不同，分为直接费用和间接费用。直接费用是指企业生产产品过程中实际消耗的直接材料、直接工资和其他直接支出。间接费用是指企业为生产产品和提供劳务而发生的各种间接支出，也称为制造费用。

在产品制造业务的会计核算中，必须遵守划分收益性支出和资本性支出、历史成本和权责发生制的规范和要求，对各项费用的发生额及归属期间加以确认和计量，并按照各种费用的构成内容和经济用途正确地进行反映。因此，在产品制造过程中各项费用的发生、归集、分配以及产品成本的形成和产品成本的计算等，就构成了产品制造业务的主要核算内容。

7.4.2 产品制造业务的核算

为了对企业产品制造业务的内容进行核算和监督，企业一般应设置“生产成本”、“劳务成本”、“应付职工薪酬”和“制造费用”等科目。

①“生产成本”是用来核算企业进行工业性生产，包括生产各种产品（包括产成品、自制半成品、提供劳务等）、自制材料、自制工具、自制设备等所发生的各项费用的科目。其借方登记应计入各种产品等的成本的各项直接费用；贷方登记结转完工入库产品等的生产成本；期末余额在借方，表示尚未完工的在产品成本。该科目应按产品品种或类别设置明细账，进行明细核算。

企业（农业）进行农业生产发生的各项生产成本，可设置“农业生产成本”科目，并分别种植业、林业和水产业确定成本计算对象和成本项目，进行费用的归集和分配。

②“劳务成本”科目核算企业对外提供劳务发生的成本。其借方登记发生的各项劳务成本；贷方登记结转的各项劳务成本；余额反映企业尚未完成或尚未结转的劳务成本。

③“应付职工薪酬”科目核算企业根据有关规定应付给职工的各种薪酬。其贷方登记分配的职工薪酬的数额；借方登记向职工支付的工资、奖金、津贴、福利费等及扣还的各种款项（个人所得税等）；余额在贷方表示企业应付未付的职工薪酬。

④“制造费用”是用来核算企业为了进行工业性生产而发生的各项间接费用的科目。其借方登记生产车间范围内为组织和管理生产所发生的各项间接费用；贷方登记转入“生产成本”的各项间接费用；月末一般无余额。该科目应按不同车间设置明细账，并按照费用项目设置专栏，进行明细核算。

下面举例说明材料费用、职工薪酬和制造费用的核算。

1）材料费用的核算

在确定材料费用时，应根据领料凭证区分车间、部门和不同用途后，分为直接材料费用和其他材料费用。直接材料，是指企业在生产产品和提供劳务的过程中所消耗的、直接用于产品生产并构成产品实体的各种原料及主要材料、外购半成品以及有助于产品形成的辅助材料等。直接材料费用，应记入“生产成本”账户。对于用于某种产品生产的直接材料，应直接记入该产品生产成本明细账中的“直接材料”项目；对于由几种产品共同耗用、应由几种产品共同负担的直接材料费用，应选择适当的分配标准在各种产品之间进行分配后，再记入各种产品生产成本明细账中的“直接材料”项目。其他材料费用应分别记入“制造费用”“管理费用”等账户。

在确定发出材料的实际成本时，应选用不同的计价方法，确定其实际单位，一般采用“加权平均法”、“先进先出法”和“个别计价法”等。

【例 7-17】华泰公司根据本月“领料凭证汇总表”（见表 7-1）作如下会计分录：

借：生产成本——A 产品　　7 500
　　　　　　——B 产品　　16 800
　　　　　　——C 产品　　1 000
　　制造费用　　600
　　管理费用　　400
　贷：原材料——甲材料　　7 500
　　　　　　——乙材料　　16 800
　　　　　　——丙材料　　2 000

表 7-1

领料凭证汇总表

2×17 年 1 月

用　　途	材料名称	数量（千克）	单价（元/千克）	金额（元）	备　　注
生产 A 产品	甲材料	100	75	7 500	
生产 B 产品	乙材料	300	56	16 800	
生产 C 产品	丙材料	50	20	1 000	
小　　计				25 300	
车间一般耗用	丙材料	30	20	600	
管理部门耗用	丙材料	20	20	400	
合　　计				26 300	

2）职工薪酬的核算

职工薪酬是指企业为获得职工提供的劳务而给予各种形式的报酬以及相关支出，包括职工工资、奖金、津贴和补贴、职工福利费、各项保险、住房公积金等。在确定职工薪酬时，应根据“职工薪酬汇总表”，区分为生产工人的直接工资和其他人员的直接工资。直接工资是指企业在生产产品和提供劳务过程中，直接从事产品生产的工人的工资、津贴、补助等。对于直接工资应记入生产成本明细账的“直接工资”项目。车间、管理部门人员所发生的工资费用，则应记入“制造费用”“管理费用”等账户。

【例 7-18】华泰公司根据本月“职工薪酬汇总表”（见表 7-2），作如下会计分录：

表 7-2 **职工薪酬汇总表**

2×17 年 1 月 单位：元

部门、人员	标准工资	奖金	津贴	职工薪酬
生产工人	15 000	5 000	3 000	23 000
车间管理人员	8 000	2 000	1 000	11 000
公司管理人员	4 000	1 000	1 500	6 500
合　计	27 000	8 000	5 500	40 500

借：生产成本 23 000
　　制造费用 11 000
　　管理费用 6 500
　贷：应付职工薪酬 40 500

3）制造费用的核算

制造费用是指企业为生产产品和提供劳务而发生的各项间接费用，其构成内容包括工资费、福利费、折旧费、修理费、办公费、水电费、机物料消耗、季节性停工损失等。在生产多种产品的企业，制造费用在发生时一般先在制造费用明细账中进行归集汇总，然后选用一定的标准（如生产工人工资、生产工时等）在各种产品之间进行合理分配，以便准确地计算确定各种产品应负担的制造费用额，记入生产成本明细账中的“制造费用”项目。如果生产单一产品，则全部转入生产成本明细账中的“制造费用”项目。在制造费用的归集过程中，要按权责发生制的要求，正确地处理跨期的各种费用，使其摊配于应归属的会计期间。

【例 7-19】华泰公司支付本月的水电费 3 000 元，其中，生产车间耗用 2 300 元，公司办公耗用 700 元。其会计分录如下：

借：制造费用 2 300
　　管理费用 700
　贷：银行存款 3 000

【例 7-20】华泰公司本月计提固定资产折旧 14 800 元，其中，生产车间固定资产折旧 10 000 元，公司其他管理部门用固定资产折旧 4 800 元。其会计分录如下：

借：制造费用 10 000
　　管理费用 4 800
　贷：累计折旧 14 800

【例 7-21】华泰公司本月制造费用明细账发生额共 25 440 元，将其全部转入“生产成本”科目。其会计分录如下：

借：生产成本 25 440
　贷：制造费用 25 440

从以上核算可见，“生产成本”账户是企业产品制造业务会计核算的中心账户，企业产品制造过程的会计核算、成本计算都是围绕这个账户展开的。它既是一个费用归集账户，又是一个成本计算账户，同时，其期末余额还反映企业停留在生产阶段的在产品成本。

生产成本明细账采用多栏式，详见第 6 章的表 6-8。

7.5　确认会计损益的基本原则

企业的生产经营活动会带来一定的经营收入，同时，也必然会发生相应的生产成本或经营费用。能否正确地计算一定会计期间的盈亏，主要取决于各会计期间的相关收入和成本、费用能否正确配比。在会计上，有关收入和费用的确认基础主要指权责发生制和收付实现制。

收入和费用的归属期间，是指应获得收入和应负担费用的会计期间。在市场经济条件下，进行商品、劳务交易，既有钱货两清的现销交易，也有延期付款这类钱货不同时进行的赊销交易。有时，为了占领市场，还可以采用预收、预付货款的方式。这些不同的商品交易方式，从销货单位看，就形成了现销、应收和预收等收入方式；从购货单位看，就形成了现购、应付和预付等支出方式。现销、现购的收支期和归属期一致；应收和应付是收支期在后，归属期在先；预收和预付是收支期在先，归属期在后。可见，应收、应付和预收、预付均属于收支期和归属期不一致的收入和费用。对收支期和归属期不一致的收入和费用，如何确定其是否属于本期的收入和费用，这就需要一个更为具体的确认原则，这个原则就是确认会计损益的基本原则，即权责发生制和收付实现制。

7.5.1　权责发生制和收付实现制

1）权责发生制

权责发生制，也称应计制或应收应付制。它以权利和责任的发生与否为标准来确认收入和费用。权责发生制要求“企业的会计核算应当以权责发生制为基础，凡是当期已实现的收入和已发生或应当负担的费用，不论款项是否收付，都应作为当期的收入和费用；凡是不属于当期的收入和费用，即使款项已在当期收付，也应不作为当期的收入和费用”。

采用权责任发生制，可以正确地反映各个会计期间所实现的收入和为实现收入应负担的费用，从而可以把各期的收入和与其相关的成本、费用相配比，正确地确定各期的损益。这种原则比较符合经济业务事项的经济实质，有利于准确地反映企业的经营成果和财务状况，也便于对企业损益的正确评价和考核，因此，现行的会计制度要求企业均应按这一原则进行会计核算。

但是，采用权责发生制也会存在一定的缺陷。如实务处理烦琐，平时按现金收支活动的实际发生进行记录，期末需要进行账项调整；再如，不能完整地反映企业的财务状况，特别是现金流量的变动情况。因此，当提供企业的现金流量时，还需要按收付实现制对相关会计数据进行重新调整。

2）收付实现制

收付实现制也称现金制。它是以现金收到或付出为标准来确认收入的实现和费用的发生。由于收付实现制是按收付日期确定归属期，凡是属于本期收到的收入和支出的费用，不管其是否归属本期，都应作为本期的收入和费用；反之，凡本期未收到的收入和未支付的费用，即使在本期实际发生，也不能作为本期的收入和费用。

采用收付实现制核算的会计处理直观、简便，对于收入、费用的支配可以根据账簿记录量入为出，期末不存在进行账项调整的问题。目前一些收支业务简单的行政单位仍采用此记账基础。但是，按收付实现制确认的本期收入和支出，不符合配比要求。按配比要求，收入和与其相关的费用相互配比，才能正确地计算合理的损益，而收付实现制却把预收款项作为本期收入，把预付款项作为本期费用，同样，把应列入本期收入的应收账款不列入本期收入，把应列入本期费用的应付账款不列入本期费用，这些都直接影响到本期损益的计量确认。

7.5.2 账项调整

所谓账项调整，就是会计期末按权责发生制的要求，对部分会计事项在会计期末所作的调整分录。一般账项调整包括应计收入、预收收入、应计费用、预付费用四种类型。

1）应计收入

应计收入是指应归属本期但尚未收到的收入。它主要是指尚未达到享有债权的约定时间，而平时未予记录或不可能记录的当期收入，如应收租金、利息收入等。对于不以租赁业务为主的企业来说，可能会将暂时闲置的设备、房屋、场地等出租，以获得租金收入。假设某企业与租赁方签订合同，将空闲的仓库出租，期限1年，期满时才能收回租金12 000元。从权责发生制的要求看，企业已履行了让渡资产使用权的义务，并且按有关合同或协议规定的收费时间能够收回租金，应该享有取得该项收入的权利。在会计期末（月末）作调整账项的会计分录如下：

借：其他应收款	1 000	
贷：其他业务收入——租金收入		1 000

2）预收收入

预收收入是指以前会计期间已收到入账，但应当归属本期或以后各期的收入。企业在平时交易时，会发生先收到部分款项并已入账，但尚未向付款单位提供商品或劳务的使用权的情况。按照权责发生制的要求，虽然销货方已收到了款项，但并没有履行相应的义务，商品的所有权（或资产的使用权）并没有真正地转移给购货方（或使用者），这种收入不属于或不完全属于本期收入，具有负债的性质。也就是说不能将预收收入（如预收货款、预收租金等）作为本期收入，只有当企业真正履行义务后，才有权利将部分收入转为本期已实现的收入。假如上述出租仓库的合同规定，租赁期开始时，先收取半年的租金6 000元，当收到租金时，应作会计分录如下：

借：银行存款　　　　6 000

　贷：预收账款——租金收入　　　　6 000

在会计期末（月末）作账项调整确认本期收入，应作会计分录如下：

借：预收账款　　　　1 000

　贷：其他业务收入——租金收入　　　　1 000

3）应计费用

应计费用是指会计期间已经发生应归属本期，但尚未入账也未支付的费用。这种费用是企业已经发生的、但由于未到付款期限而未支付也未入账的费用，如预提银行借款利息等。为了核算企业预提但尚未实际支付的各项费用，可设置“应付利息”科目。其贷方登记企业应付的利息费用额，借方登记实际支付的利息费用数额，期末余额一般在贷方，表示应付而尚未实际支付的数额。该账户应按费用种类设置明细账，进行明细核算。

下面举例说明应计费用的核算。

【例 7-22】华泰公司 2×18 年 1 月末，根据银行借款额和借款利率计算应由本期负担的利息 2 500 元，其会计分录如下：

借：财务费用　　　　2 500

　贷：应付利息　　　　2 500

这笔会计分录所反映的经济业务，就是根据权责发生制的要求，将应付未付而归属本期的利息支出，作为当期的费用计入了本期。

假设企业与银行的利息按季结算，到第一季度末，接到银行付息通知，本季的利息实际支出应为 7 700 元，由于实际支出与预提利息存在差异，应结转“应付利息”后，将差额记入本期“财务费用”科目。其会计分录如下：

借：财务费用　　　　2 700

　　应付利息（2 500×2）　　　　5 000

　贷：银行存款　　　　7 700

这笔会计分录所反映的经济业务，就是根据权责发生制的要求，对本期支付的银行存款 7 700 元，并没有全部计入本期，而是只计入了 2 700 元（其中，本月的利息2 500元，差额 200 元），其余是已预提的利息 5 000 元，由于这 5 000 元已经计入前两个月的费用，本月只是结转而已。

4）预付费用

预付费用是指已经实际发生或本期已经付款入账，但应由本期和以后各期分别负担的费用。这种费用虽然已经支付，但必须由本期或以后各期分摊。根据分摊期限的长短又分为摊销期为 1 年以内（包括 1 年）的待摊费用和摊销期超过 1 年的长期待摊费用。它们的特点是支付在先，实际发生在后。因此，支付时并不能作为当期的费用，而作为预付费用，递延到以后会计期间，如预付保险费、以经营方式租入固定资产发生的改良支出、开办费等。

为了核算企业已经支出但应由本期或以后各期分别负担的分摊期在1年以上的各项费用，可设置“长期待摊费用”科目。其借方登记实际支付的各项费用额，贷方登记分摊计入各期的费用额，期末余额一般在借方，表示已经支付但尚未摊销的费用额。该账户应按费用种类设置明细账，进行明细核算。

下面举例说明预付费用的核算。

【例7-23】华泰公司2×17年12月末，根据与保险公司的合同以银行存款预付明、后两年的财产保险费43 200元。其会计分录如下：

借：长期待摊费用——保险费　　43 200

　贷：银行存款　　43 200

这笔会计分录所反映的经济业务，就是根据权责发生制的要求，对本期支付的银行存款43 200元并没有全部计入本期。

假设公司在2×18年1月末，分摊应由本月负担的财产保险费1 800元（43 200÷24）。其会计分录如下：

借：管理费用　　1 800

　贷：长期待摊费用——保险费　　1 800

这笔会计分录所反映的经济业务，说明企业按照权责发生制的要求，应由费用归属期负担的费用只是1 800元。

7.6 收入业务的核算

7.6.1 收入的特点和分类

收入是指企业在日常活动中形成的、会导致所有者权益增加的、与所有者投入资本无关的经济利益的总流入。收入包括销售商品收入、提供劳务收入和让渡资产使用权收入等。企业代第三方收取的款项，应当作为负债处理，不应当确认为收入。

1）收入的特点

①收入从企业的日常活动中产生，而不从偶然的交易事项中产生，如工业企业销售商品、提供劳务的收入等。有些交易或事项也能为企业带来经济利益，但不属于企业的日常经营活动，其流入的经济利益是利得而不是收入，如出售固定资产所取得的收益。

②收入表现为企业资产的增加或负债的减少。收入可能表现为企业资产的增加，如增加银行存款、应收账款等；也可能表现为负债的减少，如减少预收账款等；还可能表现为一方面使企业的资产增加，一方面使企业的负债减少，如销售实

现时，一部分冲减预收的货款，一部分增加银行存款。

③收入能引起企业所有者权益的增加。如上所述，收入能增加资产或减少负债或两者兼而有之。因此，根据“资产-负债=所有者权益”的等式，企业所取得的收入一定能增加企业的所有者权益。这里所说的收入能增加所有者权益，仅指收入本身的影响，而收入扣除相关成本费用后的净额，可能增加所有者权益，也可能减少所有者权益。

④收入只包括本企业经济利益的流入，而不包括为第三方或客户代收的款项，如企业代国家收取的增值税、代客户收取的受托代销商品款等。代收的款项，一方面增加企业的资产，另一方面增加企业的负债，因而不属于本企业经济利益的流入，不能作为本企业的收入。

2）收入的分类

（1）收入按性质不同，可分为销售商品的收入、提供劳务的收入和让渡资产使用权的收入等

①销售商品的收入主要指取得货币资产方式的商品销售。这里的商品主要包括企业为销售而生产或购进的商品，如工业企业生产的产品、商品流通企业购进的商品等。企业销售的其他存货，如原材料、包装物等也视同商品。但企业以商品进行投资、捐赠、抵偿债务及自用等，会计上均不作为销售商品处理，应按成本结转。

②提供劳务的收入主要有提供旅游、运输、饮食、广告、咨询、代理、培训、产品安装等所获取的收入。

③让渡资产使用权的收入是指企业将资产让渡给他人使用所取得的收入，主要包括：

A. 让渡现金使用权而收取的利息（如进行债券投资而收取的利息收入）。

B. 让渡专利权、商标权、专营权、版权、计算机软件等无形资产的使用权而收取的使用费收入。

C. 出租固定资产而收取的租金。

D. 进行股权投资而取得的现金股利。

（2）收入按企业经营业务的主次不同，可分为主营业务收入和其他业务收入

①主营业务收入是指企业为完成经营目标而从事的日常活动中的主要活动所产生的收入，一般占企业收入的比重较大，对企业的经济效益产生较大的影响。不同行业企业的主营业务收入所包括的内容不同，比如，工业性企业的主营业务收入主要包括销售商品、自制半成品、代制品、代修品，提供工业性劳务等取得的收入，商品流通企业的主营业务收入主要包括销售商品所取得的收入。

②其他业务收入是指主营业务以外的其他日常活动所产生的收入，一般占企业收入的比重较小，如工业企业的其他业务收入主要包括材料销售收入、包装物出租收入、固定资产出租收入、无形资产出租收入（即转让无形资产的使用权而取得的使用费收入）、提供非工业性劳务收入等。

7.6.2 收入的核算

为了核算和监督企业的收入，应设置“主营业务收入”、“其他业务收入”和“应收账款”等科目。

（1）主营业务收入的核算

“主营业务收入”科目核算企业确认的从事销售商品、提供劳务等主营业务而产生的收入。其贷方登记企业销售商品或提供劳务实现的收入，即实际收到或应收金额；借方登记发生销售退回时冲减的主营业务收入，即实际支付或应退还的金额；期末应将本科目余额转入“本年利润”科目，结转后应无余额。该科目应按主营业务的种类设置明细账，进行明细核算。

（2）其他业务收入的核算

“其他业务收入”科目核算企业确认的除主营业务收入以外的其他经营活动实现的收入，如出租固定资产、出租无形资产、出租包装物和商品、销售材料等业务实现的收入。其贷方登记企业已实现的各种其他业务收入；期末应将本科目余额转入“本年利润”科目，结转后应无余额。该科目应按其他业务的种类设置明细账，进行明细核算。

（3）应收账款的核算

“应收账款”科目核算企业因销售商品、提供劳务等经营活动应收取的款项。其借方登记由于销售商品、提供劳务等而发生的应收款项金额、代购买单位垫付的各种款项（包括收取的价款、税金和代垫运费等）；贷方登记已经收回的货款；期末余额在借方，反映尚未收回的应收款项。该科目应按不同的购货单位或接受劳务的单位设置明细账，进行明细核算。

企业在销售业务中涉及的税费主要是增值税。增值税作为一种价外税，不计入销售的货款中，而单独作为应交增值税的销项税，记入“应交税费——应交增值税（销项税额）”明细账的贷方。销项税额是指纳税人销售货物或应税劳务，按照销售额和规定的税率计算并向购买方收取的增值税税额。其计算公式为：

销项税额=销售额×增值税税率

企业应缴纳的增值税税额的计算公式为：

当期应纳增值税=当期销项税额-当期进项税额

下面举例说明收入的核算。

【例7-24】华泰公司本月销售一批商品，增值税专用发票上注明售价800 000元，增值税税额128 000元，款项已收到并存入银行。其会计分录如下：

借：银行存款	928 000	
贷：主营业务收入		800 000
应交税费——应交增值税（销项税额）		128 000

【例7-25】华泰公司2×18年1月10日销售给甲公司B商品一批，售价450 000元，增值税税额72 000元，买方于1月20日付款。3月1日，甲公司发现

该批商品有质量问题，要求全部退货；华泰公司经确认同意退货并退款。华泰公司编制的会计分录如下：

①销售实现时：

借：应收账款　　522 000

　贷：主营业务收入　　450 000

　　　应交税费——应交增值税（销项税额）　　72 000

②收到货款时：

借：银行存款　　522 000

　贷：应收账款　　522 000

③销售退回时：

借：主营业务收入　　450 000

　　应交税费——应交增值税（销项税额）　　72 000

　贷：银行存款　　522 000

7.7　费用的核算

7.7.1　费用的特点和分类

1）费用的特点

①费用最终会导致企业资源的减少，具体表现为企业资金支出或资产耗费，与资产流入企业所形成的收入相反。

②费用最终会减少所有者权益。费用在本质上是企业的一种资产流出（即资产减少），根据"资产=负债+所有者权益"的等式，企业费用最终会减少企业所有者权益。企业经营过程中的有些支出不减少企业的所有者权益，也就不应归入费用。例如，企业以银行存款偿还一项负债，只是一项资产和一项负债等额减少，对所有者权益没有影响，因此，不构成企业的费用。

③费用不等于损失。费用是日常活动发生的；损失是非日常活动发生的。

2）费用的分类

费用按照经济用途不同，分为生产成本（或劳务成本）和期间费用。

（1）生产成本（或劳务成本）

生产成本主要是与生产产品有关的费用，是以产品为成本对象归集的费用。这类费用在企业生产过程中，有的直接为产品所耗费，有的与管理和组织生产直接相关，因此，需要进一步划分为直接材料、直接人工和制造费用等产品成本项目，具体内容参见第 8 章。

（2）期间费用

期间费用是指不能直接归属于某个特定的产品的成本，而应直接计入当期损益的各项费用。它是企业当期发生的必须从当期收入中得到补偿的费用。由于它仅与当期实现的收入相关，与产品制造过程没有直接关系，必须计入当期损益，所以称为期间费用。期间费用包括不计入产品成本（或劳务成本）的销售费用、管理费用和财务费用。

①销售费用。它是指企业在销售商品、提供劳务的过程中发生的各项费用，包括保险费、包装费、展览费、装卸费、广告费、商品维修费、预计产品质量保证损失、运输费等以及为销售本企业商品而专设销售机构（含销售网点、售后服务点等）的职工薪酬、业务费、折旧费等经营费用。

②管理费用。它是指企业行政管理部门为组织和管理生产经营活动而发生的各种费用，包括企业在筹建期间内发生的开办费、董事会和行政管理部门在企业经营管理中发生的或者应由企业统一负担的公司经费、工会经费、董事会费、聘请中介机构费、咨询费、诉讼费、业务招待费、房产税、车船使用税、城镇土地使用税、印花税、技术转让费、矿产资源补偿费、研究费用、排污费等。

③财务费用。它是指企业为筹集生产经营所需资金等而发生的筹资费用，包括利息支出（减利息收入）、汇兑损益以及相关的手续费、企业发生的现金折扣或收到的现金折扣等。

7.7.2 费用的核算

为了核算和监督企业所发生的各项期间费用，应设置“销售费用”、“管理费用”和“财务费用”科目。

①“销售费用”科目，是用来核算和监督销售费用发生和结转情况的，其借方登记企业所发生的各项销售费用，贷方登记期末结转入当期损益的销售费用，结转后该科目应无余额。该科目按销售费用的费用项目设置明细账，进行明细核算。

②“管理费用”科目，是用来核算和监督管理费用发生和结转情况的，其借方登记企业所发生的各项管理费用，贷方登记期末结转入当期损益的管理费用，结转后该科目应无余额。该科目按管理费用的费用项目设置明细账，进行明细核算。

③“财务费用”科目，是用来核算和监督财务费用发生和结转情况的，其借方登记企业所发生的各项财务费用，贷方登记期末结转入当期损益的财务费用，结转后该科目应无余额。该科目按财务费用的费用项目设置明细账，进行明细核算。

下面举例说明期间费用的核算。

【例7-26】华泰公司本月发生行政办公用的水电费共6 000元、专设销售机构的水电费共3 000元，银行已将款项划入有关水电部门。其会计分录如下：

借：管理费用——水电费	6 000	
销售费用——水电费	3 000	
贷：银行存款		9 000

【例7-27】华泰公司向保险公司支付本月的职工劳动保险费12 000元。其会计分录如下：

借：管理费用　　12 000

　贷：银行存款　　12 000

【例 7-28】华泰公司收到银行转来的利息结算清单，其中，利息收入 4 000 元，利息支出 6 800 元。其会计分录如下：

借：财务费用　　2 800

　贷：银行存款　　2 800

【例 7-29】华泰公司本月应支付车船使用税 1 000 元，房产税 500 元。其会计分录如下：

借：管理费用　　1 500

　贷：应交税费——应交车船使用税　　1 000

　　　　　　——应交房产税　　500

7.8　利润形成与分配业务的核算

7.8.1　利润的核算

利润是指企业在一定会计期间的经营成果。利润包括收入减费用后的净额、直接计入当期利润的利得和损失。企业经营的最终目的，就是要最大限度地获取利润。利润是一个综合反映企业在一定期间内生产经营状况的重要指标，它不仅可以考核企业的工作成果，也可以全面衡量企业的工作质量。企业也只有通过获取利润，为社会创造更多的财富，才能满足人们日益增长的物质和文化需要。

1）利润的构成

（1）营业利润

营业利润是企业利润的主要组成部分，它是营业收入减营业成本、营业税金及附加，再减期间费用和资产减值损失，加减公允价值变动收益和投资收益后的金额。其中：①资产减值损失是企业各项资产减值所形成的损失；②公允价值变动收益是企业交易性金融资产、交易性金融负债等公允价值变动形成的应计入当期损益的利得或损失；③投资收益是企业对外投资获得的收益，减去发生的投资损失和计提的投资跌价准备后的净额。

其计算公式：

$$\text{营业利润}=\text{营业收入}-\text{营业成本}-\text{税金及附加}-\text{销售费用}-\text{管理费用}-\text{财务费用}-\text{资产减值损失}\pm\text{公允价值变动收益}\pm\text{投资收益}$$

（2）利润总额

利润总额是由营业利润、营业外收支净额（营业外收入减去营业外支出）组成。其中：①营业外收入是企业发生的各项与正常经营活动业务没有直接关系的各项收入，包括非流动资产处置利得、非货币性资产交换利得、债务重组利得、政府补助、盘盈利得、捐赠利得等；②营业外支出是企业发生的与正常经营活动业务没有直接关系的各项支出，包括非流动资产处置损失、非货币性资产交换损失、债务重组损失、公益性捐赠支出、非常损失、盘亏损失等。

其计算公式：

利润总额=营业利润+营业外收入-营业外支出

（3）净利润

净利润是企业当期的利润总额减所得税费用后的金额，即企业的税后利润。

其计算公式：

净利润=利润总额-所得税费用

2）利润的核算

（1）主营业务成本和税金及附加结转的核算

①“主营业务成本”科目用来核算取得销售商品、提供劳务等主营业务收入时应结转的成本。其借方登记本期结转的销售商品、提供劳务的实际成本，贷方登记本期发生销货退回而冲减的主营业务成本；期末，应将本科目的余额结转入“本年利润”科目，结转后该科目应无余额。本科目可按主营业务的种类进行明细核算。

②“税金及附加”科目用来核算企业经营活动中发生的消费税、城市维护建设税、资源税、教育费附加、房产税、土地使用税、车船税、印花税等相关税费。其借方登记按规定计算确定的与经营相关的税费；期末，应将本科目的余额结转入“本年利润”科目，结转后该科目应无余额。除主营业务活动以外的其他经营活动发生的相关税费，也在“税金及附加”科目核算。

下面举例说明主营业务成本和税金及附加结转的核算。

【例7-30】根据【例7-24】的销售业务，结转其销售成本620 000元。其会计分录如下：

借：主营业务成本　　620 000

　贷：库存商品　　620 000

【例7-31】华泰公司本月应支付的城市维护建设税及教育费附加共计16 000元。其会计分录如下：

借：税金及附加　　16 000

　贷：应交税费　　16 000

（2）其他业务的核算

其他业务收入是指企业除主营业务收入以外的其他日常活动所产生的收入，如材料销售收入、包装物出租收入等。其他业务成本是指企业除主营业务成本以外的其他日常活动所发生的支出，如销售材料或出租包装物结转的成本等。

为了核算企业其他业务收入的取得及结转等情况，应设置“其他业务收入”科目。贷方登记企业取得的各项其他业务收入；期末，应将本科目的余额结转入“本年利润”科目，结转后该科目应无余额。

为了核算企业其他业务支出的发生及结转等情况，应设置“其他业务成本”科目。“其他业务成本”科目用来核算企业确认的除主营业务活动以外的其他经营活动所发生的支出，包括销售材料成本、出租固定资产的折旧额、出租无形资产的摊销额、出租包装物的成本或摊销额。其借方登记企业结转的有关其他支出的成本；期末，应将本科目的余额结转入“本年利润”科目，结转后该科目应无余额。本科目可按其他业务成本的种类进行明细核算。

下面举例说明其他业务的核算。

【例 7-32】华泰公司销售库存材料一批，售价 20 000 元，增值税税额 3 200 元，款项已由银行收妥，材料成本 17 000 元。其会计分录如下：

①取得销售材料收入时：

借：银行存款	23 200	
贷：其他业务收入		20 000
应交税费——应交增值税（销项税额）		3 200

②结转已销材料成本时：

借：其他业务成本	17 000	
贷：原材料		17 000

(3) 投资收益的核算

企业为了有效地使用资金，获得更多的收益，也可以将资金投资于债券、股票和其他财产等方面，由此而形成了企业的对外投资。企业的投资在投资存续期间或转让后所获得的投资收益（减投资损失），会直接影响到企业的经营成果。

为了核算企业对外投资所获得的收益的实现或损失的发生及结转情况，应设置“投资收益”科目。其贷方登记实现的投资收益和期末转入“本年利润”的投资净损失，借方登记发生的投资损失和期末转入“本年利润”的投资净收益，结转后该科目期末应无余额。该科目按投资种类设置明细账，进行明细核算。

下面举例说明投资收益的核算。

【例 7-33】华泰公司持有 B 公司的股票 10 000 股，被投资单位当年宣告每股分配 2 元的现金股利，华泰公司已收到现金股利 20 000 元。其会计分录如下：

借：银行存款	20 000	
贷：投资收益		20 000

【例 7-34】华泰公司将持有为期一年的 A 公司 60 000 元的债券（作为交易性金融资产核算），以 65 000 元的价格转让，获得收入已存入银行。其会计分录如下：

借：银行存款	65 000	
贷：交易性金融资产		60 000
投资收益		5 000

(4) 营业外收支的核算

营业外收入不是企业生产经营资金耗费所产生的，一般企业不需要付出代价，因此，无法与有关的费用支出配比。

为了核算企业各项营业外收入的实现及结转情况，应设置“营业外收入”科目。其贷方登记企业确认的各项利得；期末，应将本科目的余额结转入“本年利润”科目，该科目结转后应无余额。本科目可按营业外收入项目进行明细核算。

为了核算企业各项营业外支出的实现及其结转情况，应设置“营业外支出”科目。其借方登记企业确认的各项损失；期末，应将本科目的余额结转入“本年利润”科目，该科目结转后应无余额。本科目可按营业外支出项目进行明细核算。

下面举例说明营业外收入和营业外支出的核算。

【例 7-35】华泰公司取得处置资产收入 1 000 元，已存入银行。其会计分录如下：

借：银行存款　　1 000

　贷：营业外收入　　1 000

【例 7-36】华泰公司支付公益性捐赠支出 2 000 元。其会计分录如下：

借：营业外支出　　2 000

　贷：银行存款　　2 000

（5）所得税费用的核算

所得税是根据企业应纳税所得额的一定比例上缴的一种税费。它以实行独立核算的企业为纳税单位，以纳税单位在一个会计年度内实现的纳税所得为计税依据计算缴纳，并实行按季（或月）预缴，年终清缴的办法。企业在计算所得税前要对其应纳税所得额（税前会计利润）进行调整，主要是根据税法的有关规定，对企业已经计入当期费用但超过税法规定扣除项目（广告费及业务宣传费支出、业务招待费支出等）的金额以及企业已计入当期费用但税法规定不允许扣除的项目（如税收滞纳金、罚款、罚金等）的金额，要调整增加。对于按税法规定允许在税前弥补的亏损和予以免税项目（如五年内未弥补亏损和国债利息收入等）的金额，要调整减少。

企业应交纳所得税税额的公式为：

应纳税所得额＝利润总额±纳税调整项目

应纳所得税税额＝应纳税所得额×所得税税率

为了核算企业按规定从当期损益中扣除的所得税，企业应设置“所得税费用”科目。其借方登记企业按应纳税所得额计算的本期应交所得税税额，贷方登记结转入“本年利润”的所得税税额，该科目结转后应无余额。

下面举例说明所得税的核算。

【例 7-37】根据【例 7-24】至【例 7-36】的资料，计算华泰公司本月实现利润，假设没有纳税调整。其会计处理如下：

本月营业利润＝800 000－620 000＋（20 000－17 000）－16 000－19 500－3 000－2 800＋25 000

＝166 700（元）

本月利润总额＝166 700＋1 000－2 000＝165 700（元）

本月应纳所得税税额 = 165 700×25% = 41 425（元）

借：所得税费用　　41 425

　　贷：应交税费——应交所得税　　41 425

【例 7-38】华泰公司全年实现利润 500 000 元，所得税税率为 25%，假定无其他纳税调整。其会计处理如下：

应纳税所得额 = 500 000 元

应纳所得税税额 = 500 000×25% = 125 000（元）

①计算应交所得税：

借：所得税费用　　125 000

　　贷：应交税费——应交所得税　　125 000

②实际缴纳所得税：

借：应交税费——应交所得税　　125 000

　　贷：银行存款　　125 000

（6）本年利润结转的核算

按规定，企业一定会计期结束后要核算利润，进行结账。会计期末结转本年利润的方法有账结法和表结法两种。账结法是在每个会计期末（一般是指月末）将各损益类账户记录的金额全部转入“本年利润”账户，通过“本年利润”账户借、贷方的记录结算出本期损益总额和本年累计损益额。在这种方法下，需要在每个会计期末通过编制结账分录，结清各损益类账户。表结法是在每个会计期末（月末）对各损益类账户余额不作转账处理，而是通过编制利润表进行利润的结算，根据损益类项目的本期发生额、本年累计额填报会计报表（主要是指利润表），在会计报表中直接计算确定损益额（即利润总额、净利润），到年终，在年度会计决算时再用账结法，将各损益类账户全年累计发生额通过编制结账分录转入“本年利润”账户。“本年利润”账户集中反映了全年累计净利润的实现或亏损的发生情况。

为了核算一定时期实现的净利润（或发生的净亏损），应设置“本年利润”科目。贷方登记会计期末结转入的各项收入、收益等，借方登记会计期末结转入的各项费用、成本、支出等。该科目在一定会计期内的贷方余额表示实现的净利润，借方余额表示发生的亏损。年末应将余额结转入“利润分配——未分配利润”账户，结转后该科目应无余额。

下面以账结法为例说明利润结转的核算。

【例 7-39】根据【例 7-24】至【例 7-37】的资料，将华泰公司本月实现的利润进行结转。作会计分录如下：

①结转各项收益：

借：主营业务收入　　800 000

　　其他业务收入　　20 000

　　投资收益　　25 000

　　营业外收入　　1 000

贷：本年利润　　846 000

②结转各项成本、费用和支出：

借：本年利润　　680 300

贷：主营业务成本　　620 000

税金及附加　　16 000

其他业务成本　　17 000

管理费用　　19 500

销售费用　　3 000

财务费用　　2 800

营业外支出　　2 000

③结转所得税：

借：本年利润　　41 425

贷：所得税费用　　41 425

从以上核算可见，"本年利润"账户是企业利润业务会计核算的中心账户，企业一定时期的各项收入、收益、费用、成本、支出，最终都是通过这个账户进行集中反映。它是一个计算财务成果的账户。

本年利润

各项费用、成本、支出	721 725	各项收入、收益	846 000
		本月净利润	124 275

运用账结法，最终计算出华泰公司本月的净利润为 124 275 元。

7.8.2 利润分配的核算

企业通过利润计算过程确定的净利润，在年终还要按照国家有关规定在各相关方面进行合理的分配。利润分配的过程和结果，不仅涉及投资者的利益，还关系到企业未来的发展，所以，企业必须在兼顾各方面利益的基础上，根据有关规定的顺序、内容、比例等进行利润的分配。

1）利润分配的内容

根据有关规定，企业利润分配的内容和顺序包括以下 4 个方面：

①提取法定盈余公积。法定盈余公积金应按照净利润的 10% 的比例计提，企业提取的法定盈余公积金累计额达到注册资本的 50% 时，可以不再提取。

②向投资者分配利润或股利。企业实现的净利润在扣除上述项目后，再加上年初的未分配利润和其他转入数（公积金弥补的亏损等），形成可供投资者分配的利润，包括支付的优先股股利、普通股股利（在提取任意盈余公积之后）和对外分配的利润等。

③提取任意盈余公积。任意盈余公积金主要是股份制企业按照股东大会的决议提取的，其用途与法定盈余公积金相同，主要用于弥补亏损、转增资本或股本以及

分配现金股利或利润。

④未分配利润。实现的净利润经过上述各项扣除后的余额即为未分配利润。它实质上是企业留于以后年度分配的利润或待分配的利润。与盈余公积金相同，这两者均属于留在企业内部的所有者权益，即留存收益，是企业经营所得净收益的积累。二者的不同之处在于未分配利润没有明确专门的用途。

2）利润分配的核算

为了核算企业一定时期内净利润的分配（或亏损的弥补）以及历年结存的未分配利润（或未弥补亏损）的情况，企业应设置“利润分配”科目。借方登记实际分配的利润额及从“本年利润”科目转入的全年累计亏损额，贷方登记用盈余公积弥补亏损等以及从“本年利润”科目转入的全年实现的净利润额。年末如果余额在借方，表示已分配的利润额；年末如果余额在贷方，表示未分配的利润额。“利润分配”科目一般应设置“提取法定盈余公积金”、“应付普通股股利”、“应付优先股股利”、“提取任意盈余公积金”和“未分配利润”等明细科目，进行明细核算。年末，应将“利润分配”的其他明细账余额全部转入“利润分配——未分配利润”账户，经结转后除未分配利润明细账有余额外，其他各明细账均无余额。

下面举例说明利润分配的核算。

【例 7-40】方圆公司全年实现净利润 319 490 元。按净利润的 10% 提取法定盈余公积金，按规定以未分配利润的 20% 向投资者分配股利（年初未分配利润 200 000元）。其会计处理如下：

①提取法定盈余公积金：

319 490×10% =31 949（元）

借：利润分配——提取法定盈余公积金　　31 949

　贷：盈余公积——法定盈余公积　　31 949

②向投资者分配股利：

[200 000+（319 490-31 949）]×20% =97 508.20（元）

借：利润分配——应付普通股股利　　97 508.20

　贷：应付股利　　97 508.20

③年终结转“本年利润”已实现的全年利润：

借：本年利润　　319 490

　贷：利润分配——未分配利润　　319 490

④年终结转“利润分配”所属其他明细科目余额：

借：利润分配——未分配利润　　129 457.20

　贷：利润分配——提取法定盈余公积金　　31 949

　　　　　　——应付普通股股利　　97 508.20

从以上核算可见，“利润分配”账户是企业利润分配业务会计核算的中心账户，企业一定时期终了实现的利润和对利润的分配，最终都是通过这个账户进行集中反映。它既是一个计算财务成果的账户，又是一个反映所有者权益的账户。

利润分配——未分配利润

		期初余额	200 000
利润分配数额	129 457. 20	全年实现净利润	319 490
		未分配利润	390 032. 80

年终方圆公司的未分配利润为 390 032. 80 元，形成了企业所有者权益中的留存收益。

练习题

□ 名词解释

资本公积　营业利润　净利润　未分配利润

□ 复习思考题

1. 说明制造业的主要经济业务内容。
2. 说明权责发生制与收付实现制的联系与区别。
3. 说明材料采购成本的计量与确认方法。
4. 简述企业收入的核算。
5. 说明企业的利润分配过程。

第 8 章　成本计算

◆ 学习导航

本章阐述的内容有：成本核算的基本原理、一般程序和企业经营过程中成本计算的基本方法。应重点掌握存货采购成本、产品生产成本和主营业务成本的基本计算原理，为学习成本会计课程打好基础。

8.1　成本计算的意义、原理与要求

成本计算是为了正确地计量资产的价值和合理确认收益，是企业会计核算的一种专门方法。正确地计量资产的价值和合理确认收益，是会计核算的重要内容。通过前面的学习，我们知道，某种资产的账面实际成本，是为取得这种资产时所发生的全部、必要的支出。在会计准则允许的情况下，应采用实际成本来计量某种资产的价值，即在资产的计价中遵循历史成本要求（其他的资产计价方法将在以后的课程中学习）；某一会计期间的收入必须和为取得相应收入所发生的支出相配比，这样才能正确地确认和计量某一会计期间的损益，即在收益计算中遵循权责发生制和配比要求。通过本章的学习，要求理解成本计算的意义、基本内容和一般程序，重点掌握成本计算的基本原理。不同行业的企业，其经济活动内容差异很大，资产计价和收益计算的具体方法也有很大差别，成本计算方法也不相同。本章以制造业企业的经济活动为例，阐述材料采购成本、产品制造成本和产品销售成本（即主营业务成本）的基本计算原理。

8.1.1　成本的概念与作用

1）成本的概念

成本属于价值的范畴，是新增（或已耗）资产价值的组成部分。一般而言，资产的价值由以下三部分组成：一是已耗生产资料（劳动手段和劳动资料）的转移价值；二是支付给劳动者的劳动报酬；三是劳动者为社会做出的贡献额。前两者是构成成本价值的基础。

已耗生产资料的转移价值和支付给劳动者的劳动报酬，按受益对象不同，可以分为三个部分：一是用于工程建造，形成长期资产；二是用于存货的建造，形成各

种存货；三是用于包括上述两者在内的日常经营活动，形成期间费用。第三种支出与前两种支出的区别是：前两种支出有明确的受益对象，可以直接或间接计入受益对象，第三种支出则没有明确的受益对象，不能或不易计入相关受益对象。第一种支出形成相关非流动资产的成本；第二种支出形成相关存货的成本；第三种支出即期间费用，由于没有明确的受益对象，按权责发生制，全部计入相应的会计期间，直接作为当期收益的抵减。相关存货的成本，在存货消耗或销售后，或作为相关费用，或作为营业成本，由当期收益抵减。上述前两种支出按一定的计算对象归集，计入相应资产的价值，就成为新增资产的成本。

制造行业的经营过程，主要包括供应、生产和销售三个阶段。供应过程的经营活动，主要是各种存货的采购。在存货的采购过程中所支付的存货买价和采购费用，按各种存货的种类分别归集、分配，就构成各种存货的采购成本。在生产过程中发生的生产费用（如已耗存货的成本、支付给生产者的工资等），按各种产品进行归集、分配，就构成各种产品的生产成本（亦称制造成本）。制造行业的销售过程主要是销售各种产品，已售产品的生产成本按各种已售产品进行归集就构成各种已售产品的主营业务成本。主营业务成本，是已售资产的价值。它同前述存货的采购成本和生产成本不同，作为当期费用全部计入会计期间，抵减当期主营业务收入。

费用和成本是既有联系又有区别的两个概念。资产的成本随着企业经营活动的展开，逐步转化为某一会计期间的费用。费用是与特定的会计期间相联系的，是根据权责发生制、配比要求及资本性支出与收益性支出相划分等来确定的，从资金循环的意义上讲，这些费用主要通过经营收入收回的资产来补偿。成本是与特定的计算对象相联系的，是根据受益性原理和重要性要求计算出来的，是受益计算对象的费用。

2）成本的作用

成本是以价值形式反映企业工作质量，说明企业管理当局经营责任完成情况的综合性指标之一。对会计信息的使用者而言，它具有多方面的作用。

（1）成本是计量经营耗费和确定补偿尺度的重要工具

企业经营的主要目标，就是以自己的收入补偿耗费后获得尽可能多的利润，并尽量不发生亏损。利润是指企业一定会计期间的经营成果，即所得的收入金额大于与其相配比的耗费金额的差额；亏损是指所得的收入金额小于与其相配比的耗费金额的差额。企业盈利的大小，是企业经营状况好坏的主要标志，也是企业能否正常持续经营的必要条件。企业的营业收入，只有能够弥补相关耗费，才能保持持续经营。成本是对象化的耗费，是企业全部耗费的主要组成部分。所以，成本是反映企业经营耗费的主要指标之一，是计量经营耗费和确定补偿尺度的重要工具。

（2）成本是决定商品价格的基础和产品竞争能力的条件

商品价格是影响商品销售和企业盈利的重要因素之一。在商品质量一定的条件下，商品价格的高低，关系到商品能否顺利销售出去，而商品能否顺利销售出去，关系到企业能否收回所垫付的资金以持续经营的问题。一般而言，在商品质量和性能稳定的情况下，价格高于同类商品的社会平均价格的商品，就难以顺利销售出去；价格适中或低于同类商品的社会平均价格的商品，就能顺利销售出去。商品定价的高低，关系企业盈利的大小以及经济效益的高低。商品价格的高低取决于商品成本的高低，商品成本高于同类商品的社会平均成本，为了获取适当的利润，制定的商品价格相应也会高于同类商品的社会平均价格，这可能使商品销售失去竞争力；商品成本低于同类商品的社会平均成本，制定的商品价格就可以低于同类商品的社会平均价格，从而使商品销售更具有竞争力，获取适当的利润。因此，商品成本是决定商品价格的基础和影响产品竞争能力的条件。

（3）成本是企业进行决策及核算经济效益的重要因素

企业管理者在履行受托责任、完成管理任务时，必须对经营活动中涉及的重大问题进行决策。要做出正确的决策，必须从各方面进行考虑，分析相关经营活动涉及的各种因素对经营活动的影响。在对各种方案进行决策时，经济效益是必须予以考虑的主要因素之一，而企业的经济效益的核心是产品的成本问题。如上所述，在市场销售有保证的前提下，产品成本的高低决定着企业经济效益的好坏。因此，在对各种备选方案进行选择、决策时，必须把成本作为一个重要的因素进行考虑，从成本的角度对备选方案进行评价和选择。只有这样，才能使所选择的方案在经济上可行，才能使经济活动有资源消耗少、经济效益好的结果。

（4）成本是衡量企业管理水平和各方面工作的重要指标

成本是反映企业管理水平的综合性指标。企业各方面工作的成果，如产品设计得好坏，生产工艺的合理程度，原材料、燃料、动力等资产的消耗水平，机器设备、厂房建筑物的利用情况，劳动生产率的高低，人、财、物组织得是否合理，供、产、销是否衔接平衡等，最终都会反映到产品成本上。因此，通过对成本形成情况、构成和水平的分析，就可能发现企业管理上存在的问题和薄弱环节，为提高生产技术水平和管理水平指明方向，为改进各方面工作找到途径。同时，降低成本必然对企业各项工作提出更高的要求，可以推动企业整体管理水平的不断提高。

8.1.2　成本计算的意义

成本是会计信息的重要组成部分，同其他会计信息一样，它也是通过对相关原始数据的收集、整理和加工形成的。成本计算就是采用一系列专门的方法，把企业供应、生产和销售过程中所发生的各种费用，根据受益关系，在不同的对象之间进行归集和分配，借以确定各成本计算对象的总成本和单位成本的一项会计工作。成本计算对于加强企业经营管理、提高经济效益具有重要意义。

通过成本计算，可以取得企业的实际成本资料，并据以确定实际成本同计划成本的差异，考核成本计划的完成情况，分析成本升降的原因，进一步挖掘降低成本的潜力。通过成本计算，可以反映和监督企业各项费用的支出，发现企业经营管理中存在的问题，有助于管理者及时采取有效措施，改善经营管理。通过成本计算，可以为企业进行下一期各项成本指标的预测和规划，提供必要的参考数据。

总之，正确地进行成本计算，对不断地改进成本管理工作，争取以更少的资源耗费取得更大的经济效益，为社会增加更多的财富，具有重要的意义。

8.1.3 成本计算的原理

在不同的企业或同一企业的不同经营阶段，会产生不同的经济活动，发生不同的支出，形成不同的成本，这就造成具体成本计算在方法上存在差异，如采购成本的计算方法与生产成本的计算方法是不相同的。不同时期的企业由于经营活动变化，成本计算的内容也不尽相同。不同时期、不同计算对象的成本在内容、构成和计算方法等方面虽说不尽相同，但它们都是经营中产生的资源消耗，都应按权责发生制、配比要求和收益性支出与资本性支出相划分等要求归集、分配到受益对象上去，它们的计算原理是相同的。成本计算原理，就是不同时期、不同性质的成本的共同计算原理。

各种经营活动的目的不同，经营过程中发生的各种费用，都是为了实现相应的经营目的产生的。在某种经营活动中支付费用，是为了在这种经营活动中获取合理的经营成果。也就是说，某种经营活动的经营成果是该种经营活动中所支付费用的受益对象，如为某种产品生产而耗用的原材料费用的受益对象就是该种产品。当可以直接确定某种费用是为某项经营活动产生时，我们称这种费用为该成本计算对象的直接费用。应将直接费用直接计入受益对象中，作为相应的受益对象的成本，由相应的受益对象承担，这就是所谓的直接受益直接分配原理，是成本计算的主要原理之一。

在企业的日常经营中，各种经营活动往往是交叉进行的，因此有的费用是为了若干受益对象而共同发生的，应由相应的若干个受益对象共同来承担，会计上把这种由若干受益对象共同承担的费用称为共同性费用。共同性费用与受益对象的受益关系虽不如直接费用那样明显，但也可以采用一定的方法来确定，采用可靠性较强的标准将共同性费用在各受益对象之间合理分配。首先，确定可供分配的共同性费用总额和分配标准，然后，按一定的方法将可供分配的共同性费用在各受益对象之间合理分配，这就是所谓的共同受益间接分配原理，是成本计算的主要原理之二。

在企业经营活动中发生的共同性费用中，有时有些共同性费用由于与受益对象的受益关系并不十分明显，而且金额也不大，如果将其按受益原理计入受益对象的成本，一是不易确定客观的分配方法，二是这种费用计入还是不计入受益对象的成本，对受益对象的成本升降水平影响不大。在会计中，只把那些与受益对象的受益关系较为明显并易确定，费用金额较大，计入还是不计入受益对象对其成本升降水平影响较大的、重要的共同性费用，才按受益计算关系计入受益对象的成本；把那些与受益对象的受益关系不十分明显、费用金额不大、不易确定可靠的分配方法、计入还是不计入受益对象对其成本升降水平影响不大的共同性费用，不计入相应受益对象的成本。这就是所谓的重要性原理，是成本计算的主要原理之三。

8.1.4　成本计算的基本要求

为了正确、及时地计算成本，有关会计人员应做到如下要求：

1）要严格执行国家相关法律法规中规定的成本开支范围和费用开支标准

成本开支范围是根据企业经营活动中所发生的费用的不同性质，依据成本的内容和加强成本核算的要求，由国家在相关法规（如企业成本管理条例、所得税实施条例等）中统一制定。成本开支范围规定了哪些费用允许列入成本，哪些费用不允许列入成本。成本开支范围的基本内容是：一切与营业活动有关的支出，都应计入企业的成本、费用。就制造业而言，所发生的直接材料、直接人工、制造费用、管理费用、财务费用和销售费用构成企业的成本费用范围。其中，直接材料、直接人工和制造费用构成产品的制造成本（亦称生产成本）；管理费用、财务费用和销售费用则由于和产品的受益关系不太明显，分配的标准不易确定，不计入产品的制造成本，全部作为该会计期间的费用，冲减当期收益。费用开支标准是指对某些费用支出的金额和比例所做的一些限制性的规定，如允许在税前列支的职工薪酬金额、坏账的提取比例和交际应酬费的提取比例等。企业应严格遵守成本开支范围和费用开支标准，在合法的前提下开展经营活动，这样既能保证成本、费用的真实性，内容的一致性，具有分析对比的可能性，又能正确地计算企业的损益，真实地反映企业的财务成果，提供真实、正确、有用的会计信息。

2）划清支出、费用和成本的界限

企业在经营活动中会发生各种各样的支出，应当合理划分收益性支出和资本性支出。所谓收益性支出，是指所带来的效益仅与一个会计年度（或一个营业周期）相关的支出。收益性支出都应计入该会计年度的费用。所谓资本性支出，是指能为几个会计年度（或几个营业周期）带来效益的支出。资本性支出应计入相关资产的成本中，并随着相关资产的消耗，合理分摊到相关的会计年度中，如购建固定资产的支出，应计入固定资产的成本，在固定资产的使用期间分摊到相关会计年度的成本、费用中。

应分清成本与费用的界限。费用是经营活动中发生的各种各样经济利益流出的总称，而成本则是指归集到受益计算对象上去的费用。如前所述，企业经营活动中发生的费用，并非全部计入成本，有一部分是作为期间费用，列作当期损益的。因此，为保证成本资料的真实性和相应会计信息的相关有用性，在成本计算时，要划清成本与费用的界限。

分清本期成本费用与下期成本费用的界限。凡应由本期相关资产负担的费用，应计入本期相关资产的成本；不应由本期相关资产负担的费用，则不能计入本期相关资产的成本。

分清不同资产的成本界限。属于某种资产受益的费用，应由该种资产负担，计入该种资产的成本；不能将由某种资产受益的费用，计入不相关资产的成本。

分清在产品成本与产成品成本的界限。制造企业对于应计入本期产品成本的费用，若应由在产品和产成品共同承担，就要采取适当的方法，将生产费用在产成品和在产品之间进行分配，分清哪些是在产品应承担的费用，哪些是产成品应承担的费用。

3）遵循权责发生制

企业在成本计算时，要遵循权责发生制。在成本计算时运用权责发生制，主要是在各会计期间合理划分跨期费用的问题，即正确处理预提费用和待摊费用。在成本计算时，对于已经发生的支出，如果收益期包括几个会计期间，应将待摊费用在各个收益期采用适当的方法合理分配，而不能将收益期包括几个会计期间的待摊费用计入一个会计期间。对于虽未支付但应由本会计期间承担的费用，应先行预提计入本会计期间的成本和费用中，等到支付时不再列为成本费用。企业在成本计算时，不能使用待摊和预提的方法而人为地调节某个会计期间的成本费用，该摊的不摊，该提的不提，或者不该摊的乱摊，不该提的乱提。

4）做好成本核算的各项基础工作

要正确、及时地计算成本，做好成本核算的各项基础工作是很重要的。如果基础工作做得不好，就会影响成本计算的正确性和及时性。成本核算的基础工作主要有：定额管理工作；建立和健全财产物资的计量、收发、领退制度；建立和健全各种原始记录以及收集整理制度；制定内部结算价格等。这些内容将在成本会计等相关课程中学习。

5）选择适当的成本计算方法

企业应结合自己的具体情况，选择适合本企业经营特点的成本计算方法进行成本计算。方法一经确定，在会计环境没有新的变化之前，一般不应经常变动。计算方法的选择，应同时考虑企业经营类型的特点和管理的要求两个方面。具体成本计算方法的选择，将在成本会计等相关课程中学习。

8.2 成本计算的一般程序

不同的成本需要用不同的方法计算，因此会计上形成了不同的成本计算方法。但不同的成本计算方法从成本计算的基本程序方面讲，大体上是相同的。它们一般都包括以下六个步骤：

8.2.1 收集、整理成本计算资料

成本计算资料的收集、整理是成本计算的前提。完整、正确地提供计算数据，是成本计算的基础。因此，企业对购进和领用的各种原材料、各项费用支出、工时动力等的消耗，产品的质量情况，在产品及半成品的内部转移，产成品的入库、出库等，都要根据各项活动的特点，分别取得或填制不同格式的原始凭证。它提供的是企业经营活动的第一手资料，是成本计算所需的原始记录。这些原始记录是否正

确，提供得是否及时，直接影响到成本计算的正确性和及时性。所以，成本计算的资料收集、整理工作非常重要，必须以完整、正确的原始记录作为成本计算的依据。成本计算资料一般包括资产的形成、耗费或转出价值方面的资料，待摊费用的形成和摊销方面的资料，预提费用的提取方面的资料等。

8.2.2　确定成本核算中心和成本计算对象

成本计算对象，就是承担和归集费用的对象，即费用的受益对象，它是费用归集和分摊的依据。为了便于成本控制，落实成本责任制，进行成本考核，从而降低成本费用，应按成本责任环节（或单位）来计算成本，即计算各成本责任环节的成本。因此，在具体的成本计算前，应先根据不同的成本责任环节设立不同的成本核算中心，再按每一个成本核算中心来确定成本计算对象，计算成本。只有在职责能够明确划分和鉴别的部门、车间、班组和个人那里设置成本核算中心，对成本发生情况的控制和管理才能发挥作用。

在确定了成本核算中心后，就应按成本核算中心来确定成本计算对象。各个企业单位的成本计算对象的规模和复杂程度是不相同的。对于制造业来讲，一个成本计算对象，可以包括若干种不同产品或不同的经济活动，也可以只包括一种产品或一种经济活动；可以是一个单独的产品或项目，也可以是一批相同的项目或一组相似的产品；可以是最终产品，也可以是加工到一定程度的半成品。确定成本计算对象的基本要求是所计算的成本必须是有用的会计信息。对主要的产品，应从细确定成本计算对象；对一般的产品，可以概略地确定成本计算对象。

总之，企业应根据自身的经营性质和规模，结合自身的具体情况，确定自己的成本核算中心和成本计算对象，以便正确、及时地归集和分配费用，计算成本，加强成本管理和控制，落实成本责任制，提高企业的经济效益和社会效益。

8.2.3　确定成本计算期

要及时取得成本方面的会计信息，就必须及时进行成本计算，这就要解决在什么时候计算成本和多长时间计算一次成本的问题。以制造业企业为例，产品生产完工之时，才是产品成本完全形成之日。因此，在产品生产完工之时计算产品生产成本，以产品生产周期作为成本计算期，是较为合理的。但是，由于有的产品生产周期过长，完全按产品生产周期来计算成本，将影响会计信息的使用者及时地取得相关的会计信息；有的产品生产周期很短，完全按产品生产周期来计算成本，将使成本计算很频繁，不恰当地加大会计核算成本。所以，成本计算期并不一定能和产品生产周期一致。如何确定成本计算期，取决于企业生产组织的特点和管理要求。如果企业采用单件、小批量的生产组织方式，可以把产品生产周期作为成本计算期；如果企业的生产特点是经常反复不断地大量生产同一种或几种产品，为了及时取得成本指标，加强成本计划管理，一般以一个月作为产品成本计算期。

8.2.4 确定成本项目

产品成本的计算，是生产费用形成和分配的计算。企业发生的各项费用，可以按不同的标准进行分类。生产费用按支出的经济内容来分，可分为反映活劳动耗费的费用（如职工薪酬等）、反映劳动对象耗费的费用（如外购原材料、燃料等）、反映劳动资料耗费的费用（如固定资产折旧费用等）和其他用货币资金支付的费用（如差旅费、水电费、办公费等）。生产费用按支出的经济内容的分类，在会计上称为费用要素，它表明了企业为进行生产支付了什么费用，数额是多少，可以用来分析企业各个时期生产费用的支出水平，但是这种分类不能与成本计算对象联系起来说明生产费用的用途。为了取得更多的会计信息，还要将生产费用按其用途分类。生产费用按用途的分类，在会计上称为成本项目，一般包括直接材料、直接人工和制造费用等。借助于成本项目，可以清楚地了解费用的经济用途和成本的经济构成，从而提供更多有用的会计信息，而且，通过对一定对象的成本项目的分析，可以初步查明成本升降的原因，挖掘降低成本的潜力。

8.2.5 正确地归集和分配各种费用

正确地归集和分配各种费用，是正确地进行成本计算的前提。它一方面要求根据真实的原始数据正确地归集和分配各种费用，另一方面要求在费用的归集和分配中遵循相关性会计要求，并且，在费用的归集和分配中要遵守国家的相关法律及规章制度。

为正确地归集和分配各种费用，就要遵循权责发生制，正确地确定费用的受益期限。如对产品生产来说，对应计入产品成本的费用，还应划分为应由本期产品成本负担的费用和应由其他各期产品成本负担的费用。这对于如实反映各期生产费用，正确计算各期产品成本是十分重要的。

在费用的归集、分配和成本计算中，应严格遵守相关法律法规规定的成本开支范围和费用开支标准，守法经营。不能随意扩大成本开支范围，提高费用开支标准。凡超过成本开支范围和费用开支标准的费用，经企业有关部门认可，可以计入企业相关经营活动的成本或作为某个会计期间的期间费用，但不得从企业的应纳税所得额中扣除，要视同利润纳税。

8.2.6 设置和登记明细分类账户、编制成本计算表

在成本计算过程中，为系统地归集、分配各种应计入各种成本计算对象的费用，应按成本计算对象和成本项目分别设置和登记费用、成本明细分类账户，然后根据这些账户资料，编制各种成本计算表，借以计算和确定各种成本计算对象的总成本和单位成本，全面、系统地反映各种成本指标的经济构成和形成情况。

8.3　企业经营过程中的成本计算

制造企业，一般都要经过供应、生产和销售三个阶段，都要计算采购阶段的存货采购成本、生产阶段的产品生产成本和销售阶段的主营业务成本。在存货采购成本的计算中，以原材料采购成本的计算最具代表性。关于企业经营过程中成本计算的详细方法，读者将在成本会计课程中学习，这里我们简要说明原材料采购成本、产品生产成本和产品销售成本（主营业务成本）的基本计算方法。

8.3.1　原材料采购成本的计算

计算原材料采购成本，首先应按材料的品种或类别作为成本计算对象，并在“材料采购”账户下按材料的品种或类别分别设置明细分类账户，用以归集和分配应计入原材料采购成本的各种费用，然后根据这些账户资料，编制各种原材料采购成本计算表，借以计算和确定各种原材料采购的总成本和单位成本。

1）原材料采购成本的构成

原材料的采购成本一般由买价和其他采购费用两个成本项目构成，即：

原材料采购成本=买价+其他采购费用

式中：买价是指供应单位开具的购货发票上标明的价格。

其他采购费用包括：

①运杂费，包括原材料采购过程中的运输费用、装卸费用、保险费用、包装费用、仓储费用等。

②运输途中的合理损耗。

③入库前的挑选整理费用，如在挑选整理中扣除回收下脚残料价值后的工费支出和必要的损耗等。

④购入原材料应负担的税费、外汇差价和其他费用。

2）材料采购成本的计算

原材料的买价，一般属于直接费用，应直接计入相应原材料的采购成本。

其他采购费用，凡是能直接分清受益对象的，应直接计入相应原材料的采购成本；凡是不能直接分清受益对象，且费用金额较大、不计入原材料的采购成本会导致原材料采购成本不实的其他采购费用，应在原材料的重量、买价、体积等分配标准中选择合适的分配标准，采用一定的方法，间接计入相应原材料的采购成本。但对于企业供应部门或原材料仓库所发生的经常性费用、采购人员的差旅费、采购机构经费以及市内小额的运杂费等，由于这些费用一般不易分清具体的受益对象，费用金额较小，对原材料采购成本升降水平的影响不大，因此按重要性要求，这些费用不计入原材料的采购成本，而是作为期间费用处理，列入管理费用。

各种原材料的采购成本，应当在设置的“材料采购”明细账中进行分类归集计算。现举例说明原材料采购成本的计算方法，具体如下：

宏源公司分两批购进甲、乙两种材料。第一批购进甲材料 2 000 千克，单价为 1.90 元/千克，乙材料 6 000 千克，单价为 1.00 元/千克，将甲、乙两种材料运回企业共支付运杂费 480 元（不考虑运费中涉及的增值税问题，下同）；第二批购进乙材料 3 000 千克，单价为 1.00 元/千克，将乙材料运回企业共支付运杂费 180 元。按审核后的会计凭证，整理原材料的采购情况，见表 8-1。

表 8-1 **原材料采购情况**

材料名称	重量（千克）	单价（元/千克）	买价（元）	运杂费（元）	
				直接	间接
甲材料	2 000	1.90	3 800		480
乙材料	6 000	1.00	6 000		
	3 000	1.00	3 000	180	

根据上述资料，材料的采购成本计算如下：

首先，将采购甲、乙两种材料所发生的直接费用，分别记入甲、乙两种材料的采购明细分类账中，见表 8-2、表 8-3。

表 8-2 **材料采购明细分类账（1）**

材料名称：甲材料 单位：元

2×17 年		凭证号	摘　要	借　方			贷方
月	日			买价	采购费用	合　计	
（略）	（略）	1	材料买价	3 800		3 800	
			本期发生额				

表 8-3 **材料采购明细分类账（2）**

材料名称：乙材料 单位：元

2×17 年		凭证号	摘　要	借　方			贷方
月	日			买价	采购费用	合　计	
（略）	（略）	2	材料买价	6 000		6 000	
		3	运杂费		180	180	
		6	材料买价	3 000		3 000	
			本期发生额				

其次，把甲、乙两种材料共同发生的运杂费 480 元按适当的方法，分配计入甲、乙两种材料的采购成本（假定按材料的采购重量比率分配）。

$$分配率=\frac{480}{2\ 000+6\ 000}=0.06\ （元/千克）$$

甲材料应承担的运费 = 2 000×0.06 = 120（元）

乙材料应承担的运费 = 6 000×0.06 = 360（元）

根据上述分配结果，分别将 120 元、360 元记入甲、乙材料的采购明细分类账中，见表 8-4、表 8-5。

表 8-4　　材料采购明细分类账（3）

材料名称：甲材料　　单位：元

2×17 年		凭证号	摘　要	借　方			贷方
月	日			买价	采购费用	合　计	
（略）	（略）	1	材料买价	3 800		3 800	
		4	运杂费		120	120	
		5	材料验收入库				3 920
			本期发生额	3 800	120	3 920	3 920

表 8-5　　材料采购明细分类账（4）

材料名称：乙材料　　单位：元

2×17 年		凭证号	摘　要	借　方			贷方
月	日			买价	采购费用	合　计	
（略）	（略）	2	材料买价	6 000		6 000	
		3	运杂费		180	180	
		6	材料买价	3 000		3 000	
		4	运杂费		360	360	
		7	材料验收入库				9 540
			本期发生额	9 000	540	9 540	9 540

接着，根据材料采购明细分类账所归集的费用资料，编制材料采购成本计算表，计算甲、乙材料的采购成本，见表 8-6。

表 8-6　　材料采购成本计算表　　金额单位：元

项目	甲材料（2 000 千克）		乙材料（9 000 千克）		成本合计
	总成本	单位成本	总成本	单位成本	
买价	3 800	1.90	9 000	1.00	12 800
其他采购费用	120	0.06	540	0.06	660
采购成本	3 920	1.96	9 540	1.06	13 460

8.3.2　产品制造成本的计算

计算产品制造成本，首先应确定成本计算期。产品成本计算，通常是定期按月进行的。对于单件小批量生产且生产周期较长的产品，也可把产品生产周期作为成本计算期。其次应按产品品种或批次确定成本计算对象，最后将生产过程中发生的应计入产品生产成本的生产费用分别分配计入各相应产品，计算其制造总成本和单位成本。

1）产品成本项目的确定

生产过程中发生的应计入产品生产成本的生产费用，在计入相应产品成本时，按生产费用的经济用途进行归集，计入相应的成本项目。产品成本计算的成本项目，一般由以下三项组成：

①直接材料，是指为产品生产而耗费的原材料、辅助材料、备品备件、外购半成品、燃料、动力、包装物、低值易耗品以及其他直接材料等。

②直接人工，是指直接从事产品生产的工人的工资、奖金、津贴和福利费等薪酬。

③制造费用，是指企业各生产单位为组织和管理生产所发生的各项费用，包括车间管理人员薪酬、固定资产折旧费、机物料耗费、办公费、差旅费、水电费、劳动保护费等。

其中，第①、②项与相应产品生产的关系较为密切，一般可以直接确定应计入产品制造成本的金额有多少，应直接计入产品制造成本。第③项一般为应由多种产品共同负担的共同性费用，不能直接计入产品的制造成本，应确定适当的分配标准和合理的分配方法，分配计入各种产品生产成本。

2）产品成本计算

应设置“生产成本”明细账，用以归集、分配生产过程中发生的应计入产品生产成本的生产费用，并据以登记生产成本明细账。生产成本明细账应按产品品种、批别或类别分别设置，应采用一定的成本计算方法计算、确定产品制造成本。

计算产品的制造成本，必须根据企业的生产类型（生产组织和工艺技术）和管理要求，采用如品种法、分批法、分步法等不同的成本计算方法。这些具体的成本计算方法，将在成本会计中讲述。

现举例说明产品制造成本的计算。下面是某企业产品生产过程中发生的相关生产费用，它们构成产品制造成本的内容，经整理有关会计凭证归纳如下：

（1）期初在产品资料（见表 8-7）

表 8-7 **期初在产品资料** 单位：元

产品名称	直接材料	直接人工	制造费用	合　计
A 产品	320	114	118	552
B 产品	1 600	684	676	2 960
合　计	1 920	798	794	3 512

（2）本月发生的各项生产费用（见表 8-8）

表 8-8　　本月各项生产费用　　单位：元

产品名称	直接材料	直接人工	制造费用
A 产品	2 000	798	2 550
B 产品	4 400	1 140	
合　计	6 400	1 938	2 550

（3）期末产品资料

A 产品 50 件已全部完工；B 产品 120 件，其中，完工产品 100 件，在产品 20 件。在产品成本按定额成本标准计算。B 在产品单位成本项目的定额成本为：直接材料 50 元、直接人工 8 元、制造费用 8.50 元。

根据上述资料，A、B 产品制造成本的计算方法如下：

①根据期初在产品成本资料，分别将各项内容登记在 A、B 产品生产成本明细账中的相应成本项目内，见表 8-9、表 8-10。

②根据本月发生的生产费用资料，将其中的直接材料、直接人工，分别登记在 A、B 产品生产成本明细账中的相应成本项目内，见表 8-9、表 8-10。

③将本月生产费用资料中的制造费用，采用一定的分配方法，分配计入 A、B 两种产品成本（假定按生产工人工资的比例分配）。

$$分配率=\frac{2\ 550}{798+1\ 140}=1.3158$$

A 产品应负担的制造费用 = 798×1.3158 = 1 050（元）

B 产品应负担的制造费用 = 1 140×1.3158 = 1 500（元）

将上述计算结果分别登记在 A 、B 产品生产成本明细账中的相应项目内，见表 8-9、表 8-10。

表 8-9　　生产成本明细分类账户（1）

产品名称：A 产品　　单位：元

2×17 年		凭证号	摘　要	借　方			
月	日			直接材料	直接人工	制造费用	合计
（略）	（略）	（略）	期初在产品成本	320	114	118	552
			材料费用	2 000			2 000
			生产工人薪酬		798		798
			分配制造费用			1 050	1 050
			本期发生额	2 000	798	1 050	3 848
			结转完工产品成本（50 件）	2 320	912	1 168	4 400

表 8-10　　　　　　　　　　**生产成本明细分类账户（2）**

产品名称：B 产品　　　　　　　　　　　　　　　　　　　　　　　　单位：元

2×17 年		凭证号	摘　要	借　方			
月	日			直接材料	直接人工	制造费用	合计
（略）	（略）	（略）	期初在产品成本	1 600	684	676	2 960
			材料费用	4 400			4 400
			生产工人薪酬		1 140		1 140
			分配制造费用			1 500	1 500
			本期发生额	4 400	1 140	1 500	7 040
			结转完工产品成本(100 件)	5 000	1 664	2 006	8 670
			期末在产品成本（20 件）	1 000	160	170	1 330

④根据 A、B 产品生产成本明细账中的各成本项目记录和在产品资料，即可计算 A、B 两种产品的总成本和单位成本，编制完工产品成本计算表，见表 8-11。

表 8-11　　　　　　　　　　**完工产品制造成本计算表**　　　　　　　　　　金额单位：元

成本项目	A 产品		B 产品	
	总成本（50 件）	单位成本（元/件）	总成本（100 件）	单位成本（元/件）
直接材料	2 320	46.40	5 000	50
直接人工	912	18.24	1 664	16.64
制造费用	1 168	23.36	2 006	20.06
合　计	4 400	88	8 670	86.70

上述 A、B 完工产品的制造成本根据如下计算公式求得：

完工产品制造成本＝月初在产品成本+本月发生的生产费用－月末在产品成本

A、B 两种产品制造成本计算如下：

A 产品：由于 A 产品全部完工，没有在产品，于是其总成本就是月初在产品成本与本月发生的生产费用之和，按成本项目计算如下：

A 产品成本：

直接材料＝320+2 000＝2 320（元）

直接人工＝114+798＝912（元）

制造费用＝118+1 050＝1 168（元）

合　　计　　　　　　4 400（元）

B 产品：由于 120 件 B 产品尚有 20 件未完工，这样应将月初在产品成本与本期发生的生产费用的合计数，按一定的方法在完工产品和在产品之间进行分配。按本例所给的条件，B 在产品按定额成本计算，其计算方法和结果如下：

B 在产品成本：

直接材料 = 20×50 = 1 000（元）

直接人工 = 20×8 = 160（元）

制造费用 = 20×8.5 = 170（元）

合　　计　　　　1 330（元）

B 产成品成本：

直接材料 = 1 600+4 400−1 000 = 5 000（元）

直接人工 = 684+1 140−160 = 1 664（元）

制造费用 = 676+1 500−170 = 2 006（元）

合　　计　　　　8 670（元）

3）主营业务成本的计算

主营业务成本指已售产品的制造成本。根据已售产品的数量乘以产成品平均单位成本计算求得。平均单位成本的确定，可采用“加权平均法”、“移动加权平均法”、“先进先出法”和“个别计价法”等计价方法。

现仍举例说明主营业务成本的计算方法：

根据对某企业销售业务的整理，相关资料如下：

本月已售出 A 产品 50 件、B 产品 50 件。A、B 两种产成品的成本资料见表 8-12、表 8-13。

表 8-12　　库存商品明细账（1）　　金额单位：元

产品名称：A 产品　　计量单位：件

2×17 年		摘　要	收　入			发　出			结　存		
月	日		数量	单价	金额	数量	单价	金额	数量	单价	金额
×	1	期初余额							30	120	3 600
		本月完工入库	50	88	4 400						
		本月销售				50	100	5 000			
	30	期末余额							30	100	3 000

表 8-13　　库存商品明细账（2）　　金额单位：元

产品名称：B 产品　　计量单位：件

2×17 年		摘　要	收　入			发　出			结　存		
月	日		数量	单价	金额	数量	单价	金额	数量	单价	金额
×	1	期初余额							30	101	3 030
		本月完工入库	100	86.70	8 670						
		本月销售				50	90	4 500			
	30	期末余额							80	90	7 200

根据库存商品明细账，采用加权平均法，A、B 产成品的平均单位成本计算

如下：

$$A\text{产成品平均单位成本}=\frac{3\ 600+4\ 400}{30+50}=100\ (\text{元})$$

$$B\text{产成品平均单位成本}=\frac{3\ 030+8\ 670}{30+100}=90\ (\text{元})$$

根据上述A、B产成品的平均单位成本和已售A、B两种产成品的数量，即可求得已售A、B产品的主营业务成本：

A产品主营业务成本＝100×50＝5 000（元/件）

B产品主营业务成本＝90×50＝4 500（元/件）

练习题

□ 名词解释

成本　成本计算　费用　成本项目

□ 复习思考题

1. 费用与成本之间的关系如何？
2. 成本计算的基本要求是什么？
3. 成本计算的一般程序是什么？
4. 原材料采购成本由哪些具体内容构成？如何计算？
5. 产品制造成本由哪些具体内容构成？如何计算？

第9章　财产清查

◆ 学习导航

完整、准确地反映企业的财产物资、货币资金和债权债务的真实情况，随时保证账实相符是会计核算的基本原则，也是经济管理对会计核算所提出的客观要求。而账实是否相符又必须通过财产清查这种会计核算的专门方法来确认。本章阐述的内容有财产清查的意义和种类、财产清查的盘存制度、不同财产的清查方法及财产清查结果的账务处理方法等。应重点掌握不同财产的清查方法及财产清查结果的账务处理方法。

9.1　财产清查概述

9.1.1　财产清查的意义

1）财产清查的概念

财产清查是通过对单位的货币资金、实物资产和往来款项的盘点或核对，确定其实存数，查明账存数与实存数是否相符的一种专门方法。各单位应当建立财产清查制度，保证账簿记录与实物、款项相符。

2）财产清查的必要性

单位发生经济业务之后，要相应地填制和审核会计凭证，并登记相关的账簿，通过账簿记录能反映各项财产物资的增减变动及结存情况。为了保证账簿记录的正确性，应加强会计凭证的日常审核，定期地核对账簿记录，做到账证相符、账账相符。但是仅仅账簿记录正确还不能说明账簿记录内容的真实可靠，因为一些主观或客观的原因会使账簿记录的结存数与各项财产的实存数不一致，发生差异，即通常所说的账实不符。造成账实不符的原因主要有以下几个方面：

①财产物资在保管过程中发生的自然损溢。

②财产收发过程中由于计量或检验不准，造成多收多付或少收少付的差错。

③由于管理不善或工作人员失职而造成财产物资的毁损、变质或短缺。

④由于不法分子营私舞弊、贪污盗窃等造成的财产物资的损失。

⑤自然灾害造成的非常损失。

⑥在结算过程中，由于未达账项的存在而造成的账实不符等。

为了保证会计账簿记录的真实和准确，进一步建立健全财产物资的管理制度，确保企业财产的安全完整，就必须运用财产清查这一行之有效的会计核算方法，对各项财产进行定期或不定期的清查，对账存数与实存数不相符的差异，要调整账簿记录，并查明原因和责任，按有关规定做出处理，从而做到账实相符。

9.1.2 财产清查的种类

企业财产清查的对象和范围往往是不同的，在时间上也有区别，因此，可以按不同的标志对财产清查进行分类。财产清查的主要分类方法有以下几种：

1）按照清查的范围，财产清查可分为全面清查和局部清查

（1）全面清查

全面清查是指对单位所有财产进行盘点与核对。由于全面清查的范围广，时间长，参加的部门和人员也多，一般在下列情况下才需要进行全面清查：①年终决算前；②单位撤销、合并或改变隶属关系前；③清产核资前；④单位主要领导人调离前。

（2）局部清查

局部清查是指根据需要对部分财产物资进行盘点与核对。由于全面清查的工作量较大，不能经常进行，所以平时可以根据管理的需要进行局部清查。局部清查的范围小，专业性也比较强，清查的主要对象一般是流动性较大而又易于损坏的物资，包括：①现金应每日清点一次；②银行存款每月至少同银行核对一次；③各项存货应有计划、有重点地抽查，贵重物品每月清查盘点一次；④债权债务每年至少核对一次。

2）按照清查的时间，财产清查可分为定期清查和不定期清查

（1）定期清查

定期清查是指根据管理制度的规定或预先计划安排的时间对财产物资进行的清查。定期清查一般在年度、半年度、季度或月度结账时进行，它可以是全面清查，也可以是局部清查。

（2）不定期清查

不定期清查是指根据实际情况进行的随机的、临时性的清查。不定期清查事先不规定具体时间，如果工作需要，可随时进行，例如，发生自然灾害或意外损失时，保管人员调动更换时，财政、税收、审计等部门进行突击会计检查时等等。

3）按照清查的执行单位，财产清查可分为内部清查和外部清查

（1）内部清查

内部清查是由企业自行组织清查工作小组所进行的财产清查。

（2）外部清查

外部清查是指由企业以外的有关部门或人员根据国家法律或制度的规定对企业所进行的财产清查。

9.1.3　财产清查前的准备工作

1）组织上的准备

为了保证财产清查工作的顺利进行，保证其工作质量，在进行财产清查时应成立专门的财产清查领导小组，即在主管厂长或总会计师的领导下，成立由财会部门牵头，有设备、技术、生产、行政及其他各有关部门参加的财产清查领导小组，具体负责财产清查的领导和组织工作。

2）业务上的准备

为了使财产清查工作顺利进行，清查之前必须做到以下几点：

①财产清查小组的工作人员应制订好清查计划，准备好计量器具和各项登记表格等。

②会计人员要做好账簿登记工作，做到账证相符、账账相符，为财产清查提供准确可靠的账存数。

③财产物资保管部门要做好财产物资的入账工作，整理、排列好各项财产物资，挂上标签，标明品种、规格，以便进行实物盘点。

做好了上述准备工作之后，即可进行具体的财产清查。

9.2　财产清查的内容与方法

9.2.1　货币资金的清查

货币资金的清查包括对现金的清查、对银行存款的清查和对其他货币资金的清查。

1）现金的清查

现金清查的基本方法是实地盘点法。它是通过对库存现金的盘点实有数与库存现金日记账的余额进行核对的方法，来查明账实是否相符。

具体可分为以下两种情况：

（1）在日常的工作中，现金出纳员每日清点库存现金实有数额，并及时与库存现金日记账的余额相核对。这种清查方法实际上是现金出纳员的分内职责。

（2）在由专门清查人员进行的清查工作中，为了明确经济责任，清查时出纳人员必须在场。清查时，除查明账实是否相符外，还要查明是否违反现金管理制度规定，如有无以“白条”抵充现金、坐支现金等现象以及库存现金是否超过银行核定的限额等。

现金盘点结束后，应根据盘点的结果，填制“库存现金盘点报告表”，并由盘点人员和出纳员共同签章方能生效。此表具有双重性质，它既是盘存单，又是实存账存对比表；既是反映现金实存数用以调整账簿记录的原始凭证，也是分析账实发生差异原因、明确经济责任的依据。“库存现金盘点报告表”的格式见表 9-1。

表 9-1 库存现金盘点报告表

单位名称： 年 月 日

实存金额	账存金额	实存与账存对比		备 注
		盘盈（长款）	盘亏（短款）	

盘点人： 出纳员：

2）银行存款的清查

银行存款清查基本采用的是将银行存款日记账与开户银行的银行对账单相核对的方法。核对前，先详细检查本单位银行存款日记账的正确性和完整性，然后将其与开户银行的银行对账单逐笔核对。如果发现二者余额相符，则说明无错误；如果发现二者不相符，则可能是企业或银行某一方或双方记账过程中有错误或者存在未达账项。

所谓未达账项是指在企业和银行之间，由于凭证的传递时间不同，而导致记账时间不一致，即一方已接到有关结算凭证并已经登记入账，而另一方由于尚未接到有关结算凭证尚未入账的款项。未达账项总体说来有两大类型：一是企业已经入账而银行尚未入账的款项；二是银行已经入账而企业尚未入账的款项。具体有以下四种情况：

①企业已收款记账，银行未收款未记账的款项。

②企业已付款记账，银行未付款未记账的款项。

③银行已收款记账，企业未收款未记账的款项。

④银行已付款记账，企业未付款未记账的款项。

上述任何一种未达账项的存在，都会使企业银行存款日记账的余额与银行开出的银行对账单的余额不符。这就要求在清查过程中查找出双方未达账项的金额，并据以编制“银行存款余额调节表”，清除未达账项影响，检验双方结余数额是否相符。如果调节后双方余额相符，就说明企业和银行双方记账基本正确，而且这个调节后的余额表示企业当时实际可动用的银行存款的限额。如果调节后余额不符，说明双方记账过程中可能存在错误，需进一步核对账目，查找原因，并加以更正。

“银行存款余额调节表”的编制，是以双方账面余额为基础，各自分别加、减对方已入账而自方尚未入账的数额。现举例说明银行存款清查的方法和“银行存款余额调节表”的编制方法。

【例 9-1】华信公司 2×18 年 1 月份银行存款日记账（见表 9-2）和银行转来

的对账单分别见表 9-3、表 9-4。

表 9-2　**银行存款日记账**

存款种类：基本存款户　　单位：元

2×18 年		凭证号	摘　　要	结算方式	票号	借	贷	核对号	余　额
月	日								
1	1		上年结转						100 000
	3		提　　现	现支			3 000	√	97 000
	4		收回货款	托收		10 000		√	107 000
	16		办公用品	转支			2 000	√	105 000
	26		收回货款	电汇		11 700		√	116 700
	30		购甲材料	转支			35 100		81 600
	31		收回货款	转支		20 000			101 600

表 9-3　**银行对账单**

账号：0135478　　单位名称：华信公司　　单位：元

2×18 年		摘　　要	收　入	付　出	核对号	结　余
月	日					
1	1	上年结转				100 000
	3	现　　支		3 000	√	97 000
	4	托　　收	10 000		√	107 000
	17	转　　支		2 000	√	105 000
	25	电　　汇	11 700		√	116 700
	30	托　　收	15 000			131 700
	31	委　　收		1 600		130 100

该公司银行存款日记账期末余额为 101 600 元，银行对账单余额为 130 100 元。经逐笔核对，查明有以下未达账项：

①1 月 30 日公司开出支票购买原材料 35 100 元，公司根据支票存根和有关发票等原始凭证已记账，但收款人尚未到银行办理转账。

②1 月 30 日公司的开户银行代公司收进一笔托收的货款 15 000 元，银行已记账，但尚未通知公司。

③1 月 31 日开户银行代公司支付当月的水电费 1 600 元，银行已记账，但付款通知单尚未送达公司，因而公司未记账。

④1 月 31 日公司收到客户交来的购货支票，金额 20 000 元，当即存入银行，公司根据进账单等已记账，但因跨行结算，所以银行未记账。

根据上述资料，编制 1 月 31 日的银行存款余额调节表，见表 9-4。

表 9-4 **银行存款余额调节表**

2×18 年 1 月 31 日 单位：元

项　　目	金额	项　　目	金额
银行对账单余额	130 100	公司银行存款日记账余额	101 600
加：企业已收款记账，银行未收款未记账	20 000	加：银行已收款记账，企业未收款未记账	15 000
减：企业已付款记账，银行未付款未记账	35 100	减：银行已付款记账，企业未付款未记账	1 600
调节后的余额	115 000	调节后的余额	115 000

从表 9-4 可以看出，在双方记账都不存在错误的前提下，调整后的存款余额应该相等，该数额就是公司银行存款的实有数额。

值得注意的是，由于未达账项不是错账、漏账，银行存款余额调节表也不是原始凭证，该表只起对账的作用，因此，不能根据银行存款余额调节表做任何账务处理，双方账面仍保持原有的余额；对于未达账项应该在实际收到有关原始凭证之后（即由未达账项变成已达账项）再进行相关的账务处理。

上述银行存款的清查方法也适用于其他货币资金的清查。

9.2.2 实物财产的清查

实物财产的清查主要是指对存货（原材料、半成品、在产品、库存商品、低值易耗品、包装物）和固定资产的清查。

1）实物财产的清查方法

实物财产的清查应从品种、规格、型号、数量 、质量等方面进行。由于财产物资的形态、体积、重量、存放方式等不同，因此需采用不同的清查方法。常用的实物财产的清查方法包括以下几种：

（1）实地盘点法

实地盘点法是指通过点数、过磅、量尺等方法来确定实物财产的实有数额。这种方法一般适用于机器设备、包装好的原材料、库存商品等的清查。

（2）技术推算法

技术推算法是指利用技术方法对财产的实存数进行推算的一种方法。这种方法一般适用于散装的或大量成堆的化肥、饲料等物资的清查。

（3）函证核对法

函证核对法是指对于委托外单位加工或保管的物资，可以采用向对方发函调查，并与本单位的账存数相核对的方法。

（4）抽样盘存法

抽样盘存法是指采用抽取一定数量样品的方式对实物资产的实有数进行估算确定的一种方法。这种方法一般适用于数量多，重量和体积比较均衡的实物财产的调查。

2）财产清查的步骤

财产清查应按下列步骤进行：

①对各项实物财产的盘点结果，应如实地登记在“盘存单”上，并由盘点人员和实物保管人员同时签章生效。“盘存单”是实物财产盘点结果的书面证明，也是反映实物财产实有数额的原始凭证。“盘存单”的一般格式见表 9-5。

表 9-5　**盘　存　单**

单位名称：　　盘点时间：　　财产类别：　　存放地点：

序号	名称	规格型号	计量单位	数量	单价	金额	备注

盘点人签章：×××　　保管人签章：×××

②盘点完毕，将“盘存单”中所记录的实存数与账面结存数相核对，如发现实物盘点结果与账面结存结果不相符，应根据“盘存单”和有关账簿记录，填制“实存账存对比表”，以确定实物财产的盘盈或盘亏数。“实存账存对比表”是分析盈亏原因、明确经济责任的重要依据，也是调整账面记录的原始凭证。“实存账存对比表”的格式见表 9-6。

表 9-6　**实存账存对比表**

单位名称：　　年　月　日

类别及名称	计量单位	单价	实存		账存		差异				备注
							盘盈		盘亏		
			数量	金额	数量	金额	数量	金额	数量	金额	

9.2.3　往来款项的清查

对各种应收应付款的清查，应采取“询证核对法”，即同对方核对账目的方法。清查单位应在其各种往来款项记录准确的基础上，编制“往来款项对账单”，寄发或派人送交对方单位，与债务人或债权人进行核对。“往来款项对账单”的格式和内容如下：

往来款项对账单

______________单位：你单位 20××年×月×日购入我单位×产品××台，已付货款×××元，尚有×××元货款未付，请核对后将回单联寄回。

核查单位：（盖章）

20××年×月×日

沿此虚线裁开，将以下回单联寄回！

往来款项对账单（回单联）

______________单位：你单位寄来的“往来款项对账单”已经收到，经核对相符无误（或不符，应注明具体内容）。

××单位：（盖章）
20××年×月×日

发出单位收到对方的回单后，根据清查结果编制“往来款项清查报告单”，对错误的账目应及时查明原因，并按规定的手续和方法加以更正。“往来款项清查报告单”的格式和内容见表9-7。

表9-7 **往来款项清查报告单**

单位名称： 年 月 日

明细分类账户		清查结果		不符的原因分析				
单位名称	金额	相符	不符	未达账项	拖付款项	争执款项	无法收回	其他

记账员签章： 清查人员签章：

9.3 存货的盘存制度

对于实物财产的清查，特别是存货的清查，应明确存货的账面结存数和实际结存数，通过对账存数和实存数的比较，确定账实是否相符。

确定存货账面结存数的制度一般有两种：永续盘存制和实地盘存制。无论是永续盘存制还是实地盘存制都要确定存货的数量和金额。确定存货的数量采用的方法不同，是这两种制度的区别之所在。至于确定存货的金额，则与选择的计价方法有关。

1）永续盘存制

永续盘存制又称账面盘存制，是通过设置存货明细账，逐笔或逐日地登记收入数和发出数，并随时计算出结存数的一种方法。采用永续盘存制时，对存货需要进行实地盘点，至少每年实地盘点一次，以验证账实是否相符。

在永续盘存制下，存货的明细分类账能随时反映存货的结存数量和销售数量，其计算公式如下：

期末结存存货数量=期初结存存货数量+本期收入存货数量-本期发出存货数量

存货成本的计算公式如下：

期末结存存货成本=期初结存存货成本+本期收入存货成本-本期发出存货成本

上式中的“期初结存存货成本”和“本期收入存货成本”是根据有关存货明细账的记录确定的。“本期发出存货成本”则根据发出存货的数量和存货单位成本加以确定的。其中发出存货的单位成本的确定方法包括先进先出法、加权平均法、个别计价法等。这些方法各有优缺点，企业可根据实际情况选择适用的一种。现以月末一次加权平均法为例，说明在永续盘存制下本月发出存货成本、期末结存存货成本的计算过程。

在月末一次加权平均法下，本月销售或耗用的存货，平时只登记数量，不计算单价和金额，月末按一次计算的加权平均单价，计算期末存货成本和本期销售或耗用成本的方法。加权平均单价的计算公式为：

$$加权平均单价=\frac{期初存货成本+本期入库存货成本}{期初存货数量+本期入库存货数量}$$

【例 9-2】华信公司 2×18 年 1 月份甲材料的购、销、存情况如下：

①1 月 1 日	上年结转	310 件	单价 20 元/件
②1 月 8 日	领用	200 件	
③1 月 10 日	购进	100 件	单价 22 元/件
④1 月 15 日	领用	120 件	
⑤1 月 20 日	购进	90 件	单价 25 元/件
⑥1 月 25 日	领用	50 件	

公司的原材料明细账见表 9-8。

表 9-8　**原材料明细账**

金额单位：元

材料名称：甲材料　计量单位：件

2×18 年		摘要	收入			发出			结存		
月	日		数量	单价	金额	数量	单价	金额	数量	单价	金额
1	1	上年结转							310	20	6 200
	8	领用				200			110		
	10	购进	100	22	2 200				210		
	15	领用				120			90		
	20	购进	90	25	2 250				180		
	25	领用				50			130	21. 3	2 769
	31	月计	190		4 450	370	21. 3	7 881			

$$加权平均单位成本=\frac{6\ 200+4\ 450}{310+190}=21.30（元/件）$$

本月发出存货成本＝21. 3×370＝7 881（元）

期末结存存货成本＝6 200+4 450－7 881＝2 769（元）

采用永续盘存制，有利于加强对存货的管理。通过存货明细账，可以随时反映存货的收入、发出和结存情况，对其进行数量和金额双重控制；并可以通过实地盘点，将存货的账存数与实存数进行对比，查明账实是否相符，如果不符，查明原因，及时纠正。另外，还可以将存货明细账上的结存数与存货的最高和最低限额进行比较，查明存货是否积压或不足，以便采取措施，使存货数量合理，有利于加速资金周转。其缺点是，存货明细分类核算工作量较大。尽管如此，它与实地盘存制相比，在保护存货安全完整等方面具有明显的优越性。所以，除特殊情况外，企业一般都应采用永续盘存制。

2）实地盘存制

实地盘存制又称以存计耗制或以存计销制，是指在会计核算过程中，对于各种存货，平时只登记收入数，不登记发出数，会计期末通过实地盘点确定实际盘存数，倒挤出本期发出存货数量的一种方法。实地盘存制下有关的计算公式为：

本期发出存货数量=期初结存存货数量+本期收入存货数量-期末结存存货数量

本期发出存货成本=期初结存存货成本+本期收入存货成本-期末结存存货成本

现以加权平均法为例，说明在实地盘存制下本月发出存货成本、期末结存存货成本的计算过程。

【例 9-3】华信公司 2×18 年 1 月份乙材料的采购情况如下：

①1 月 1 日	上年结转	310 件	单价 20 元/件
②1 月 10 日	购进	100 件	单价 22 元/件
③1 月 20 日	购进	90 件	单价 25 元/件

乙材料期末实地盘点结存 110 件。

$$加权平均单位成本=\frac{6\ 200+4\ 450}{310+190}=21.30\ （元/件）$$

期末结存存货数量=110 件

期末结存存货成本=21.30×110=2 343（元）

本月发出存货成本=6 200+4 450-2 343=8 307（元）

采用实地盘存制，由于平时不反映存货的已销或已耗数量，无须逐日轧计结存数，所以核算工作比较简单。其缺点是，手续不严密，无法根据账面记录随时了解存货的发出和结存情况，由于是以存计耗或以存计销倒算发出存货成本，必然将非生产非销售耗用的短缺或因贪污盗窃造成的损失混进耗用或销售成本之中，从而削弱了对存货的控制和监督，影响成本计算的准确性。因此，这种方法一般只适用于那些价值低、品种杂、交易频繁的存货和一些损耗大、数量不稳定的鲜活存货。

9.4 财产清查结果的账务处理

9.4.1 财产清查结果处理的内容

通过财产清查而发现的账实不符，要以国家的法规、政策、制度为依据，严肃认真地加以处理。财产清查结果的处理主要包括以下三个方面：

1）核准数字（包括金额和数量），查明原因

根据清查情况，客观地分析账实不符的原因，明确经济责任，针对不同原因所造成的盈亏据实提出处理意见，呈报有关领导和部门批准。对于债权债务在核对过程中出现的争议问题及时组织清理，对超储积压物资应同时提出处理方案。

2）调整账簿记录，做到账实相符

在核准数字并查明原因的基础上，就可以根据“实存账存对比表”等原始凭证编制记账凭证，并据以登记有关账簿，使各项财产物资、货币资金、债权债务做到账实相符。

调整账簿记录的原则是：以“实存”为准，盘盈时，补充财产物资账面记录；盘亏时，冲销财产物资账面记录。

3）报请批准，进行批准后的账务处理

当有关部门领导对所呈报的财产清查结果提出处理意见后，企业单位应严格按照批复意见编制有关的记账凭证，进行批准后的账务处理，登记有关账簿，并追回由于责任者个人原因造成的财产损失。

9.4.2　财产清查结果的账务处理

1）应设置的账户

为了反映和监督企业单位在财产清查过程中查明的各种财产物资的盈亏、毁损及其处理情况，应设置“待处理财产损溢”账户，该账户下设两个明细账户，即“待处理非流动资产损溢”和“待处理流动资产损溢”。“待处理财产损溢”账户属于双重性质的账户，借方登记各项财产发生的盘亏数和经过批准后盘盈的转销数；贷方登记各项财产发生的盘盈数和经过批准后盘亏的转销数；期末没有余额。“待处理财产损溢”账户的结构见表 9-9。

表 9-9

借方　　待处理财产损溢	贷方
（1）清查时发现的盘亏数 （2）经批准后盘盈的转销数	（1）清查时发现的盘盈数 （2）经批准后盘亏的转销数

对于“待处理财产损溢”这个过渡性账户，需要注意三点：

①实物财产和货币资金清查出现盘盈或盘亏时用到该账户，而债权债务的盈亏余缺不在该账户中核算，实物财产中固定资产盘盈的，应作为前期差错，记入“以前年度损益调整”科目。

②该账户的具体运用要分批准前和批准后两个步骤。

③“待处理财产损溢”账户期末应无余额。盘盈或盘亏的实物资产如果在会计期末尚未经批准的，应在对外提供财务报告时先按有关规定进行处理，并在财务报表附注中做出说明，如果其后批准处理的金额与已处理的金额不一致，应按其差额调整财务报表相关项目的年初数。

2）具体的处理方法

财产清查的对象不同，所采取的处理方法也不同。

(1) 现金清查结果的处理

现金清查过程中发现的长款（盘盈）或短款（盘亏），应根据“库存现金盘点报告表”以及有关的批准文件进行批准前和批准后的账务处理。现金长短款通过“待处理财产损溢——待处理流动资产损溢”账户进行核算。

现金长短款在批准前的处理是：以实际存在的库存现金为准，当发现现金长款时，增加库存现金账户的记录，以保证账实相符，同时记入“待处理财产损溢——待处理流动资产损溢”账户，等待批准处理；当发现现金短款时，应冲减库存现金账户的记录，以保证账实相符，同时记入“待处理财产损溢——待处理流动资产损溢”账户，等待批准处理。

现金长短款在批准后应视其不同原因而采取不同的方法进行处理。一般来说，对于无法查明原因的现金长款，其批准后的处理是记入“营业外收入”账户，对于应付其他单位或个人的长款，应记入“其他应付款”账户。对于现金短款，如果是应由责任人赔偿或应由保险公司赔偿的，应记入“其他应收款”账户；如果是由于经营管理不善造成或无法查明原因的，应记入“管理费用”账户。下面举例说明现金长短款批准前后的账务处理。

【例 9-4】华信公司在财产清查中发现现金短款 120 元，经查属于出纳员张华的责任，进行批准前和批准后的账务处理。

批准前：

借：待处理财产损溢——待处理流动资产损溢　　120

　贷：库存现金　　120

批准后：

借：其他应收款——张华　　120

　贷：待处理财产损溢——待处理流动资产损溢　　120

【例 9-5】华信公司在财产清查时发现现金长款 280 元，无法查明原因，进行批准前和批准后的账务处理。

批准前：

借：库存现金　　280

　贷：待处理财产损溢——待处理流动资产损溢　　280

批准后：

借：待处理财产损溢——待处理流动资产损溢　　280

　贷：营业外收入　　280

(2) 存货清查结果的处理

企业在财产清查过程中发现存货盘盈、盘亏，应根据“实存账存对比表”以及有关的批准文件进行批准前和批准后的账务处理。存货盘盈、盘亏通过“待处理财产损溢——待处理流动资产损溢”账户进行核算。

批准前的会计处理是：对于盘盈的存货，一方面增加有关存货的账户金额，另一方面记入“待处理财产损溢——待处理流动资产损溢”账户的贷方；对于盘亏的存货，一方面记入“待处理财产损溢——待处理流动资产损溢”账户的借方，另一方面冲减有关的存货账户金额。

报经有关部门批准后的会计处理是：对于自然损耗而产生的定额内合理损耗记入“管理费用”账户；对于入库的残料价值记入“原材料”等账户；对于应由保险公司和过失人负责赔偿的记入“其他应收款”账户；扣除残料价值和应由保险公司、过失人赔偿后的净损失，属于一般经营损失的部分记入“管理费用”账户；属于自然灾害等非正常损失的部分记入“营业外支出”账户。对于盘盈的流动流产（一般由于收发计量不准或自然升溢等原因造成），经批准后冲减管理费用。

企业非正常损失的购进货物和非正常损失的在产品、产成品所耗用的购进货物的进项税额不准予从销项税额中抵扣。对于盘亏的存货，如果属于非正常损失原因，应将其进项税作“应交税费——应交增值税（进项税额转出）”处理。

【例 9-6】华信公司在财产清查中发现盘盈甲材料 1 200 千克，单价为 5 元/千克。

批准前：

借：原材料	6 000	
贷：待处理财产损溢——待处理流动资产损溢		6 000

经查明是由于计量仪器不准而形成的溢余，经批准冲减管理费用。

批准后：

借：待处理财产损溢——待处理流动资产损溢	6 000	
贷：管理费用		6 000

【例 9-7】华信公司在财产清查中发现盘亏乙材料 1 600 千克，单价为 2 元/千克。增值税税率为 17%。

批准前：

借：待处理财产损溢——待处理流动资产损溢	3 200	
贷：原材料		3 200

经查明，盘亏乙材料属于定额内合理的损耗。

批准后：

借：管理费用	3 200	
贷：待处理财产损溢——待处理流动资产损溢		3 200

假设经查明，盘亏乙材料是由于火灾造成的，保险公司负责赔偿 2 000 元，其余损失由企业负担。

批准后：

借：其他应收款——××保险公司	2 000	
营业外支出	1 744	
贷：待处理财产损溢——待处理流动资产损溢		3 200
应交税费——应交增值税（进项税额转出）		544

（3）固定资产清查结果的处理

企业在财产清查过程中，发现盘盈固定资产，作为前期差错，记入“以前年度损益调整”账户。发现盘亏固定资产，通过“待处理财产损溢”账户进行核算。对于盘盈的固定资产的处理，在财务会计中学习。对于盘亏的固定资产，在批准前应按其账面净值借记“待处理财产损溢——待处理非流动资产损溢”账户，按其账面已提折旧借记“累计折旧”账户，按其账面原始价值贷记“固定资产”账户，经过批准后再将其净值记入“营业外支出”账户。

【例 9-8】华信公司在财产清查过程中发现盘亏机器一台，账面原值 80 000 元，已提折旧 65 000 元。在批准前，根据“实存账存对比表”所确定的机器盘亏数字，编制如下会计分录：

批准前：

借：待处理财产损溢——待处理非流动资产损溢　　15 000
　　累计折旧　　65 000
　贷：固定资产　　80 000

将上述盘亏结果上报，经审核批准，可将净损失转作营业外支出。

批准后：

借：营业外支出　　15 000
　贷：待处理财产损溢——待处理非流动资产损溢　　15 000

（4）应收、应付款项清查结果的会计处理

企业在财产清查过程中，发现确实无法收回的应收款项和无法支付的应付款项，不通过“待处理财产损溢 ”账户进行核算，而是在原来的账面记录基础上，报经批准后，直接转账冲销。对于无法收回的应收款项，在提取坏账准备的企业，冲减坏账准备金；对于无法支付的应付款项，经批准后，转作营业外收入。

【例 9-9】华信公司应收某单位货款 20 000 元，经查确属无法收回的款项，经批准转作坏账损失。企业采用备抵法核算时，其会计处理如下：

借：坏账准备　　20 000
　贷：应收账款　　20 000

【例 9-10】华信公司在财产清查中发现一笔长期无法支付的应付账款 17 000 元，经查实对方单位已解散，经批准做销账处理。编制会计分录如下：

借：应付账款　　17 000
　贷：营业外收入　　17 000

练习题

□ 名词解释

财产清查　未达账项　银行对账单　永续盘存制　实地盘存制

□ 复习思考题

1. 财产清查有哪些种类？
2. 进行正式清查前，应做好哪些准备工作？
3. 如何进行现金清查？
4. 如何进行银行存款清查？
5. 如何进行实物财产清查？

第 10 章　账户分类

◆ **学习导航**

在第 3 章的学习中，我们已经知道，账户是具有一定格式，用来序时、连续、系统地记录经济业务，反映会计要素的增减变动及其结果的一种工具，是会计科目在会计账簿中的运用。运用会计账户是进行会计核算和监督的必要保证之一，在前面的学习中，我们主要是通过个别经济业务核算来掌握账户的相关内容的，侧重于账户特性的运用。在掌握前面几章各种账户特性的基础上，通过本章的学习，应掌握各种账户的共性，探讨各账户之间的内在联系，理解各个账户在整个账户体系中的地位和作用，以及各类账户在提供会计信息方面的规律性，以达到正确设置和运用账户的目的。本章应重点掌握账户按经济内容的分类。

10.1　账户分类的意义

10.1.1　账户分类的目的

为了满足会计信息使用者的信息需求，需要运用会计科目在账簿中开设一系列的账户。每一个账户都有其特定的核算内容，只能运用于特定的经济业务核算，只能对某项经济业务中某一方面的会计数据进行分类记录，只能从某一个侧面来反映会计要素的变化及其结果。一个账户一般不能用其他账户来替代，它有独特的经济性质、用途和结构。正因为这样，每个账户才有区别于其他账户的特征。但我们知道，就某一个会计要素而言，它不是孤立存在的，它与其对应账户或其他五个会计要素中的对应账户是不可分割的统一体。六个会计要素之间虽有区别，但联系密切，无论是在静止状态还是在运动状态，会计要素内部或相互之间都存在着联系。只有对六个会计要素进行科学核算，才能提供完整而有体系的会计信息。因此，作为反映各种会计要素手段的账户，也必然不是相互孤立的，它们相互依存，互为条件，它们的增减变动在数量金额上互相关联。也就是说，账户之间存在着某种共性。账户的整体集合，构成一个完整的有机体系。只有完整地运用这个体系，才能反映和监督会计对象的全部内容。为了正确地设置和运用账户，就需要从理论上进一步认识各个账户的经济内容、用途、结构及各个账户在整个账户体系中的地位和作用，在了解各账户特性的基础上，了解各账户的共性和相互之间的联系，掌握各账户在提供核算指标方面的规律性。会计应按账户的共性有机地对其分类，进一步了解各账户的具体内容，明确和掌握各账户之间的内在联系与区别，掌握账户的使用方法，正确地设置和运用账户，以满足会计信息使用者的信息需求。

10.1.2　账户分类的标志

凡在提供核算指标方面有共性的账户，就共性而言它们属于一类账户。而它们之间的共性也成为该类账户的分类标志。为了进一步研究账户各自的特性和它们的共性，应研究和掌握账户的分类标志。账户的分类标准一般有三种：一是按经济内容分类；二是按用途和结构分类；三是按与财务报表的关系分类。

10.1.3　账户分类的作用

科学地进行账户分类，具有以下作用：

1）便于设置完整的账户体系，全面反映企业经营活动和资金运动情况

由于各单位经营活动的特点不同，资金运动的内容不同，因此所涉及的账户体系也就不同。要想有效地反映和监督单位的经营活动，就要从本单位经营活动的特点出发，选择能够反映本单位经营活动的账户体系。它要求会计工作者必须了解不同类型的账户体系包括哪些具体的账户，它们反映的具体经济内容是什么，这些账户的发生额和余额能提供什么样的核算资料。只有这样，才能选择合适的账户建立本单位的账户体系，使它们能全面、系统地记录本单位的经济活动过程和结果，为会计信息使用者提供所需的信息。

2）便于设计会计账簿的格式

在单位内部会计管理中，由于不同经营活动各具特点，因此对不同性质的会计要素的信息披露方式也是不一样的。例如，对于一般的有形资产的增减变动以及结余额，不仅要向管理当局披露有关金额方面的信息，而且还应适当披露有关实物量方面的信息；而对于像负债和所有者权益类的会计要素，只要披露有关时间和金额方面的信息就可以了。另外，对于一些费用类的会计要素，不仅要反映费用总额，还要按项目反映费用构成的详细情况。上述不同的会计信息，要通过账户在会计账簿中体现出来。对于既要提供金额又要提供实物方面信息的账户，在相应的会计账簿格式设计时，应设置和运用数量金额式账页格式；对于只要披露有关时间和金额方面信息的账户，在相应的会计账簿格式设计时，应设置和运用三栏式账页格式；对于不仅要反映费用总额，还要反映费用构成的详细情况方面信息的账户，在相应的会计账簿格式设计时，应设置和运用多栏式账页格式。会计账户的设置，应考虑便于设计会计账簿格式的问题。

3）便于编制财务报告

会计六要素的增减变动过程及结果，最终要以财务报告的形式反映出来。编制财务报表所需的相关数据资料是由各个相应的账户提供的。不同的财务报表所反映的经济内容不同，其相关数据资料的来源也不相同。为了及时、正确地编制财务报告，要根据特定财务报告所反映的经济内容，正确确定编制每张财务报表所需的数据资料是来自于哪些账户，这些账户能提供什么样的会计信息。例如，资产负债表是用来反映某一时点上的财务状况的，是对某一时点上企业现存经济资源和它们的来源的说明。它的数据资料由资产、负债和所有者权益三类账户提供。若不能正确确定为编制财务报告提供数据资料的账户，就不能正确编制财务报告。因此，掌握账户分类及账户的经济内容、用途和结构，有利于正确编制财务报告。

10.2 账户按经济内容分类

10.2.1 账户按经济内容分类的意义

账户的经济内容，是指账户所反映的会计对象的具体内容。按账户的经济内容对账户进行分类，就是按账户所反映的会计对象的具体内容对账户进行分类。在借贷记账法下，不同会计对象增减变动的记账方向是不同的，不同的会计对象有不同的账户结构和用途。明确了账户的经济内容，就为明确账户的用途和结构打下了一个好的基础。另外，不同的会计报表包含不同的会计要素，明确了账户的经济内容，就能正确掌握会计账户和相应会计报表之间的关系。因此，通过对账户按经济内容分类，可以更好地运用借贷记账法，确切地了解每类和每个账户具体应核算和监督的内容，设置能适应本单位经营管理需要的科学、完整的账户体系，同时为学习账户的其他分类打下基础。

10.2.2 账户按经济内容分类

如前所述，按账户的经济内容分类，实质上是按会计对象的具体内容分类。企业的会计对象，就是资金运动，资金运动可分为静态运动和动态运动两种形式。资产、负债、所有者权益构成资金静态运动，而收入、费用和利润则构成资金动态运动，于是按经济内容分类建立的账户体系，应包括反映资金运动的静态账户和反映资金运动的动态账户两类。反映资金运动的静态账户应由反映资产的账户、反映负债的账户和反映所有者权益的账户所组成；反映资金运动的动态账户应由反映收入的账户、反映费用的账户和反映利润的账户所组成。现分别说明如下：

1）资产类账户

资产类账户，是核算企业各种资产增减变动及结余的账户。资产按流动性不同，又可以分为流动资产和非流动资产两类，因而资产类账户也可分为反映流动资产的账户和反映非流动资产的账户两类。反映流动资产的账户有“库存现金”、

“银行存款”、“应收账款”、“其他应收款”、“原材料”和“库存商品”等。反映非流动资产的账户有“长期股权投资”、“固定资产”、“无形资产”和“长期待摊费用”等。

2）负债类账户

负债类账户，是核算企业各种负债增减变动及结余的账户。负债按照还款的期限不同，又可以分为流动负债和非流动负债，因而负债类账户也可以分为核算流动负债的账户和核算非流动负债的账户两类。核算流动负债的账户有“短期借款”、“应付账款”、“其他应付款”、“应付职工薪酬”、“应交税费”、“应付股利”和“应付利息”等账户。核算非流动负债的账户有“长期借款”、“应付债券”和“长期应付款”等。

3）所有者权益类账户

所有者权益类账户，是核算企业所有者权益增减变动及结余的账户。按照所有者权益的来源和构成不同，所有者权益类账户可分为反映所有者原始投资的账户、反映经营积累的账户及反映所有者权益其他来源的账户三类。反映所有者原始投资的账户有“实收资本”等，反映经营积累的账户有“盈余公积”等，反映所有者权益其他来源的账户有“资本公积”等。

4）收入类账户

收入类账户（这里的收入是指广义的收入），是核算企业在生产经营过程中所取得的各种经济利益的账户。按照收入的性质和内容不同，收入类账户又可以分为核算营业收入的账户和核算非营业收入的账户两类。核算营业收入的账户有“主营业务收入”“其他业务收入”等，核算非营业收入的账户有“营业外收入”“投资收益”等。

5）费用类账户

费用类账户（这里的费用是指广义的费用），是核算企业在生产经营过程中发生的各种费用支出的账户。按照费用的不同性质和内容，费用类账户又可以分为核算经营费用的账户和核算非经营费用的账户两类。核算经营费用的账户有“生产成本”、“制造费用”、“主营业务成本”、“税金及附加”、“其他业务成本”、“管理费用”、“销售费用”、“财务费用”和“所得税费用”等，核算非经营费用的账户有“营业外支出”等。

6）利润类账户

利润类账户，是核算利润的形成和分配情况的账户，可分为反映利润形成情况的账户和反映利润分配情况的账户两类。核算利润形成情况的账户有“本年利润”，核算利润分配情况的账户有“利润分配”等。

制造企业按经济内容分类建立的账户体系的主要构成如图 10-1 所示。

- 账户
  - 反映资金运动的静态账户
    - 反映资产的账户
      - 反映流动资产的账户
        - 库存现金
        - 银行存款
        - 应收账款
        - 其他应收款
        - 原材料
        - 库存商品
        - 交易性金融资产等
      - 反映非流动资产的账户
        - 长期股权投资
        - 固定资产
        - 在建工程
        - 无形资产
        - 长期待摊费用等
    - 反映负债的账户
      - 反映流动负债的账户
        - 短期借款
        - 应付账款
        - 其他应付款
        - 应付职工薪酬
        - 应交税费
        - 应付股利
        - 应付利息等
      - 反映非流动负债的账户
        - 长期借款
        - 应付债券
        - 长期应付款等
    - 反映所有者权益的账户
      - 反映所有者原始投资的账户——实收资本
      - 反映经营积累的账户——盈余公积等
      - 反映所有者权益其他来源的账户——资本公积等
  - 反映资金运动的动态账户
    - 反映收入的账户
      - 反映营业收入的账户
        - 主营业务收入
        - 其他业务收入等
      - 反映非营业收入的账户——营业外收入等
    - 反映费用的账户
      - 反映经营费用的账户
        - 生产成本
        - 制造费用
        - 税金及附加
        - 销售费用
        - 其他业务成本
        - 管理费用
        - 财务费用等
      - 反映非经营费用的账户——营业外支出等
    - 反映利润的账户
      - 反映利润形成情况的账户——本年利润
      - 反映利润分配情况的账户——利润分配等

图 10-1 按经济内容分类的账户体系

10.3　账户按用途和结构分类

10.3.1　账户按用途和结构分类的意义

账户按经济内容分类，可以使我们了解完整的账户体系包括哪些账户，各类账户所核算的会计对象的具体内容是什么。这对于正确区分账户的经济性质，合理地设置和运用账户，以满足经营管理的需要，是具有重要意义的。但是，仅按经济内容对账户进行分类，还不能使我们了解各种账户的作用，以及它们是如何向会计信息的使用者提供其所需的信息的。为了运用账户来记录经济业务，掌握账户在提供核算指标方面的规律性，就需要在按经济内容分类的基础上，进一步研究账户按用途和结构分类。

账户的用途，是指设置和运用账户的目的是什么，通过账户记录能够提供什么核算指标。例如，我们设置"固定资产""原材料"等实物资产账户是为了反映相应的实物资产，通过这些账户记录能够提供相应的实物资产的增减变动及结余方面的核算资料。

账户的结构，是指在账户中如何记录经济业务，以取得各种必要的核算指标。在不同的记账方法下，记录经济业务的具体方法是不同的，即反映会计要素的增减变动及结余（如果有余额的话）的方法不同。在借贷记账法下，账户的结构具体是指账户的借方核算什么内容，账户的贷方核算什么内容，期末余额（如果有余额的话）在哪方，具体表示什么内容。

企业错综复杂的经济活动所涉及的会计数据资料都需要通过账户来加以记录和反映，而每一个账户都是根据经营管理和对外报告会计信息的需要而设置的，都有其特定的用途和结构，因而按账户的用途和结构分类的账户体系与按经济内容分类的账户体系，就可能不完全一致。一方面，按经济内容归为一类的账户，可能具有不同的用途和结构；另一方面，具有相同或相似用途和结构的账户，就其反映的经济内容而言可能归属于不同的类别。因此，尽管账户的用途和结构都直接或间接地依存于账户的经济内容，但按经济内容分类的账户体系并不能代替按用途和结构分类的账户体系。按经济内容分类是账户的基本分类方法，按用途和结构分类的账户体系是对按经济内容分类的账户体系的必要补充。

10.3.2　账户按用途和结构分类

现以制造企业为例，说明在借贷记账法下按用途和结构分类的账户体系。按用途和结构分类的账户体系，包括基本账户、调整账户、成本账户和损益计算账户四大类。基本账户具体又可分为盘存账户、投资权益账户、结算账户和跨期摊配账户；调整账户根据调整方式不同，又可分为抵减账户和抵减附加账户；成本账户具体又可分为集合分配账户、成本计算账户和对比账户；损益计算账户具体又可分为收入计算账户、费用计算账户和财务成果计算账户。以下简要说明各类账户的用途、结构和特点。

1）盘存账户

盘存账户是用来核算、监督各项财产物资和货币资金（包括库存有价证券）的增减变动及实有数的账户。它是任何企业单位都必须设置的基本账户。在这类账户中，借方登记各项财产物资和货币资金的增加数，贷方登记其减少数；余额总是在借方，表示期末各项财产物资和货币资金的实有数。这类账户一般都可以通过盘点方式进行清查，核对账实是否相符。盘存账户的基本结构如下所示：

借方　　**盘存账户**　　贷方

借方	贷方
期初余额：财产物资或货币资金的期初实有数	
本期发生额：财产物资或货币资金的本期增加数	本期发生额：财产物资或货币资金的本期减少数
期末余额：财产物资或货币资金的期末实有数	

属于盘存账户的有："库存现金"、"银行存款"、"原材料"、"库存商品"和"固定资产"等。盘存账户的特点是：可以通过财产清查的方法，即实际盘点或对账的方法，核对货币资金和实物资产的实际结存数与账面结存数是否相符，并检查其经营管理上存在的问题。除"库存现金"和"银行存款"账户外，其他盘存账户普遍运用数量金额式明细分类账，可以提供实物和价值两种指标。

2）投资权益账户

投资权益账户是用来核算投资者投资的增减变动及实有数的账户。它是任何企业单位都必须设置的基本账户。在这类账户中，贷方登记投资者投资的增加数或其他所有者权益的增值额，借方登记投资者投资的减少数或其他所有者权益的抵减额。若其余额在贷方，表示投资者权益的实有数额；若没有余额或其余额在借方，在有限责任公司的企业组织形式下，表示投资者的权益已降至零。投资权益账户的基本结构如下所示：

借方　　**投资权益账户**　　贷方

借方	贷方
	期初余额：期初所有者权益余额
本期发生额：本期所有者权益的减少数	本期发生额：本期所有者权益的增加数
	期末余额：期末所有者权益余额

属于投资权益账户的有："实收资本"、"资本公积"和"盈余公积"等。

资本公积一般包括资本溢价、拨款转入、接受捐赠等原因形成的公积金，资本公积产生的根本原因在于维持投资者的原有股权结构，是资本的非经营性积累；盈余公积是留存收益而形成的公积金，是企业经营活动中产生的资本增值。这两部分，由于所有权属于企业的投资者，本质上是投资者对企业的一种权益性投入，因此将“资本公积”和“盈余公积”等归入投资权益账户。

投资权益账户的特点是：应按照企业的投资者分别设置明细分类账户，以便反映各投资者对企业实际拥有的所有者权益数额；投资权益账户只提供价值指标。

3）结算账户

结算账户，是用来核算和监督企业与其他单位和个人之间往来账款结算业务的账户。结算业务具有不同性质，决定了结算账户具有不同的用途和结构。结算账户按用途和结构分类，具体又可分为债权结算账户、债务结算账户和债权债务结算账户三类。

（1）债权结算账户

债权结算账户，也称资产结算账户，是用来核算和监督企业债权的增减变动和实有数额的账户。在这类账户中，借方登记债权的增加数，贷方登记其减少数；余额在借方，表示债权的实有数。债权结算账户的基本结构如下所示：

借方　**债权结算账户**　贷方

期初余额：债权的期初实有数	
本期发生额：债权的本期增加数	本期发生额：债权的本期减少数
期末余额：债权的期末实有数	

属于债权结算账户的有：“应收账款”、“其他应收款”、“应收票据”和“预付账款”等。

（2）债务结算账户

债务结算账户，也称负债结算账户，是用来核算和监督本企业债务的增减变动和实有数额的账户。在这类账户中，贷方登记债务的增加数，借方登记其减少数；余额在贷方，表示债务的实有数。债务结算账户的基本结构如下所示：

借方　**债务结算账户**　贷方

	期初余额：债务的期初实有数
本期发生额：债务的本期减少数	本期发生额：债务的本期增加数
	期末余额：债务的期末实有数

属于债务结算账户的有：“应付账款”、“其他应付款”、“应付职工薪酬”、“应交税费”、“应付股利”、“短期借款”、“长期借款”、“应付债券”和“长期应付款”等。

（3）债权债务结算账户

债权债务结算账户，也称“资产负债结算”账户，是用来监督本企业与其他单位或个人以及企业内部各单位相互往来结算业务的账户。由于这种相互之间往来结算业务经常发生变动，企业有时处于债权人的地位，有时则处于债务人的地位。

为了能在同一账户中反映本企业与其他单位的债权债务的增减变化，借以减少会计科目的使用，简化核算手续，在借贷记账法下，可设置同时具有债权债务双重性质的结算账户。在这类账户中，借方登记债权的增加数或债务的减少数，贷方登记债务的增加数或债权的减少数；期末余额在借方，为企业债权减掉债务后的净债权，期末余额在贷方，为企业债务减掉债权后的净债务。债权债务结算账户的基本结构如下所示：

借方	债权债务结算账户　　　　　　　　　　　贷方
期初余额：债权大于债务的期初差额 本期发生额：本期债权的增加数或债务的减少数	期初余额：债务大于债权的期初差额 本期发生额：本期债务的增加数或债权的减少数
期末余额：净债权	期末余额：净债务

这类账户下属的各明细账，有时是借方余额，表示尚未收回的净债权；有时是贷方余额，表示尚未偿还的净债务。所有明细账借方余额之和与贷方余额之和的差额，应同有关总账的余额相等。由于在总分类账户中，债权和债务能自动抵减，所以总分类账户的余额不能明显反映企业与其他单位债权债务的实际结余情况。这样，在编制资产负债表的有关项目时，必须根据总分类账户下属明细账的余额计算分析填列，将属于债权部分的余额以“应收账款”或“预付款项”项目列在资产负债表的资产方，将属于债务部分的余额以“应付账款”或“预收款项”项目列在资产负债表的负债方，以便如实反映债权债务的实际状况。

如果企业不单独设置“预收账款”账户，而用“应收账款”账户同时核算企业应收账款和预收账款的增减变动情况和结果，这时的“应收账款”账户就是一个债权债务结算账户。同理，如果企业不单独设置“预付账款”账户，而用“应付账款”账户同时核算企业应付账款和预付账款的增减变动情况和结果，则此时的“应付账款”账户就是一个债权债务结算账户。在借贷记账法下，可以将“其他应收款”账户和“其他应付款”账户合并，设置一个“其他往来”账户，用来核算“其他应收款”和“其他应付款”的增减变动情况和结果，此时，“其他往来”账户也是一个债权债务结算账户。

债权债务结算账户的特点是：按照结算业务的对方单位或个人，设置明细分类账户，以便及时进行结算和核对账目；只提供价值指标；要根据期末余额的方向来判断其性质，当余额在借方时是债权结算账户，当余额在贷方时是债务结算账户。

4）跨期摊配账户

跨期摊配账户，是用来核算和监督应由若干个会计期间共同负担的费用，并将这些费用摊配于各个相应的会计期间的账户。企业在生产经营过程中所发生的费用，有些是应由几个会计期间共同负担的，按权责发生制，必须严格划分费用的归属期，把应由若干个会计期间共同负担的费用，合理地分摊到各个会计期间。为此，需要设置跨期摊配账户来实现权责发生制的要求。“长期待摊费用”账户是典型的跨期摊配账户。跨期摊配账户的借方用来登记跨期费用的实际支出数，贷方用来登记由各个期间负担的费用摊配数。跨期摊配账户的基本结构如下所示：

借方　　跨期摊配账户	贷方
期初余额：已支付但尚未摊配的待摊费用数	
本期发生额：本期增加的待摊费用数	本期发生额：待摊费用的本期摊销数
期末余额：已支付但尚未摊配的待摊费用数	

跨期摊配账户的特点是：只提供价值指标。

5）抵减账户

抵减账户亦称备抵账户，是用抵减相关被调整账户金额的方法表示被调整账户的实际余额的账户。其调整可用下列公式表示：

被调整账户余额−备抵调整账户余额＝被调整账户的实际余额

由于备抵账户对被调整账户的调整，实际上是对被调整账户余额的抵减，因此，被调整账户余额的方向与备抵账户的余额方向必定相反。如果被调整账户的余额方向在借方（或贷方），则备抵账户的余额方向一定在贷方（或借方）。

“累计折旧”、“固定资产减值准备”、“坏账准备”和“存货跌价准备”等账户是较典型的抵减账户。“累计折旧”和“固定资产减值准备”账户是用来调整“固定资产”账户的，用“固定资产”账户的账面余额（原始价值）与“累计折旧”“固定资产减值准备”账户的账面余额相抵减，可以取得有关固定资产耗损和减值方面的数据，其差额就是固定资产现有的实际价值（净额）。通过这三个账户余额的对比分析，可以了解固定资产的新旧程度、资金占用状况、减值情况和生产能力。“坏账准备”是用来抵减“应收账款”等账户的，用“应收账款”等账户的账面余额与“坏账准备”账户的账面余额相抵减，可以取得有关可收回相关债权方面的数据，其差额就是可收回的相关债权金额。“存货跌价准备”是用来抵减“存货”账户的，用“存货”账户的账面余额与“存货跌价准备”账户的账面余额相抵减，可以取得有关存货的实际价值方面的数据，其差额就是存货的实际价值。现以“固定资产”、“累计折旧”和“固定资产减值准备”三个账户为例说明被调整账户与备抵调整账户之间的关系，具体如下所示（单位：元）：

借方　　固定资产		贷方	
期初余额	800 000		
本期发生额	0	本期发生额	0
期末余额	800 000		

借方　　累计折旧		贷方	
		期初余额	60 000
		本期发生额	2 000
		期末余额	62 000

借方	固定资产减值准备	贷方
	本期发生额	20 000
	期末余额	20 000

固定资产的期末余额	800 000
减：累计折旧的期末余额	62 000
固定资产净值	738 000
减：固定资产减值准备	20 000
固定资产净额	718 000

被调整账户的原有数额 …………………	A
减：备抵调整账户的抵减数 ……………	B
调整后的实有数	C = A - B

“长期股权投资减值准备”、“累计摊销”和“无形资产减值准备”等账户也属于抵减账户。

6）抵减附加账户

抵减附加账户，亦称备抵附加账户，是既用来抵减又用来增加被调整账户的余额，以求得被调整账户的实际余额的账户。抵减附加账户既可以作为抵减账户，又可以作为附加账户（所谓附加账户，是用来增加被调整账户的余额，以求得被调整账户的实际余额的账户。在实际工作中，很少设置单纯的附加账户）来发挥作用，兼有两种账户的功能。这类账户在某一时刻执行的是哪种功能，取决于该账户的余额与被调整账户的余额在方向上是否一致，当余额与被调整账户余额在不同方向时，它所起的是抵减作用；当余额与被调整账户余额在相同方向时，它所起的是附加作用。

“材料成本差异”账户就是“原材料”账户的抵减附加调整账户。当“材料成本差异”账户是借方余额时，表示实际成本大于计划成本的超支数。用“原材料”账户的借方余额加上“材料成本差异”账户的借方余额，其和就是材料的实际成本；当“材料成本差异”账户是贷方余额时，表示实际成本小于计划成本的节约数，用“原材料”账户的借方余额减去“材料成本差异”账户的贷方余额，其差额为材料的实际成本。“材料成本差异”账户与被调整的“原材料”账户之间的关系如下所示（单位：元）：

借方	材料成本差异——A类		贷方
本期发生额	6 000	本期发生额	4 000
期末余额	2 000		

借方	原材料		贷方
本期发生额		本期发生额	
A 类	60 000	A 类	40 000
B 类	70 000	B 类	10 000
期末余额	80 000		

借方	材料成本差异——B 类	贷方
	本期发生额	7 000
		1 000
	期末余额	6 000

“原材料”账户的借方余额（计划成本）	80 000
加：“材料成本差异”账户的借方余额（超支差）	2 000
减：“材料成本差异”账户的贷方余额（节约差）	6 000
原材料的实际成本	76 000

被调整账户的原有数额……A

加：调整账户的附加数……B

减：调整账户的抵减数……C

调整后的实有数　D＝A+B−C

7）集合分配账户

集合分配账户，是用来汇集和分配经营过程中某一阶段所发生的某种间接费用，借以核算、监督有关间接费用的计划执行情况，以及间接费用的分配情况的账户。设置这类账户，一方面可以将某一经营过程中实际发生的间接费用和计划指标进行比较，考核间接费用的超支和节约情况，另一方面也便于将这些费用摊配出去。集合分配账户的借方登记费用的发生额，贷方登记费用的分配额，在一般情况下，登记在这类账户中的费用，期末应全部分配出去，通常没有余额。集合分配账户的基本结构如下所示：

借方　　集合分配账户	贷方
本期发生额：汇集经营过程中间接费用的本期发生额	本期发生额：本期分配到有关成本计算对象上的间接费用额

属于集合分配账户的有“制造费用”。

集合分配账户的特点是：具有明显的过渡性质，平时用它来归集那些不能直接计入某个成本计算对象的间接费用，期末将费用全部分配出去，由有关成本计算对象负担；这类账户期末费用分配后一般应无余额。

8）成本计算账户

成本计算账户，是用来核算和监督经营过程中应计入特定成本计算对象的经营费用，并确定各成本计算对象实际成本的账户。设置和运用成本计算账户，对于正确计算材料采购、产品生产和产品销售的实际成本，考核有关成本计划的执行和完成情况，具有重要的作用。成本计算账户的借方汇集应计入特定成本计算对象的全部费用（其中，一部分是在费用发生时直接计入的，另一部分是先计入集合分配账户，在会计期末通过一定的分配方法转到成本计算账户的），贷方反映转出的某一成本计算对象的实际成本。期末余额一般在借方，表示尚未完成的某一阶段成本对象的实际成本。如“生产成本”账户，借方余额表示尚未完成生产过程的在产品的实际成本。成本计算账户的基本结构如下所示：

成本计算账户

借方	贷方
期初余额：未转出成本计算对象的实际成本 本期发生额：经营过程中发生的应由成本计算对象承担的费用	本期发生额：转出成本计算对象的实际成本
期末余额：期末未转出成本计算对象的成本	

属于成本计算账户的有“材料采购”、“在途物资”和“生产成本”等。

成本计算账户的特点是：除了设置总分类账户外，还应按照各个成本计算对象和成本项目设置专栏，分别设置明细分类账户，进行明细分类核算；既提供实物指标，又提供价值指标。

9）对比账户

对比账户，是用来核算经营过程中某一阶段某项经济业务按照两种不同的计价标准进行对比，借以确定其业务成果的账户。

按计划成本进行材料日常核算的企业所设置的“材料采购”账户，就属于对比账户。该账户的借方登记材料的实际成本，贷方登记按照计划价格核算的材料的计划成本，通过借贷双方两种计价对比，可以确定材料采购业务成果。对比账户的基本结构（以“材料采购”账户为例）如下所示：

对比账户

借方	贷方
期初余额：未入库材料的实际成本 本期发生额：本期未入库材料的实际成本及转入“材料成本差异”账户贷方的实际成本小于计划成本的节约差	本期发生额：入库材料的计划成本及转入“材料成本差异”账户借方的实际成本大于计划成本的超支差
期末余额：在途材料的实际成本	

对比账户的特点是：借贷两方的计价标准不一致；期末确定业务成果转出后，该账户的借方余额是剔除了计价差异后的按借方计价方式计价的资产价格。例如，“材料采购”账户的借方余额表示按实际成本计价的在途材料的实际成本。

10）收入计算账户

收入计算账户，是用来核算和监督企业在一定时期（月、季或年）内所取得的各种收入和收益的账户。收入计算账户的贷方登记取得的收入和收益，借方登记收入和收益的减少数和期末转入“本年利润”账户的收入和收益额。

由于当期实现的全部收入和收益都要在期末转入“本年利润”账户，所以收入计算账户期末无余额。收入计算账户的基本结构如下所示：

借方 **收入计算账户** 贷方

借方	贷方
本期发生额：1. 本期收入和收益的减少数 2. 期末转入“本年利润”账户的收入和收益额	本期发生额：本期收入和收益的增加额

属于收入计算账户的有：“主营业务收入”和“其他业务收入”等。

收入计算账户的特点：除了设置总分类账户外，还应按照业务类别设置明细分类账，进行明细分类核算；只提供价值指标。

11）费用计算账户

费用计算账户，是用来核算和监督企业在一定时期（月、季或年）内所发生的应计入当期损益的各项费用、成本和支出的账户。费用计算账户的借方登记费用支出的增加数，贷方登记费用支出的减少或转销数和期末转入“本年利润”账户的费用支出数。由于当期发生的全部费用支出数都要于期末转入“本年利润”账户，所以该类账户期末无余额。费用计算账户的基本结构如下所示：

借方 **费用计算账户** 贷方

借方	贷方
本期发生额：本期费用支出的增加数	本期发生额：本期费用支出的减少或转销数和期末转入“本年利润”账户的费用支出数

属于费用计算账户的有：“主营业务成本”、“税金及附加”、“销售费用”、“其他业务成本”、“管理费用”、“营业外支出”和“所得税费用”等。

费用计算账户的特点是：除了设置总分类账户外，还应按业务内容、费用支出项目等设置明细分类账户，进行明细分类核算；只提供价值指标。

12）财务成果计算账户

财务成果计算账户，是用来核算和监督企业在一定时期（月、季或年）内全部经营活动最终成果的账户。“本年利润”账户属于财务成果计算账户，财务成果计算账户的贷方登记期末从收入计算账户转入的各种收入和收益数，借方登记期末从费用计算账户转入的各项成本、费用支出数，在表结法下平常月份（1—11 月）的贷方余额表示企业所实现的利润数，借方余额表示企业所发生的亏损数。年终时将实现的利润或亏损转入“利润分配”账户，结转后应无余额。财务成果计算账户的基本结构如下所示：

借方 **财务成果计算账户** 贷方

借方	贷方
本期发生额：本期从费用账户转入的各项成本、费用支出数	本期发生额：本期从收入账户转入的各项收入和收益数
期末余额：1—11 月发生的亏损数（在表结法下）	期末余额：1—11 月实现的利润数（在表结法下）
年末无余额	年末无余额

财务成果计算账户的特点是：借方和贷方所登记的内容，应遵循权责发生制和配比要求。贷方所登记的各项收入、收益数与借方所登记的各项成本、费用支出数一方面要与相应的会计期间相对应，另一方面从事某类业务活动所得的收入要与相应的成本费用相配比。也就是说，借方登记的各项成本、费用，是为取得贷方所登记的各项收入、收益数而发生的；相反，贷方登记的各项收入、收益数是因为支付了借方所登记的各项成本、费用而取得的，只有两者在时间和受益关系上相互配比，会计期间的财务成果才是真实、准确的。财务成果计算账户只提供价值指标，在表结法下，1—11 月期末有余额，在贷方即是利润数，在借方则是亏损数，年终结账后无余额。

综上所述，按用途和结构分类的账户体系由四部分十二类组成，如图 10－2 所示。

- 账户
  - 基本账户
    - 盘存账户
      - 库存现金
      - 银行存款
      - 原材料
      - 库存商品
      - 固定资产等
    - 投资权益账户
      - 实收资本
      - 资本公积
      - 盈余公积
    - 结算账户
      - 债权结算账户
        - 应收账款
        - 其他应收款等
      - 债务结算账户
        - 应付账款
        - 应付职工薪酬
        - 应交税费
        - 短期借款
        - 长期借款等
      - 债权债务结算账户——其他往来①
    - 跨期摊配账户——长期待摊费用
  - 调整账户
    - 抵减账户
      - 坏账准备
      - 累计折旧
      - 存货跌价准备等
    - 抵减附加账户——材料成本差异
  - 成本账户
    - 集合分配账户——制造费用
    - 成本计算账户
      - 生产成本②
      - 材料采购等
    - 对比账户——材料采购③
  - 损益计算账户
    - 收入计算账户
      - 主营业务收入
      - 其他业务收入
      - 营业外收入等
    - 费用计算账户
      - 主营业务成本
      - 税金及附加
      - 销售费用
      - 财务费用
      - 营业外支出
      - 所得税费用等
    - 财务成果计算账户——本年利润

图 10－2 按用途和结构分类的账户体系

注：①在借贷记账法下，“其他往来”账户是由“其他应收款”和“其他应付款”账户合并而设置的。②“生产成本”账户是成本计算账户，若期末有余额，也是盘存账户。③“材料采购”账户，在采用计划成本核算时，既是对比账户，也是成本计算账户。在采用实际成本进行材料采购核算时，其是成本计算账户。

以上重点介绍了按经济内容与按用途和结构分类的账户体系，这对于我们正确地设置和运用账户来核算、监督经营过程和经营成果，为管理提供有用的会计资料具有重要意义，此外，还可以按账户与财务报表的关系对账户进行分类。

按账户与财务报表的关系分类，账户可分为资产负债表账户和利润表账户两类，如图 10-3 所示。

- 账户
  - 资产负债表账户
    - 资产类账户
    - 负债类账户
    - 所有者权益类账户
  - 利润表账户①
    - 收入类账户
    - 费用类账户
    - 利润类账户

图 10-3　账户按与财务报表的关系分类

注：①这里的“收入”和“费用”均指广义的收入和费用。

资产负债表是反映企业某一特定日期财务状况的报表，表中各项目所反映的是企业某一特定日期资产、负债和所有者权益的实有数额，是根据资产类账户、负债类账户和所有者权益类账户的期末余额直接填列或分析计算填列的，资产类账户、负债类账户和所有者权益类账户是编制资产负债表的主要依据。为此，在会计上把资产类账户、负债类账户和所有者权益类账户称为资产负债表账户。

利润表是反映企业在一定时期的经营成果的报表。表中各项目所反映的是企业一定会计期间所取得的收入、发生的费用，以及实现的利润（或亏损）与分配（或弥补），是根据收入类账户、费用类账户和利润类账户的本期发生额直接填列或分析计算填列的。收入类账户、费用类账户和利润类账户是编制利润表的主要依据。为此，在会计上把收入类账户、费用类账户和利润类账户称为利润表账户。

这种账户分类，对于正确运用各类账户所提供的数据资料编制财务报告具有重要作用。

练习题

□ 名词解释

账户的经济内容　账户的用途　账户的结构　跨期摊配账户　抵减账户

□ 复习思考题

1. 为什么要对账户按照不同的标志进行分类？
2. 账户按经济内容来分可以分为哪几类？
3. 为什么要设置跨期摊配账户？其用途和结构如何？
4. 简要说明资产负债表账户、利润表账户包括的内容。

第 11 章　财务报表

◆ 学习导航

会计的基本职能之一是向与企业有利害关系的各个方面及其他相关的机构提供决策有用的会计信息，这些信息的使用者主要包括股东、债权人、政府管理机构、企业管理部门等。决策有用的会计信息主要指反映企业财务状况、经营成果和现金流量等方面的信息，这些对外提供的会计信息必须有一个载体，这就是财务报表。关于财务报表应包括哪些内容，《企业会计准则第 30 号——财务报表列报》规定：财务报表至少应当包括下列组成部分：资产负债表、利润表、现金流量表、所有者权益变动表以及附注。企业对外提供的财务报表的内容、财务报表种类和格式、财务报表附注的主要内容等，由企业会计准则统一规定。本章阐述的内容有财务报表的作用和种类、财务报表的编制要求及基本编制方法等。应重点掌握资产负债表和利润表的基本编制方法。

11.1　财务报表概述

11.1.1　财务报表的作用

财务报表是对企业财务状况、经营成果和现金流量的结构性表述。财务报表至少应当包括下列组成部分：资产负债表、利润表、现金流量表、所有者权益变动表以及附注。财务报表是会计人员根据日常会计核算资料归集、加工、汇总而形成的结果，是会计核算工作的总结，是企业对外提供会计信息的主要形式。

在会计核算中，企业、事业等单位通过设置和登记会计账簿，全面、连续、系统地记录和计算经济业务，借以反映经济活动情况和实行会计监督。但因会计账簿是按照每一账户记录特定的经济内容，故而账户提供的资料不能充分反映单位经济业务的全貌；同时，分散记录于各账户的资料不能清晰地反映经济指标间的内在联系。此外，单位的账簿也不便于会计职能部门以外的其他职能部门使用，更无法将账簿提供给单位外部的有关部门或人员使用。因此，在会计工作中，还必须通过编制财务报表提供反映会计主体财务状况、经营成果和现金流量的总括资料，为会计主体内部提高经营管理水平、为企业外部利益相关者了解和评价企业的经营业绩、为国家进行宏观调控提供依据。

11.1.2　财务报表的种类

财务报表可按不同标志进行分类：

1）按照财务报表所反映的经济内容分类

按照财务报表所反映的经济内容，财务报表可分为财务状况报表和经营成果报表。

（1）财务状况报表

财务状况报表一般包括资产负债表和现金流量表。资产负债表通过资产、负债、所有者权益项目，反映企业在某一特定日期的财务状况；现金流量表通过企业在一定会计期间现金和现金等价物流入和流出的财务变动情况，反映企业理财的过程和结果。

（2）经营成果报表

经营成果报表一般包括利润表和所有者权益变动表。利润表反映企业在一定期间的经营成果情况。

2）按照财务报表编报的时间分类

按照财务报表编报的时间，财务报表可以分为月报、季报、半年报和年报，其中月报、季报、半年报又称中期财务报表。

（1）年度财务报表

年度财务报表简称年报，是指企业每年年末编报的财务报表，通常称为决算报告，主要有资产负债表、利润表、现金流量表、所有者权益变动表。

（2）中期财务报表

中期财务报表是指企业于月末、季末、半年末编报的财务报表，主要有资产负债表和利润表。

3）按母、子公司之间的关系分类

按母、子公司之间的关系，财务报表可分为个别财务报表、合并财务报表。

（1）个别财务报表

个别财务报表中的各项目数字所反映的内容，仅仅包括单个企业的会计数据。

（2）合并财务报表

合并财务报表是由母公司编制的，一般包括所有控股子公司财务报表的数字，通过编制和提供合并财务报表，可以向财务报表使用者提供公司集团总体的财务状况和经营成果。

4）按财务报表所反映的资金运动状况分类

按财务报表所反映的资金运动状况，财务报表可分为静态报表和动态报表。

（1）静态报表

静态报表是反映企业在某一时点财务状况的报表，如资产负债表。

（2）动态报表

动态报表是反映企业在一定时期内经营成果和现金流量的报表，如利润表和现金流量表。

5）按编制用途分类

按编制用途，财务报表可分为内部报表和外部报表。

（1）内部报表

内部报表是指为适应企业内部经营管理需要而编制的不对外公开的财务报表。内部报表一般不需要统一规定格式，也没有统一的指标体系，如成本报表。

（2）外部报表

外部报表是指企业向外提供的、供外部信息使用者使用的财务报表。按照企业会计制度的规定，企业对外提供的财务报表包括资产负债表、利润表、现金流量表、资产减值准备明细表、所有者权益变动表、分部报表等。关于这些报表的编号、名称和编报期见表11-1。

表11-1　**财务报表的组成**

编　号	名　称	编报期
会企01表	资产负债表	中期报告、年度报告
会企02表	利润表	中期报告、年度报告
会企03表	现金流量表	（至少）年度报告
会企01表附表1	资产减值准备明细表	年度报告
会企01表附表2	所有者权益变动表	年度报告
会企01表附表3	应交增值税明细表	中期报告、年度报告
会企02表附表1	分部报表（业务分部）	年度报告
会企02表附表2	分部报表（地区分部）	年度报告

资产负债表、利润表、现金流量表是企业的三张主要报表，在基础会计课程中，只要求掌握资产负债表、利润表的内容与编制；现金流量表的内容与编制在中级财务会计里学习。

11.1.3　财务报表的编制要求

财务报表是传递会计信息的主要形式，为了保证财务报表所提供的信息能够及时、准确、完整地反映企业的财务状况和经营成果，满足信息使用者的需要，企业在编制财务报表时，必须符合编制财务报表的一般要求。

1）财务报表的质量要求

会计核算应当以实际发生的交易或事项为依据，如实反映企业的财务状况、经营成果和现金流量，这是对会计工作的基本要求。如果会计信息不能真实反映企业的实际情况，会计工作就失去了存在的意义，甚至会误导会计信息使用者，导致经济决策的失误。企业应当按照《企业财务会计报告条例》的规定，编制和对外提供真实、完整的财务报告，主要就是提供财务报表。

2）财务报表的时间要求

会计信息的价值在于帮助信息使用者做出经济决策，如果会计信息不能及时提供，经济环境发生了变化，时过境迁，这些信息就无助于经济决策，也就失去了应有的价值。所以，企业应当依照有关法律、行政法规规定的日期及时提供会计信息。一般来说，月度财务报表应当于月度终了后 6 天内对外提供；季度财务报表应当于季度终了后 15 天内对外提供；半年度财务报表应当于年度中期结束后 60 天内对外提供；年度财务报表应当于年度终了后 4 个月内对外提供。

3）财务报表的形式要求

企业对外提供的财务报表应当依次编写页数，加具封面，装订成册，加盖公章。封面上应当注明：企业名称、企业统一代码、组织形式、地址、报表所属年度或者月份、报出日期，并由企业负责人和主管会计工作的负责人、会计机构负责人（会计主管人员）签名并盖章；设置总会计师的企业，还应当由总会计师签名并盖章。

11.2 资产负债表的编制

11.2.1 资产负债表的内容与格式

资产负债表是反映企业在某一特定时点财务状况的报表，主要提供有关企业财务状况方面的信息。通过资产负债表，可以提供企业在某一特定时点资产的总额及结构，表明企业拥有或控制的资源及其分布情况；可以提供企业在某一特定时点的负债总额及结构，表明企业未来需要用多少资产或劳务清偿债务以及清偿时间；可以反映企业所有者在某一特定时点所拥有的权益，据以判断资本保值、增值的情况以及对负债的保障程度。

资产负债表一般有表头、表体两部分。其中，表头概括地说明报表名称、编制单位、编制日期、报表编号、货币名称、计量单位等，表体则列示了用以说明企业财务状况的各个项目。它一般有两种格式：报告式资产负债表和账户式资产负债表。

报告式资产负债表是上下结构，上半部列示资产，下半部列示负债和所有者权益。具体排列形式又有两种：一种是按“资产=负债+所有者权益”的原理排列；另一种是按“资产-负债=所有者权益”的原理排列。

账户式资产负债表是左右结构，左边列示资产，右边列示负债和所有者权益。不管采取什么格式，资产各项目的合计等于负债和所有者权益各项目的合计这一等式不变。

在我国，资产负债表采用账户式，资产负债表左右双方平衡，即资产总计等于负债和所有者权益总计。在资产负债表中，资产按照其流动性分类分项列示，包括流动资产、非流动资产；负债按照其流动性分类分项列示，包括流动负债、非流动负债；所有者权益按照实收资本（股本）、资本公积、盈余公积、未分配利润等项目分项列示。资产负债表的基本格式和内容见表11-3。

11.2.2 资产负债表的编制

资产负债表属于静态报表，在编制该表时，应根据有关账户的期末余额填列。资产负债表包括“年初余额”和“期末余额”两栏，应分别填列。

1）“年初余额”的填列方法

资产负债表中“年初余额”栏内各项目数字，应根据上年年末资产负债表“期末余额”栏内所列数字填列。如果本年度资产负债表规定的各个项目的名称和内容同上年度不一致，应对上年年末资产负债表各项目的名称和数字按照本年度的规定进行调整，按调整后的数字填入本表“年初余额”栏内。

2）“期末余额”的填列方法

“期末余额”是指某一会计期末的数字，即月末、季末、半年末或年末的数字。资产负债表期末余额的资料来源有以下几个方面：

（1）总账余额

资产负债表中的有些项目，可直接根据有关总账科目的余额填列，如“短期借款”和“应收股利”等。

有些项目，则需根据几个总账科目的余额计算填列。例如，“货币资金”项目应根据“库存现金”、“银行存款”和“其他货币资金”科目的期末余额合计数填列。例如，“未分配利润”项目应根据“本年利润”和“利润分配”科目的余额计算填列，未弥补的亏损，在本项目内以“-”号填列。例如，“存货”项目应根据“在途物资”、“材料采购”、“原材料”、“库存商品”、“周转材料”、“生产成本”和“委托加工物资”等科目的余额合计，减去“存货跌价准备”科目期末余额后的金额填列。材料采用计划成本核算，以及库存商品采用计划成本或售价核算的企业，还应按加减材料成本差异、商品进销差价后的金额填列。

（2）明细账余额

资产负债表中的有些项目，需要根据明细科目余额计算填列。例如，“应收账款”项目需要根据“应收账款”“预收账款”科目所属相关明细科目的期末借方余额计算填列；“预收款项”项目，需要根据“预收账款”“应收账款”科目所属相关明细科目的期末贷方余额计算填列；“应付账款”项目，需要根据“应付账款”“预付账款”科目所属相关明细科目的期末贷方余额计算填列；“预付款项”项目，需要根据“预付账款”“应付账款”科目所属相关明细科目的期末借方余额计算填列。

有些项目，需要根据总账科目和明细科目余额分析计算填列。例如，“长期借款”项目，需要根据“长期借款”总账科目期末余额，扣除“长期借款”科目所属明细科目中反映的、将于一年内到期应予以清偿的长期借款部分分析计算填列。一年内到期应予以清偿的长期借款在“一年内到期的非流动负债”项目中填列。

（3）根据账户余额减去其备抵账户后的净额填列

有些项目，需要根据账户余额减去其备抵账户后的净额填列。例如，“应收账款”项目，应根据“应收账款”科目的期末余额，减去“坏账准备——应收账款”科目的期末余额后的金额填列；“长期股权投资”项目，应根据“长期股权投资”科目的期末余额，减去“长期股权投资减值准备”科目的期末余额后的金额填列；“固定资产”项目，应根据“固定资产”科目的期末余额，减去“累计折旧”“固定资产减值准备”科目的期末余额后的金额填列；“无形资产”项目，应根据“无形资产”科目的期末余额，减去“累计摊销”“无形资产减值准备”科目的期末余额后的金额填列。

【例 11-1】华信公司 2×17 年 12 月 31 日全部总账余额见表 11-2。

表 11-2 **华信公司总分类账户余额表**

2×17 年 12 月 31 日

单位：元

账户名称	借方余额		账户名称	贷方余额	
	年初数	期末数		年初数	期末数
库存现金	16 000	18 000	坏账准备	29 000	50 000
银行存款	660 000	1 250 000	累计折旧	200 000	260 000
以公允价值计量且其变动计入当期损益的金融资产	180 000	331 600	短期借款	300 000	200 000
应收账款	650 000	1 181 000	应付账款	320 000	780 000
预付账款	35 000	100 000	预收账款		47 000
其他应收款	75 000	120 000	其他应付款	86 000	170 000
原材料	490 000	730 000	应付职工薪酬	342 000	556 000
生产成本	98 000	154 000	应交税费	210 000	350 000
库存商品	530 000	840 000	应付股利	200 000	600 000
低值易耗品	8 000	15 000	应付利息	23 000	
应收利息	32 000	30 000	长期借款	450 000	390 000
长期股权投资	613 000	613 000	实收资本	2 600 000	2 600 000
固定资产	1 773 000	2 674 400	盈余公积	150 000	525 600
无形资产	400 000	590 000	利润分配	650 000	2 178 400
长期待摊费用		60 000			
合　计	5 560 000	8 707 000	合　计	5 560 000	8 707 000

根据上述资料，编制该公司 2×17 年 12 月 31 日的资产负债表，见表 11-3。

表 11-3

资产负债表

会企 01 表

编制单位：大连华信公司 2×17 年 12 月 31 日 单位：元

资产	期末余额	年初余额	负债及所有者权益（或股东权益）	期末余额	年初余额
流动资产：			流动负债：		
货币资金	1 268 000	676 000	短期借款	200 000	300 000
以公允价值计量且其变动计入当期损益的金融资产	331 600	180 000	以公允价值计量且其变动计入当期损益的金融负债	0	0
应收票据	0	0	应付票据	0	0
应收账款	1 131 000	621 000	应付账款	780 000	320 000
预付款项	100 000	35 000	预收款项	47 000	0
应收利息	30 000	32 000	应付职工薪酬	556 000	342 000
应收股利	0	0	应交税费	350 000	210 000
其他应收款	120 000	75 000	应付利息		23 000
存货	1 739 000	1 126 000	应付股利	600 000	200 000
持有待售资产	0	0	其他应付款	170 000	86 000
一年内到期的非流动资产	0	0	持有待售负债	0	0
其他流动资产	0	0	一年内到期的非流动负债	0	0
流动资产合计	4 719 600	2 745 000	其他流动负债	0	0
非流动资产：			流动负债合计	2 703 000	1 481 000
可供出售金融资产	0	0	非流动负债：		
持有至到期投资	0	0	长期借款	390 000	450 000
长期应收款			应付债券	0	0
长期股权投资	613 000	613 000	长期应付款	0	0
投资性房地产	0	0	专项应付款	0	0
固定资产	2 414 400	1 573 000	预计负债	0	0
在建工程	0	0	递延所得税负债	0	0
工程物资	0	0	其他非流动负债	0	0
固定资产清理	0	0	非流动负债合计	390 000	450 000
生产性生物资产	0	0	负债合计	3 093 000	1 931 000
油气资产	0	0	所有者权益（或股东权益）：		
无形资产	590 000	400 000	实收资本（或股本）	2 600 000	2 600 000
开发支出	0	0	资本公积	0	0
商誉	0	0	减：库存股	0	0
长期待摊费用	60 000	0	盈余公积	525 600	150 000
递延所得税资产	0	0	未分配利润	2 178 400	650 000
其他非流动资产	0	0	所有者权益（或股东权益）合计	5 304 000	3 400 000
非流动资产合计	3 677 400	2 586 000			
资产总计	8 397 000	5 331 000	负债及所有者权益（或股东权益）总计	8 397 000	5 331 000

11.3　利润表的编制

11.3.1　利润表

1）利润表的内容与格式

利润表是反映企业在一定会计期间经营成果的会计报表，反映了企业经营业绩的主要来源和构成。通过利润表可以从总体上了解企业收入、成本和费用及净利润（或亏损）的实现及构成情况；同时，通过利润表提供的不同时期的比较数字，可以分析企业的获利能力及利润的未来发展趋势，了解投资者投入资本的保值、增值情况。由于利润表既是企业经营业绩的综合体现，又是企业进行利润分配的主要依据，因此，利润表是财务报表中的一张主要报表。利润表属于动态报表，根据“收入-费用=利润”的基本公式编制。

利润表的格式一般有两种：单步式利润表和多步式利润表。在我国，利润表一般采用多步式。多步式利润表的具体格式和内容见表 11-5。

单步式利润表是将当期所有的收入列在一起，然后将所有的费用、支出等列在一起，两者相减得出当期净损益。

多步式利润表是通过对当期的收入、费用、支出项目按性质加以归类，按利润形成的主要环节列示一些中间性利润指标，如营业利润、利润总额、净利润、综合收益总额，分步计算当期净损益。这几个部分的构成项目及其相互关系可用公式表示如下：

营业利润=营业收入-营业成本-税金及附加-销售费用-管理费用-财务费用-资产减值损失+公允价值变动收益（-公允价值变动损失）+投资收益（-投资损失）

利润总额=营业利润+营业外收入-营业外支出

净利润=利润总额-所得税费用

综合收益总额=净利润+其他综合收益扣除所得税影响后的净额

其中：营业收入=主营业务收入+其他业务收入

营业成本=主营业务成本+其他业务成本

2）利润表的编制方法

利润表在形式上分为表头和表体两部分。表头部分主要反映报表名称、编制单位、编制日期、报表编号和货币名称等内容，表体部分主要反映报表的各项指标内容。

为了使报表使用者通过比较不同期间利润的实现情况，判断企业经营成果的未来发展趋势，企业需要提供比较利润表。所以，利润表各项目需要分为“本期金额”和“上期金额”两栏分别填列。

（1）“本期金额”栏各项目填列方法

“本期金额”栏反映各项目的本期实际发生数，应根据相关账簿的发生额分析填列。

(2)“上期金额”栏各项目填列方法

“上期金额”栏反映各项目的上年该期的实际发生数，应根据上年该期利润表“本期金额”栏内所列数字填列。如果上年该期利润表各项目的名称和内容同本期不一致，应对上年该期利润表各项目的名称和内容按本期的规定进行调整，然后填入利润表“上期金额”栏内。

11.3.2 利润表编制举例

【例 11-2】华信公司 2×17 年 11 月份损益类账户的有关资料见表 11-4。

表 11-4　**华信公司 2×17 年 11 月损益类账户累计发生额资料**　单位：元

账户名称	累计发生额	
	借　方	贷　方
主营业务收入		570 000
主营业务成本	200 000	
税金及附加	7 400	
其他业务收入		4 000
其他业务成本	1 000	
销售费用	83 000	
管理费用	51 000	
财务费用	6 000	
资产减值损失	2 000	
投资收益		31 713
营业外收入		5 000
所得税费用	84 913	

根据上述 2×17 年 11 月份损益类账户的有关资料，编制华信公司 2×17 年 11 月份的利润表，见表 11-5。

表 11-5　**利润表**

会企 02 表

编制单位：华信公司　2×17 年 11 月　单位：元

项　目	本期金额	上期金额（略）
一、营业收入	574 000	
减：营业成本	201 000	
税金及附加	7 400	
销售费用	83 000	
管理费用	51 000	
财务费用	6 000	

续表

项　目	本期金额	上期金额（略）
资产减值损失	2 000	
加：公允价值变动收益（损失以“-”号填列）	0	
投资收益（损失以“-”号填列）	31 713	
其中：对联营企业和合营企业的投资收益	0	
资产处置收益（损失以“—”号填列）		
其他收益		
二、营业利润（亏损以“-”号填列）	255 313	
加：营业外收入	5 000	
减：营业外支出	0	
其中：非流动资产处置损失	0	
三、利润总额（亏损总额以“-”号填列）	260 313	
减：所得税费用	84 913	
四、净利润（净亏损以“-”号填列）	175 400	
（一）持续经营利润（净亏损以“-”号填列）		
（二）终止经营净利润（净亏损以“-”号填列）		
五、其他综合收益税后净额	（略）	
（一）以后不能重分类进损益的其他综合收益		
（二）以后将重分类进损益的其他综合收益		
六、综合收益总额	（略）	
七、每股收益	（略）	

练习题

□ 名词解释

财务报表　静态财务报表　动态财务报表　资产负债表　利润表

□ 复习思考题

1. 为什么要编制财务报表？财务报表的作用是什么？
2. 资产负债表项目应如何填列？
3. 利润表的格式是什么？
4. 利润表有何作用？应如何填制？

第 12 章　会计账务处理程序

◆ **学习导航**

本章主要阐述了当前企事业单位采用的三种账务处理程序，即记账凭证账务处理程序、科目汇总表账务处理程序和汇总记账凭证账务处理程序。本章重点要求掌握科目汇总表账务处理程序。

12.1　会计账务处理程序概述

账务处理程序，也称会计核算形式或会计核算组织程序，是指会计凭证、会计账簿和财务报表相结合的方式。它包括会计凭证和账簿的种类、格式，会计凭证与账簿之间的联系方式，由原始凭证到编制记账凭证、登记明细分类账和总分类账、编制财务报表的工作程序和方法等。

会计凭证、会计账簿和财务报表之间的结合方式不同，就形成了不同的账务处理程序，不同的账务处理程序又有不同的方法、特点和适用范围。为了把会计核算工作科学地组织起来，任何单位都应根据国家统一会计制度的要求，结合本单位的实际情况和具体条件，设计适应本单位特点的账务处理程序，这对于提高会计工作的质量和效率，充分发挥会计学在经济管理中的作用，都具有重要意义。具体地说，制定合理的账务处理程序具有以下作用：

①有利于会计工作程序的规范化，确定合理的会计凭证、会计账簿与财务报表之间的联系方式，保证会计信息加工过程的严密性，提高会计信息的质量。

②有利于保证会计记录的完整性、正确性，并通过会计凭证、会计账簿及财务报表之间的牵制作用，增强会计信息的可靠性。

③有利于减少不必要的会计核算环节，通过井然有序的账务处理程序，提高会计工作效率，保证会计信息的及时性。

在我国，常用的账务处理程序主要有记账凭证账务处理程序、科目汇总表账务处理程序、汇总记账凭证账务处理程序等。各种账务处理程序之间的区别在于登记总分类账的依据和方法不同。它们各有优点和缺点，因此，在实际运用时，各单位应该从实际出发，选择采用其中一种，或根据实际需要选择若干种结合使用，使之更符合本单位经营管理的需要。

12.2　记账凭证账务处理程序

12.2.1　记账凭证账务处理程序的特点

记账凭证账务处理程序是指对发生的经济业务，都要以原始凭证或原始凭证汇总表编制记账凭证，根据记账凭证逐笔登记总分类账的一种账务处理程序。其主要特点是：直接根据记账凭证逐笔登记总分类账。这种账务处理程序是会计账务处理程序中最基本的程序，其他账务处理程序一般是在这种账务处理程序的基础上发展形成的。

在记账凭证账务处理程序下，记账凭证一般采用收款凭证、付款凭证和转账凭证三种。总分类账和明细分类账的格式均可采用借、贷、余三栏式。总分类账应按总账科目设置，明细分类账可以根据管理的需要按明细科目设置，采用三栏式、数量金额式或多栏式等格式。为了尽量减少记账凭证的数量，减轻登记总分类账的工作量，简化核算手续，在采用记账凭证账务处理程序时，应尽可能地将业务内容相同的原始凭证先编制成原始凭证汇总表，再根据原始凭证汇总表编制记账凭证，登记总分类账簿。

12.2.2　记账凭证账务处理程序的步骤

记账凭证账务处理程序的步骤一般可归纳如下：

①根据原始凭证编制原始凭证汇总表。

②根据原始凭证或原始凭证汇总表填制记账凭证。

③根据收款凭证、付款凭证登记库存现金日记账和银行存款日记账。

④根据原始凭证、原始凭证汇总表和记账凭证登记各种明细分类账。

⑤根据记账凭证登记总分类账。

⑥月末将日记账、明细分类账的余额与有关总分类账的余额相核对。

⑦月末依据总分类账和明细分类账的资料编制财务报表。

12.2.3　记账凭证账务处理程序的优缺点及适用范围

记账凭证账务处理程序的优点是简单明了，易于理解和掌握，并且总分类账能具体、详细地反映每项经济业务的发生情况，便于分析和检查；缺点是直接根据记账凭证逐笔登记总分类账，工作量比较大。所以，这种账务处理程序一般只适用于经营规模较小、业务量不大、凭证数量不多的单位。

12.3 科目汇总表账务处理程序

12.3.1 科目汇总表账务处理程序的特点

科目汇总表账务处理程序又称记账凭证汇总表账务处理程序，它是在记账凭证之后，定期编制科目汇总表，并据以登记总账的一种账务处理程序。其主要特点是：定期地根据记账凭证汇总编制科目汇总表，然后根据科目汇总表登记总账。科目汇总表，又称记账凭证汇总表，是将一定期间内的全部记账凭证，按会计科目进行归类，计算出每一总账科目的本期借方、贷方发生额并进行试算平衡所编制的汇总表。

采用科目汇总表账务处理程序时，记账凭证一般采用收款凭证、付款凭证和转账凭证三种。总账和明细账的格式均可采用借、贷、余三栏式。总账按总账科目设置。明细账可根据管理的需要按明细科目设置，采用三栏式、数量金额式或多栏式等格式。

12.3.2 科目汇总表账务处理程序的步骤

科目汇总表账务处理程序的步骤一般可归纳如下：

①根据原始凭证或原始凭证汇总表编制记账凭证。

②根据收款凭证、付款凭证登记库存现金日记账、银行存款日记账。

③根据记账凭证和原始凭证（或原始凭证汇总表）登记各明细账。

④根据记账凭证定期编制科目汇总表。

⑤根据科目汇总表登记总账。

⑥日记账、明细账分别与总账定期核对。

⑦根据总账、明细账和其他有关资料编制财务报表。

12.3.3 科目汇总表账务处理程序的优缺点及适用范围

科目汇总表账务处理程序的主要优点是：根据科目汇总表登记总账大大减少了登记总账的工作量，而且通过科目汇总表的编制，可以将各科目本期借方、贷方发生额的合计数进行试算平衡，及时发现填制凭证和汇总过程中的错误，从而保证记账工作的质量。其缺点是：科目汇总表不分对应科目进行汇总，不能反映各科目的对应关系，不便于对经济业务进行分析和检查；如果记账凭证较多，根据记账凭证编制科目汇总表本身也是一项很繁杂的工作，若记账凭证较少，运用科目汇总表登记总账又起不到简化登记总账工作的效果。这种账务处理程序应用范围比较广，不论规模大小的会计主体都可以采用，适用于大、中、小型单位。

12.3.4　科目汇总表账务处理程序的案例分析

以某股份有限公司2×17 年12 月份的经济业务为例，说明科目汇总表账务处理程序。该公司为增值税一般纳税人，增值税税率为17%，所得税税率为25%。该年度12 月1 日有关科目的余额见表12-1。

表 12-1　**科目余额表**　单位：元

科目名称	借方余额	科目名称	贷方余额
库存现金	3 000	短期借款	300 000
银行存款	1 340 000	应付票据	200 000
其他货币资金	123 300	应付账款	1 255 300
交易性金融资产	45 000	其他应付款	50 000
应收票据	240 000	应交税费	-100 000
应收账款	290 000	应付利息	6 000
坏账准备	-1 000	股本	6 000 000
其他应收款	16 000	盈余公积	200 000
材料采购	235 000	利润分配（未分配利润）	80 000
原材料	550 000		
库存商品	1 500 000		
固定资产	2 550 000		
累计折旧	-400 000		
在建工程	1 500 000		
合　计	7 991 300	合　计	7 991 300

第一步，根据该公司2×17 年12 月份经济业务编制的记账凭证如下所列。

（1）12 月1 日，购入甲材料2 800 千克，总货款140 000 元，进项税额23 800 元，已用银行存款付清全款，材料尚未运到。

大连市财政局 ★ 检印

付款凭证

2×17 年 12 月 1 日

出纳编号________　凭证编号　1

辽财会账证 42-1 号

贷方科目	银行存款

摘要	结算方式	票号	借方科目：总账科目	借方科目：明细科目	亿	千	百	十	万	千	百	十	元	角	分	记账符号
购入甲材料			材料采购	甲材料				1	4	0	0	0	0	0	0	√
			应交税费	应交增值税(进项税额)					2	3	8	0	0	0	0	√
合　计							¥	1	6	3	8	0	0	0	0	

附单据 2 张

会计主管人员　记账　稽核　制单　出纳　领款人

（2）12 月2 日，支付甲材料运杂费11 200 元。

大连市财政局 ★ 检印

付款凭证

2×17 年 12 月 2 日

辽财会账证 42-1 号

出纳编号______　凭证编号 2

贷方科目	银行存款

摘要	结算方式	票号	借方科目		亿	千	百	十	万	千	百	十	元	角	分	记账符号
			总账科目	明细科目												
支付甲材料运杂费			材料采购	甲材料					1	1	2	0	0	0	0	√
合计								¥	1	1	2	0	0	0	0	

附单据 2 张

会计主管人员　记账　稽核　制单　出纳　领款人

（3）12 月 5 日，甲材料运到并验收入库。

大连市财政局 ★ 检印

转账凭证

2×17 年 12 月 5 日

辽财会账证 43-1 号

凭证编号 1

摘要	借方科目		贷方科目		亿	千	百	十	万	千	百	十	元	角	分	记账符号
	总账科目	明细科目	总账科目	明细科目												
甲材料验收入库	原材料	甲材料	材料采购	甲材料				1	5	1	2	0	0	0	0	√
合计							¥	1	5	1	2	0	0	0	0	

附单据 1 张

会计主管人员　记账　稽核　制单

（4）12 月 5 日，提取现金 300 000 元，准备发放工资。

大连市财政局 ★ 检印

付款凭证

2×17 年 12 月 5 日

辽财会账证 42-1 号

出纳编号______　凭证编号 3

贷方科目	银行存款

摘要	结算方式	票号	借方科目		亿	千	百	十	万	千	百	十	元	角	分	记账符号
			总账科目	明细科目												
提现金备发工资			库存现金					3	0	0	0	0	0	0	0	√
合计							¥	3	0	0	0	0	0	0	0	

附单据 1 张

会计主管人员　记账　稽核　制单　出纳　领款人

（5）12 月 6 日，支付工资 300 000 元。

大连市财政局 ★ 检印

付款凭证

2×17 年 12 月 6 日

辽财会账证 42-1 号

出纳编号________　凭证编号　4

贷方科目	库存现金

摘要	结算方式	票号	借方科目		金额											记账符号
			总账科目	明细科目	亿	千	百	十	万	千	百	十	元	角	分	
发放工资			应付职工薪酬					3	0	0	0	0	0	0	0	√
合　　计							¥	3	0	0	0	0	0	0	0	

附单据 2 张

会计主管人员　　记账　　稽核　　制单　　出纳　　领款人

（6）分配工资 300 000 元，其中，生产人员工资 240 000 元，车间管理人员工资20 000元，行政管理人员工资 40 000 元。

大连市财政局 ★ 检印

转账凭证

2×17 年 12 月 6 日

辽财会账证 43-1 号

凭证编号　2

摘要	借方科目		贷方科目		金额											记账符号
	总账科目	明细科目	总账科目	明细科目	亿	千	百	十	万	千	百	十	元	角	分	
分配工资	生产成本		应付职工薪酬	工资				2	4	0	0	0	0	0	0	√
	制造费用		应付职工薪酬	工资					2	0	0	0	0	0	0	√
	管理费用		应付职工薪酬	工资					4	0	0	0	0	0	0	√
合　　计							¥	3	0	0	0	0	0	0	0	

附单据 1 张

会计主管人员　　记账　　稽核　　制单

（7）根据有关规定提取职工福利 42 000 元，其中，生产工人福利 33 600 元，车间管理人员福利 2 800 元，行政管理人员福利 5 600 元。

大连市财政局 ★ 检印

转 账 凭 证

2×17 年 12 月 6 日

辽财会账证 43-1 号　　　　凭证编号 3

摘　要	借方科目		贷方科目		金　额											记账符号
	总账科目	明细科目	总账科目	明细科目	亿	千	百	十	万	千	百	十	元	角	分	
计提福利费	生产成本		应付职工薪酬	职工福利					3	3	6	0	0	0	0	√
	制造费用		应付职工薪酬	职工福利						2	8	0	0	0	0	√
	管理费用		应付职工薪酬	职工福利						5	6	0	0	0	0	√
合　计								¥	4	2	0	0	0	0	0	

附单据 1 张

会计主管人员　　记账　　稽核　　制单

（8）12 月 6 日，基本生产领用甲材料 350 000 元。

大连市财政局 ★ 检印

转 账 凭 证

2×17 年 12 月 6 日

辽财会账证 43-1 号　　　　凭证编号 4

摘　要	借方科目		贷方科目		金　额											记账符号
	总账科目	明细科目	总账科目	明细科目	亿	千	百	十	万	千	百	十	元	角	分	
生产领用甲材料	生产成本		原材料	甲材料				3	5	0	0	0	0	0	0	√
合　计							¥	3	5	0	0	0	0	0	0	

附单据 2 张

会计主管人员　　记账　　稽核　　制单

（9）12 月 7 日，购买印花税票 4 000 元。

大连市财政局 ★ 检印

付 款 凭 证

2×17 年 12 月 7 日

辽财会账证 42-1 号　　　　出纳编号　　　凭证编号 5

贷方科目	银行存款

摘　要	结算方式	票　号	借方科目		金　额											记账符号
			总账科目	明细科目	亿	千	百	十	万	千	百	十	元	角	分	
购买印花税票			管理费用	印花税						4	0	0	0	0	0	√
合　计									¥	4	0	0	0	0	0	

附单据 2 张

会计主管人员　　记账　　稽核　　制单　　出纳　　领款人

（10）12 月 7 日，支付电视台产品广告费 9 000 元。

大连市财政局 ★ 检印

付 款 凭 证

2×17 年 12 月 7 日

辽财会账证 42-1 号

出纳编号________　凭证编号　6

贷方科目	银行存款

摘　要	结算方式	票　号	借方科目		金　额											记账符号	
			总账科目	明细科目	亿	千	百	十	万	千	百	十	元	角	分		附单据
支付广告费			销售费用	广告费						9	0	0	0	0	0	√	2
																	张
合　计									¥	9	0	0	0	0	0		

会计主管人员　　记账　　稽核　　制单　　出纳　　领款人

（11）12 月 9 日，销售给大连华创科技有限公司产品一批，销售价款 550 000 元，销项税额 93 500 元，该批产品实际成本 370 000 元，产品已发出，货款未收到。

大连市财政局 ★ 检印

转 账 凭 证

2×17 年 12 月 9 日

辽财会账证 43-1 号

凭证编号　5

摘　要	借方科目		贷方科目		金　额											记账符号	
	总账科目	明细科目	总账科目	明细科目	亿	千	百	十	万	千	百	十	元	角	分		附单据
销售产品	应收账款	华创科技	主营业务收入					5	5	0	0	0	0	0	0	√	
	应收账款	华创科技	应交税费	应交增值税（销项税额）					9	3	5	0	0	0	0	√	2
																	张
合　计							¥	6	4	3	5	0	0	0	0		

会计主管人员　　记账　　稽核　　制单

（12）12 月 10 日，收到出资款 500 000 元，已存入银行。

大连市财政局 ★ 检印

收 款 凭 证

2×17 年 12 月 10 日

辽财会账证 41-1 号

出纳编号________　凭证编号　1

借方科目	银行存款

摘　要	结算方式	票　号	贷方科目		金　额											记账符号	
			总账科目	明细科目	亿	千	百	十	万	千	百	十	元	角	分		附单据
收到出资款			股本					5	0	0	0	0	0	0	0	√	2
																	张
合　计							¥	5	0	0	0	0	0	0	0		

会计主管人员　　记账　　稽核　　制单　　出纳　　交款人

（13）12 月 12 日，生产车间报废一台机床，原价 200 000 元，已提折旧 170 000 元，清理费用 1 000 元，残值收入 1 500 元，均通过银行收支。该项固定资产已清理完毕。

大连市财政局 ★ 检印

转账凭证

2×17 年 12 月 12 日

辽财会账证 43－1 号　　　　凭证编号　6

摘　要	借方科目		贷方科目		金　额											记账符号
	总账科目	明细科目	总账科目	明细科目	亿	千	百	十	万	千	百	十	元	角	分	
机床报废转入清理	固定资产清理		固定资产	机床					3	0	0	0	0	0	0	√
	累计折旧		固定资产	机床				1	7	0	0	0	0	0	0	√
合　　计							¥	2	0	0	0	0	0	0	0	

附单据　张

会计主管人员　　记账　　稽核　　制单

大连市财政局 ★ 检印

付款凭证

2×17 年 12 月 12 日

辽财会账证 42－1 号　　　　出纳编号　　　凭证编号　7

贷方科目	银行存款

摘　要	结算方式	票　号	借方科目		金　额											记账符号
			总账科目	明细科目	亿	千	百	十	万	千	百	十	元	角	分	
支付机床清理费用			固定资产清理							1	0	0	0	0	0	√
合　　计									¥	1	0	0	0	0	0	

附单据 2 张

会计主管人员　　记账　　稽核　　制单　　出纳　　领款人

大连市财政局 ★ 检印

收款凭证

2×17 年 12 月 12 日

辽财会账证 41－1 号　　　　出纳编号　　　凭证编号　2

借方科目	银行存款

摘　要	结算方式	票　号	贷方科目		金　额											记账符号
			总账科目	明细科目	亿	千	百	十	万	千	百	十	元	角	分	
机床残值收入			固定资产清理							1	5	0	0	0	0	√
合　　计									¥	1	5	0	0	0	0	

附单据　张

会计主管人员　　记账　　稽核　　制单　　出纳　　交款人

大连市财政局 ★ 检印

转账凭证

2×17 年 12 月 12 日

辽财会账证 43-1 号　　　　凭证编号 7

摘要	借方科目		贷方科目		金额											记账
	总账科目	明细科目	总账科目	明细科目	亿	千	百	十	万	千	百	十	元	角	分	符号
结转机床清理净损失	营业外支出	处置固定资产损失	固定资产清理						2	9	5	0	0	0	0	√
合计								¥	2	9	5	0	0	0	0	

附单据　张

会计主管人员　　记账　　稽核　　制单

（14）12 月 15 日，销售给北京杰特工贸有限公司产品一批，销售价款 150 000 元，销项税额 25 500 元，该批产品实际成本 110 000 元，产品已发出，收到对方开出的商业承兑汇票。

大连市财政局 ★ 检印

转账凭证

2×17 年 12 月 15 日

辽财会账证 43-1 号　　　　凭证编号 8

摘要	借方科目		贷方科目		金额											记账
	总账科目	明细科目	总账科目	明细科目	亿	千	百	十	万	千	百	十	元	角	分	符号
销售产品	应收票据	北京杰特	主营业务收入					1	5	0	0	0	0	0	0	√
	应收票据	北京杰特	应交税费	应交增值税（销项税额）					2	5	5	0	0	0	0	√
合计							¥	1	7	5	5	0	0	0	0	

附单据　张

会计主管人员　　记账　　稽核　　制单

（15）12 月 20 日，预提短期借款利息 1 500 元。

大连市财政局 ★ 检印

转账凭证

2×17 年 12 月 20 日

辽财会账证 43-1 号　　　　凭证编号 9

摘要	借方科目		贷方科目		金额											记账
	总账科目	明细科目	总账科目	明细科目	亿	千	百	十	万	千	百	十	元	角	分	符号
预提借款利息	财务费用	利息支出	应付利息	短期借款利息						1	5	0	0	0	0	√
合计									¥	1	5	0	0	0	0	

附单据　张

会计主管人员　　记账　　稽核　　制单

（16）12 月 31 日，计提固定资产折旧 80 000 元，其中，计入制造费用 50 000 元，计入管理费用 30 000 元。

大连市财政局 ★ 检印

转账凭证

2×17 年 12 月 31 日

辽财会账证 43-1 号　　　　凭证编号 10

摘要	借方科目		贷方科目		金额											记账符号
	总账科目	明细科目	总账科目	明细科目	亿	千	百	十	万	千	百	十	元	角	分	
计提折旧	制造费用	折旧	累计折旧						5	0	0	0	0	0	0	√
	管理费用	折旧	累计折旧						3	0	0	0	0	0	0	√
合计								¥	8	0	0	0	0	0	0	

附单据　张

会计主管人员　　记账　　稽核　　制单

（17）12 月 31 日，结转本月销售成本 480 000 元。

大连市财政局 ★ 检印

转账凭证

2×17 年 12 月 31 日

辽财会账证 43-1 号　　　　凭证编号 11

摘要	借方科目		贷方科目		金额											记账符号
	总账科目	明细科目	总账科目	明细科目	亿	千	百	十	万	千	百	十	元	角	分	
结转本月销售成本	主营业务成本		库存商品					4	8	0	0	0	0	0	0	√
合计							¥	4	8	0	0	0	0	0	0	

附单据 2 张

会计主管人员　　记账　　稽核　　制单

（18）12 月 31 日，支付办公楼房租 20 000 元。

大连市财政局 ★ 检印

付款凭证

2×17 年 12 月 31 日

出纳编号＿＿＿＿　　凭证编号 8

贷方科目	银行存款

辽财会账证 42-1 号

摘要	借方科目		贷方科目		金额											记账符号
	总账科目	明细科目	总账科目	明细科目	亿	千	百	十	万	千	百	十	元	角	分	
支付房租	管理费用	房租	银行存款						2	0	0	0	0	0	0	√
合计								¥	2	0	0	0	0	0	0	

附单据　张

会计主管人员　　记账　　稽核　　制单

（19）12 月 31 日，计算并结转本期完工产品成本。没有期初在产品，本期生产的产品全部完工入库。

大连市财政局 ★ 检印

转账凭证

2×17 年 12 月 31 日

辽财会账证 43-1 号　　　　凭证编号　12

摘要	借方科目		贷方科目		金额											记账符号
	总账科目	明细科目	总账科目	明细科目	亿	千	百	十	万	千	百	十	元	角	分	
结转制造费用	生产成本		制造费用						7	2	8	0	0	0	0	√
合　计								¥	7	2	8	0	0	0	0	

附单据　张

会计主管人员　　记账　　稽核　　制单

大连市财政局 ★ 检印

转账凭证

2×17 年 12 月 31 日

辽财会账证 43-1 号　　　　凭证编号　13

摘要	借方科目		贷方科目		金额											记账符号
	总账科目	明细科目	总账科目	明细科目	亿	千	百	十	万	千	百	十	元	角	分	
完工产品入库	库存商品		生产成本					6	9	6	4	0	0	0	0	√
合　计							¥	6	9	6	4	0	0	0	0	

附单据　张

会计主管人员　　记账　　稽核　　制单

（20）将各收支科目结转至本年利润。

大连市财政局 ★ 检印

转账凭证

2×17 年 12 月 31 日

辽财会账证 43-1 号　　　　凭证编号　14

摘要	借方科目		贷方科目		金额											记账符号
	总账科目	明细科目	总账科目	明细科目	亿	千	百	十	万	千	百	十	元	角	分	
结转收入	主营业务收入		本年利润					7	0	0	0	0	0	0	0	√
合　计							¥	7	0	0	0	0	0	0	0	

附单据　张

会计主管人员　　记账　　稽核　　制单

大连市财政局 ★ 检印

转账凭证

2×17 年 12 月 31 日

辽财会账证 43-1 号　　　　凭证编号 15

摘要	借方科目		贷方科目		金额											记账符号
	总账科目	明细科目	总账科目	明细科目	亿	千	百	十	万	千	百	十	元	角	分	
结转成本费用	本年利润		主营业务成本					4	8	0	0	0	0	0	0	√
	本年利润		管理费用						9	9	6	0	0	0	0	√
	本年利润		销售费用							9	0	0	0	0	0	√
	本年利润		财务费用							1	5	0	0	0	0	√
	本年利润		营业外支出						2	9	5	0	0	0	0	√
合　　计							¥	6	1	9	6	0	0	0	0	

附单据　张

会计主管人员　　记账　　稽核　　制单

（21）计算应交所得税 20 100 元。

大连市财政局 ★ 检印

转账凭证

2×17 年 12 月 31 日

辽财会账证 43-1 号　　　　凭证编号 16

摘要	借方科目		贷方科目		金额											记账符号
	总账科目	明细科目	总账科目	明细科目	亿	千	百	十	万	千	百	十	元	角	分	
计算所得税	所得税费用		应交税费	应交所得税					2	0	1	0	0	0	0	√
合　　计								¥	2	0	1	0	0	0	0	

附单据　张

会计主管人员　　记账　　稽核　　制单

（22）结转所得税费用 20 100 元。

大连市财政局 ★ 检印

转账凭证

2×17 年 12 月 31 日

辽财会账证 43-1 号　　　　　　　　　　　　凭证编号　17

摘要	借方科目		贷方科目		金额											记账符号
	总账科目	明细科目	总账科目	明细科目	亿	千	百	十	万	千	百	十	元	角	分	
结转所得税	本年利润		所得税费用						2	0	1	0	0	0	0	√
合　计								¥	2	0	1	0	0	0	0	

附单据　张

会计主管人员　　　　记账　　　　稽核　　　　制单

（23）提取法定盈余公积 6 030 元。

大连市财政局 ★ 检印

转账凭证

2×17 年 12 月 31 日

辽财会账证 43-1 号　　　　　　　　　　　　凭证编号　18

摘要	借方科目		贷方科目		金额											记账符号
	总账科目	明细科目	总账科目	明细科目	亿	千	百	十	万	千	百	十	元	角	分	
提取法定盈余公积	利润分配	提取法定盈余公积	盈余公积	法定盈余公积						6	0	3	0	0	0	√
合　计									¥	6	0	3	0	0	0	

附单据　张

会计主管人员　　　　记账　　　　稽核　　　　制单

（24）将利润分配各明细科目的余额转入未分配利润明细科目，结转本年利润。

大连市财政局 ★ 检印

转账凭证

2×17 年 12 月 31 日

辽财会账证 43-1 号　　　　　　　　　　　　凭证编号　19

摘要	借方科目		贷方科目		金额											记账符号
	总账科目	明细科目	总账科目	明细科目	亿	千	百	十	万	千	百	十	元	角	分	
结转本年利润	本年利润		利润分配	未分配利润					6	0	3	0	0	0	0	√
合　计								¥	6	0	3	0	0	0	0	

附单据　张

会计主管人员　　　　记账　　　　稽核　　　　制单

大连市财政局 ★ 检印

转账凭证

2×17 年 12 月 31 日

辽财会账证 43-1 号　　　　凭证编号 20

摘要	借方科目		贷方科目		金额											记账符号
	总账科目	明细科目	总账科目	明细科目	亿	千	百	十	万	千	百	十	元	角	分	
结转利润分配明细	利润分配	未分配利润	利润分配	提取法定盈余公积						6	0	3	0	0	0	√
合计									¥	6	0	3	0	0	0	

附单据　张

会计主管人员　　　记账　　　稽核　　　制单

第二步，根据该公司 2×17 年 12 月份收款凭证、付款凭证登记库存现金日记账、银行存款日记账。

大连税务代理中心 ★ 账册检印

库存现金日记账

账 4-2

2×17年		凭证号	对方科目	摘要	核对号	收入（借方）金额										付出（贷方）金额										结余金额									
月	日					千	百	十	万	千	百	十	元	角	分	千	百	十	万	千	百	十	元	角	分	千	百	十	万	千	百	十	元	角	分
				承前页																										3	0	0	0	0	0
12	5	付3		提现金备发工资			3	0	0	0	0	0	0	0														3	0	3	0	0	0	0	0
12	6	付4		发放工资													3	0	0	0	0	0	0	0						3	0	0	0	0	0
				本月累计			3	0	0	0	0	0	0	0			3	0	0	0	0	0	0	0						3	0	0	0	0	0

银行存款日记账

账 5-2

2×17 年 月	日	凭证号	摘　要	对方科目	结算种类	结算凭证号	核对号	收入（借方）金额 亿千百十万千百十元角分	付出（贷方）金额 亿千百十万千百十元角分	结余金额 亿千百十万千百十元角分
			承前页							134000000
12	1	付 1	购入甲材料						16380000	117620000
12	2	付 2	支付甲材料运费						1120000	116500000
12	5	付 3	提现金备发工资						30000000	86500000
12	7	付 5	购买印花税						400000	86100000
12	7	付 6	支付广告费						900000	85200000
12	10	收 1	收到出资款					50000000		135200000
12	12	付 7	支付机床清理费用						100000	135100000
12	12	收 2	机床残值收入					150000		135250000
12	31	付 8	支付房租						2000000	
			本月累计					50150000	50900000	133250000

第三步，根据该公司 2×17 年 12 月份记账凭证和原始凭证登记各明细账。

应交税费（增值税）

账 39

2x17年 月	日	凭证号	摘要	借方：进项税额（亿千百十万千百十元角分）	借方：已交税额（亿千百十万千百十元角分）	借方：减免税款（千百十万千百十元角分）	借方：出口抵减内销产品应纳税额（千百十万千百十元角分）	借方：转出未交增值税（千百十万千百十元角分）	借方：合计（亿千百十万千百十元角分）
			承前页	10000000					
12	1	付1	购入甲材料	2380000					
12	9	转5	销售产品						
12	15	转8	销售产品						
			⋮						

生产成本

大连
北方财税会计
账证

科目编号________

账 30　会计科目 生产成本　细目________　子目________

2x17年 月	日	凭证号	摘要	直接材料：原材料（千百十万千百十元角分）	直接材料：小计（千百十万千百十元角分）	直接工资（千百十万千百十元角分）	其他直接支出（百十万千百十元角分）	制造费用（千百十万千百十元角分）
			承前页					
12	6	转2	分配工资			24000000		
12	6	转3	计提福利				3360000	
12	6	转4	生产领用甲材料	35000000				
12	31	转12	结转制造费用					728000
12	31	转13	完工产品入库					

明细账

贷方					√	借或贷	余额
销项税额	出口退税	进项税额转出	转出多交增值税	合计			
亿千百十万千百十元角分	亿千百十万千百十元角分	亿千百十万千百十元角分	亿千百十万千百十元角分	亿千百十万千百十元角分			亿千百十万千百十元角分
						借	10000000
						借	12380000
9350000						借	3030000
2550000						借	480000

明细账

本期完工产量：________

期初在产品产量：________　　期末在产品产量：________　　总页______

本 期 投 入 产 量：________　　本期完工产品单位成本：______　　总页______

借方合计	完工产品成本					余额
	直接材料	直接工资	其他直接支出	制造费用	合计	
亿千百十万千百十元角分	千百十万千百十元角分	千百十万千百十元角分	千百十万千百十元角分	千百十万千百十元角分	亿千百十万千百十元角分	千百十万千百十元角分
						0
24000000						
3360000						
35000000						
7280000						
	35000000	24000000	3360000	7280000	69640000	0

大连 北方财税会计 账证

科目编号____________ 制造费用

账 22-1 会计科目 制造费用 细目____________ 子目____________

2x17年 月	日	凭证号	摘要	借方 工资（千百十万千百十元角分）	借方 福利费（千百十万千百十元角分）	借方 水电费（千百十万千百十元角分）
			承前页			
12	6	转2	分配工资	2000000		
12	6	转3	计提福利		280000	
12	31	转10	计提折旧			
12	31	转12	结转制造费用			

大连 北方财税会计 账证

科目编号____________ 管理费用

账 22-1 会计科目 管理费用 细目____________ 子目____________

2x17年 月	日	凭证号	摘要	借方 工资（千百十万千百十元角分）	借方 福利费（千百十万千百十元角分）	借方 印花税（千百十万千百十元角分）	借方 差旅费（千百十万千百十元角分）
			承前页				
12	6	转2	分配工资	4000000			
12	6	转3	计提福利		560000		
12	7	付5	购买印花税			400000	
12	31	转10	计提折旧				
12	31	付8	摊销房租				
12	31	转15	结转成本费用				
			本月合计				

明细账

发生额			贷方合计	借或贷	余额
折旧	其他	合计			
千百十万千百十元角分	千百十万千百十元角分	千百十万千百十元角分	千百十万千百十元角分		千百十万千百十元角分
					θ
		2000000			
		280000			
5000000		5000000			
			7280000		θ

明细账

发生额				贷方合计	借或贷	余额
折旧	办公费	房租	合计			
千百十万千百十元角分	千百十万千百十元角分	千百十万千百十元角分	千百十万千百十元角分	千百十万千百十元角分		千百十万千百十元角分
						θ
			4000000			
			560000			
			400000			
3000000			3000000			
		2000000	2000000			
				9960000		θ
			9960000	9960000		θ

大连北方财税会计账证

科目编号________ **销售费用明细账**

账 22-1 会计科目 销售费用 细目________ 子目________

2x17年 月	日	凭证号	摘要	借方发生额 广告（千百十万千百十元角分）	借方发生额 合计（千百十万千百十元角分）	贷方合计（千百十万千百十元角分）	借或贷	余额（千百十万千百十元角分）
			承前页					0
12	7	付6	支付广告费	900000	900000			
12	31	转15	结转成本费用			900000		0

大连北方财税会计账证

科目编号________ **财务费用明细账**

账 22-1 会计科目 财务费用 细目________ 子目________

2x17年 月	日	凭证号	摘要	借方发生额 利息（千百十万千百十元角分）	借方发生额 手续费（千百十万千百十元角分）	借方发生额 合计（千百十万千百十元角分）	贷方合计（千百十万千百十元角分）	借或贷	余额（千百十万千百十元角分）
			承前页						0
12	30	转9	计提借款利息	150000		150000			
12	31	转15	结转成本费用				150000		0

应收账款明细账

大连北方财税会计账证

科目编号：　　　　　　　　　　　　　　　　　　　　　　　　总页

账 23　会计科目 应收账款　二级科目 华创科技　细目　　　　　　分页

2×17年		凭证号	摘要	对方科目	借方											贷方											√	借或贷	余额										
月	日				亿	千	百	十	万	千	百	十	元	角	分	亿	千	百	十	万	千	百	十	元	角	分			亿	千	百	十	万	千	百	十	元	角	分
12	9	转5	销售产品					6	4	3	5	0	0	0	0													借				6	4	3	5	0	0	0	0

应收票据明细账

大连北方财税会计账证

科目编号：　　　　　　　　　　　　　　　　　　　　　　　　总页

账 23　会计科目 应收票据　二级科目 北京杰特　细目　　　　　　分页

2×17年		凭证号	摘要	对方科目	借方											贷方											√	借或贷	余额										
月	日				亿	千	百	十	万	千	百	十	元	角	分	亿	千	百	十	万	千	百	十	元	角	分			亿	千	百	十	万	千	百	十	元	角	分
12	15	转8	销售产品					1	7	5	5	0	0	0	0													借				1	7	5	5	0	0	0	0

物价专栏

供应	/	/
调拨	/	/
批发	/	/
零售	/	/

大连北方财税会计账证

账 35-1

库存商品明细账

类别____ 品名____ 规格____ 计量单位 件 存放地点 1号库

总页____ 分页____

2×17年 月	日	凭证号	摘要	借方 数量 购进	借方 数量 其他	借方 单价	借方 金额（千百十万千百十元角分）	贷方 数量 销售	贷方 数量 其他	贷方 单价	贷方 金额（千百十万千百十元角分）	余额 数量	余额 单价	余额 金额（千百十万千百十元角分）	存放库
			承前页											15000000	
12	31	转11	结转本月销售成本								48000000			10200000	
12	31	转13	完工产品入库				69640000							17164000	

材料采购明细账

大连北方财税会计账证

科目编号：________

账 23

会计科目 材料采购 二级科目 甲材料 细目________

总页____ 分页____

2×17年 月	日	凭证号	摘要	对方科目	借方（亿千百十万千百十元角分）	贷方（亿千百十万千百十元角分）	√	借或贷	余额（亿千百十万千百十元角分）
			承前页					借	23500000
12	1	付1	收入甲材料		14000000			借	37500000
12	2	付2	支付甲材料运费		1120000			借	38620000
12	5	转1	甲材料验收入库			15120000		借	23500000

大连北方财税会计账证

账 24

编号________

类别________

名称 机床　　规格______　型号______　单位______

固定资产及折旧明细账

总页______

分页______

使用年限		折旧率		附属品	名称	规格	数量	名称	规格	数量
残值		折旧额								

2×17年 月	日	凭证号	摘要	原始价值 借方 数量	原始价值 借方 金额	原始价值 贷方 数量	原始价值 贷方 金额	原始价值 余额 数量	原始价值 余额 金额	累计折旧 借方	累计折旧 贷方	累计折旧 余额	净值
			承前页						20000000			17000000	3000000
12	12	转6	报废转入清理				20000000			17000000			0

大连
北方财税会计
账证

明细账

总页______

账23　　会计科目固定资产清理　二级科目　机床　　细目____________　分页______

2×17年		凭证号	摘要	对方科目	借方											贷方											√	借或贷	余额										
月	日				亿	千	百	十	万	千	百	十	元	角	分	亿	千	百	十	万	千	百	十	元	角	分			亿	千	百	十	万	千	百	十	元	角	分
12	12	转6	机床报废						3	0	0	0	0	0	0																								
12	12	付7	支付机床清理费用							1	0	0	0	0	0													借					3	1	0	0	0	0	0
12	12	收2	机床残值收入																		1	5	0	0	0	0													
12	12	转7	结转机床清理净损失																	2	9	5	0	0	0	0											0		

大连
北方财税会计
账证

明细账

总页______

账23　　会计科目应付职工薪酬　二级科目　工资　　细目____________　分页______

2×17年		凭证号	摘要	对方科目	借方											贷方											√	借或贷	余额										
月	日				亿	千	百	十	万	千	百	十	元	角	分	亿	千	百	十	万	千	百	十	元	角	分			亿	千	百	十	万	千	百	十	元	角	分
			承前页																									平									0		
12	6	转2	分配工资																3	0	0	0	0	0	0	0		贷											
12	6	付4	发放工资					3	0	0	0	0	0	0	0													平									0		

大连
北方财税会计
账证

明细账

总页______

账23　　会计科目应付职工薪酬　二级科目　职工福利　　细目____________　分页______

2×17年		凭证号	摘要	对方科目	借方											贷方											√	借或贷	余额										
月	日				亿	千	百	十	万	千	百	十	元	角	分	亿	千	百	十	万	千	百	十	元	角	分			亿	千	百	十	万	千	百	十	元	角	分
12	6	转3	计提福利费																	4	2	0	0	0	0	0		贷					4	2	0	0	0	0	0

大连
北方财税会计
账证

明细账

总页______

账23　　会计科目　应付利息　二级科目短期借款利息　细目____________　分页______

2×17年		凭证号	摘要	对方科目	借方											贷方											√	借或贷	余额										
月	日				亿	千	百	十	万	千	百	十	元	角	分	亿	千	百	十	万	千	百	十	元	角	分			亿	千	百	十	万	千	百	十	元	角	分
			承前页																									贷						6	0	0	0	0	0
12	20	转9	预提借款利息																		1	5	0	0	0	0		贷						7	5	0	0	0	0

大连
北方财税会计
账证

明细账

总页______

账 23　　会计科目　股本　　二级科目______　　细目______　　分页______

2×17年 月	日	凭证号	摘要	对方科目	借方（亿千百十万千百十元角分）	贷方（亿千百十万千百十元角分）	√	借或贷	余额（亿千百十万千百十元角分）
			上年结转					贷	600000000
12	10	收 1	收到出资款			50000000		贷	650000000

大连
北方财税会计
账证

明细账

总页______

账 23　　会计科目　盈余公积　　二级科目　法定盈余公积　　细目______　　分页______

2×17年 月	日	凭证号	摘要	对方科目	借方（亿千百十万千百十元角分）	贷方（亿千百十万千百十元角分）	√	借或贷	余额（亿千百十万千百十元角分）
			承前页					贷	20000000
12	31	转18	提取法定盈余公积			603000		贷	20603000

大连
北方财税会计
账证

明细账

总页______

账 23　　会计科目　本年利润　　二级科目______　　细目______　　分页______

2×17年 月	日	凭证号	摘要	对方科目	借方（亿千百十万千百十元角分）	贷方（亿千百十万千百十元角分）	√	借或贷	余额（亿千百十万千百十元角分）
			承前页						
12	31	转14	结转收入			70000000		贷	70000000
12	31	转15	结转成本费用		61960000				
12	31	转17	结转所得税		2010000				
12	31	转19	结转本年利润		6030000			平	0

大连
北方财税会计
账证

明细账

总页______

账 23　会计科目 利润分配　二级科目 提取法定盈余公积　细目______　分页______

2×17年		凭证号	摘要	对方科目	借方											贷方											√	借或贷	余额										
月	日				亿	千	百	十	万	千	百	十	元	角	分	亿	千	百	十	万	千	百	十	元	角	分			亿	千	百	十	万	千	百	十	元	角	分
12	31	转18	提取法定盈余公积							6	0	3	0	0	0													借											
12	31	转20	结转利润分配明细																		6	0	3	0	0	0		平									0		

大连
北方财税会计
账证

明细账

总页______

账 23　会计科目 利润分配　二级科目 未分配利润　细目______　分页______

2×17年		凭证号	摘要	对方科目	借方											贷方											√	借或贷	余额										
月	日				亿	千	百	十	万	千	百	十	元	角	分	亿	千	百	十	万	千	百	十	元	角	分			亿	千	百	十	万	千	百	十	元	角	分
			上年结转																									贷					8	0	0	0	0	0	0
12	31	转20	结转利润分配明细							6	0	3	0	0	0													贷					7	3	9	7	0	0	0
12	31	转19	结转本年利润																	6	0	3	0	0	0	0		贷				1	3	4	2	7	0	0	0

大连
北方财税会计
账证

明细账

总页______

账 23　会计科目 应交税费　二级科目 应交所得税　细目______　分页______

2×17年		凭证号	摘要	对方科目	借方											贷方											√	借或贷	余额										
月	日				亿	千	百	十	万	千	百	十	元	角	分	亿	千	百	十	万	千	百	十	元	角	分			亿	千	百	十	万	千	百	十	元	角	分
12	31	转16	计算所得税																	2	0	1	0	0	0	0		贷					2	0	1	0	0	0	0

明　细　账

总页______ 分页______

账 23　　会计科目主营业务收入　二级科目______　细目______

2×17年 月	日	凭证号	摘要	对方科目	借方	贷方	√	借或贷	余额
			承前页						0
12	9	转5	销售产品			55000000		借	
12	15	转8	销售产品			15000000		借	
12	31	转14	结转收入		70000000			平	0

明　细　账

总页______ 分页______

账 23　　会计科目主营业务成本　二级科目______　细目______

2×17年 月	日	凭证号	摘要	对方科目	借方	贷方	√	借或贷	余额
			承前页					平	0
12	31	转11	结转本月销售成本		48000000			借	
12	31	转15	结转成本			48000000		平	0

明　细　账

总页______ 分页______

账 23　　会计科目 所得税费用　二级科目______　细目______

2×17年 月	日	凭证号	摘要	对方科目	借方	贷方	√	借或贷	余额
12	31	转16	计算所得税		2010000			借	2010000
12	31	转17	结转所得税			2010000		平	0

明　细　账

总页______

账 23　　会计科目 营业外支出　　二级科目______　　细目______　　分页______

2×17年 月	日	凭证号	摘要	对方科目	借方 亿千百十万千百十元角分	贷方 亿千百十万千百十元角分	√	借或贷	余额 亿千百十万千百十元角分
12	12	转7	结转机床清理净损失		2950000			借	2950000
12	31	转16	结转成本费用			2950000		平	0

第四步，根据该公司 2×17 年 12 月份记账凭证编制科目汇总表。

辽财会账证 44-2

记账凭证汇总表

2×17 年 12 月 31 日

凭证编号 汇 1

会计科目	借方 千	百	十	万	千	百	十	元	角	分	贷方 千	百	十	万	千	百	十	元	角	分	总账页次
库存现金			3	0	0	0	0	0	0	0			3	0	0	0	0	0	0	0	
银行存款			5	0	1	5	0	0	0	0			5	0	9	0	0	0	0	0	
材料采购			1	5	1	2	0	0	0	0			1	5	1	2	0	0	0	0	
原材料			1	5	1	2	0	0	0	0			3	5	0	0	0	0	0	0	
库存商品			6	9	6	4	0	0	0	0			4	8	0	0	0	0	0	0	
生产成本			6	9	6	4	0	0	0	0			6	9	6	4	0	0	0	0	
固定资产													2	0	0	0	0	0	0	0	
累计折旧			1	7	0	0	0	0	0	0				8	0	0	0	0	0	0	
固定资产清理				3	1	0	0	0	0	0				3	1	0	0	0	0	0	
应收账款			6	4	3	5	0	0	0	0											
应收票据			1	7	5	5	0	0	0	0											
应付职工薪酬			3	0	0	0	0	0	0	0			3	4	2	0	0	0	0	0	
应交税费				2	3	8	0	0	0	0			1	3	9	1	0	0	0	0	
应付利息															1	5	0	0	0	0	
主营业务收入			7	0	0	0	0	0	0	0			7	0	0	0	0	0	0	0	
主营业务成本			4	8	0	0	0	0	0	0			4	8	0	0	0	0	0	0	
制造费用				7	2	8	0	0	0	0				7	2	8	0	0	0	0	
管理费用				9	9	6	0	0	0	0				9	9	6	0	0	0	0	
销售费用					9	0	0	0	0	0					9	0	0	0	0	0	
财务费用					1	5	0	0	0	0					1	5	0	0	0	0	
附记账凭证 31 张																					

会计主管人员　　　　记账　　　　稽核　　　　制单

记账凭证汇总表

辽财会账证 44-2　　2×17 年 12 月 31 日　　凭证编号 汇 1

会计科目	金额																				总账页次
	借方										贷方										
	千	百	十	万	千	百	十	元	角	分	千	百	十	万	千	百	十	元	角	分	
所得税费用				2	0	1	0	0	0	0				2	0	1	0	0	0	0	
营业外支出				2	9	5	0	0	0	0				2	9	5	0	0	0	0	
本年利润			7	0	0	0	0	0	0	0			7	0	0	0	0	0	0	0	
盈余公积															6	0	3	0	0	0	
利润分配				1	2	0	6	0	0	0				6	6	3	3	0	0	0	
股本													5	0	0	0	0	0	0	0	
合计	¥	5	9	6	5	0	6	0	0	0	¥	5	9	6	5	0	6	0	0	0	
附记账凭证 31 张																					

会计主管人员　　　记账　　　稽核　　　制单

第五步，根据该公司 2×17 年 12 月份科目汇总表登记总账。

总　账

账 1-2　会计科目：库存现金

2×17 年		凭证号	摘要	借方											贷方											√	借或贷	余额										
月	日			亿	千	百	十	万	千	百	十	元	角	分	亿	千	百	十	万	千	百	十	元	角	分			亿	千	百	十	万	千	百	十	元	角	分
			期初余额																								借						3	0	0	0	0	0
12	31	汇 1	本月发生额				3	0	0	0	0	0	0	0				3	0	0	0	0	0	0	0		借						3	0	0	0	0	0
12	31		本月合计				3	0	0	0	0	0	0	0				3	0	0	0	0	0	0	0		借						3	0	0	0	0	0

大连 北方财税会计 账证

账 1-2 会计科目：银行存款

总 账

2×17年		凭证号	摘要	借方											贷方											√	借或贷	余额										
月	日			亿	千	百	十	万	千	百	十	元	角	分	亿	千	百	十	万	千	百	十	元	角	分			亿	千	百	十	万	千	百	十	元	角	分
			期初余额																								借			1	3	4	0	0	0	0	0	0
12	31	汇1	本月发生额				5	0	1	5	0	0	0	0				5	0	9	0	0	0	0	0		借			1	3	3	2	5	0	0	0	0
12	31		本月合计				5	0	1	5	0	0	0	0				5	0	9	0	0	0	0	0		借			1	3	3	2	5	0	0	0	0

大连 北方财税会计 账证

账 1-2 会计科目：材料采购

总 账

2×17年		凭证号	摘要	借方											贷方											√	借或贷	余额										
月	日			亿	千	百	十	万	千	百	十	元	角	分	亿	千	百	十	万	千	百	十	元	角	分			亿	千	百	十	万	千	百	十	元	角	分
			期初余额																								借				2	3	5	0	0	0	0	0
12	31	汇1	本月发生额				1	5	1	2	0	0	0	0				1	5	1	2	0	0	0	0		借				2	3	5	0	0	0	0	0
12	31		本月合计				1	5	1	2	0	0	0	0				1	5	1	2	0	0	0	0		借				2	3	5	0	0	0	0	0

大连 北方财税会计 账证

账 1-2 会计科目：原材料

总 账

2×17年		凭证号	摘要	借方											贷方											√	借或贷	余额										
月	日			亿	千	百	十	万	千	百	十	元	角	分	亿	千	百	十	万	千	百	十	元	角	分			亿	千	百	十	万	千	百	十	元	角	分
			期初余额																												5	5	0	0	0	0	0	0
12	31	汇1	本月发生额				1	5	1	2	0	0	0	0				3	5	0	0	0	0	0	0						3	5	1	2	0	0	0	0
12	31		本月合计				1	5	1	2	0	0	0	0				3	5	0	0	0	0	0	0						3	5	1	2	0	0	0	0

大连 北方财税会计 账证

账 1-2 会计科目：库存商品

总 账

2×17年		凭证号	摘要	借方											贷方											√	借或贷	余额										
月	日			亿	千	百	十	万	千	百	十	元	角	分	亿	千	百	十	万	千	百	十	元	角	分			亿	千	百	十	万	千	百	十	元	角	分
			期初余额																								借			1	5	0	0	0	0	0	0	0
12	31	汇1	本月发生额				6	9	6	4	0	0	0	0				4	8	0	0	0	0	0	0		借			1	7	1	6	4	0	0	0	0
12	31		本月合计				6	9	6	4	0	0	0	0				4	8	0	0	0	0	0	0		借			1	7	1	6	4	0	0	0	0

大连
北方财税会计
账证

账 1-2　会计科目：生产成本　　总　　账

2×17年		凭证号	摘要	借方											贷方											√	借或贷	余额										
月	日			亿	千	百	十	万	千	百	十	元	角	分	亿	千	百	十	万	千	百	十	元	角	分			亿	千	百	十	万	千	百	十	元	角	分
12	31	汇1	本月发生额				6	9	6	4	0	0	0	0				6	9	6	4	0	0	0	0		平									0		
12	31		本月合计				6	9	6	4	0	0	0	0				6	9	6	4	0	0	0	0		平									0		

大连
北方财税会计
账证

账 1-2　会计科目：固定资产　　总　　账

2×17年		凭证号	摘要	借方											贷方											√	借或贷	余额										
月	日			亿	千	百	十	万	千	百	十	元	角	分	亿	千	百	十	万	千	百	十	元	角	分			亿	千	百	十	万	千	百	十	元	角	分
			期初余额																								借			2	5	5	0	0	0	0	0	0
12	31	汇1	本月发生额															2	0	0	0	0	0	0	0		借			2	3	5	0	0	0	0	0	0
12	31		本月合计															2	0	0	0	0	0	0	0		借			2	3	5	0	0	0	0	0	0

大连
北方财税会计
账证

账 1-2　会计科目：累计折旧　　总　　账

2×17年		凭证号	摘要	借方											贷方											√	借或贷	余额										
月	日			亿	千	百	十	万	千	百	十	元	角	分	亿	千	百	十	万	千	百	十	元	角	分			亿	千	百	十	万	千	百	十	元	角	分
			期初余额																								贷				4	0	0	0	0	0	0	0
12	31	汇1	本月发生额				1	7	0	0	0	0	0	0					8	0	0	0	0	0	0		贷				3	1	0	0	0	0	0	0
12	31		本月合计				1	7	0	0	0	0	0	0					8	0	0	0	0	0	0		贷				3	1	0	0	0	0	0	0

大连
北方财税会计
账证

账 1-2　会计科目：固定资产清理　　总　　账

2×17年		凭证号	摘要	借方											贷方											√	借或贷	余额										
月	日			亿	千	百	十	万	千	百	十	元	角	分	亿	千	百	十	万	千	百	十	元	角	分			亿	千	百	十	万	千	百	十	元	角	分
12	31	汇1	本月发生额					3	1	0	0	0	0	0					3	1	0	0	0	0	0		平									0		
12	31		本月合计					3	1	0	0	0	0	0					3	1	0	0	0	0	0		平									0		

账 1-2 会计科目：应收账款 **总 账**

2×17年 月	日	凭证号	摘要	借方（亿千百十万千百十元角分）	贷方（亿千百十万千百十元角分）	√	借或贷	余额（亿千百十万千百十元角分）
			期初余额				借	29000000
12	31	汇1	本月发生额	64350000			借	93350000
12	31		本月合计	64350000			借	93350000

账 1-2 会计科目：应收票据 **总 账**

2×17年 月	日	凭证号	摘要	借方（亿千百十万千百十元角分）	贷方（亿千百十万千百十元角分）	√	借或贷	余额（亿千百十万千百十元角分）
			期初余额				借	24000000
12	31	汇1	本月发生额	17550000			借	41550000
12	31		本月合计	17550000			借	41550000

账 1-2 会计科目：应付职工薪酬 **总 账**

2×17年 月	日	凭证号	摘要	借方（亿千百十万千百十元角分）	贷方（亿千百十万千百十元角分）	√	借或贷	余额（亿千百十万千百十元角分）
12	31	汇1	本月发生额	30000000	34200000		贷	4200000
12	31		本月合计	30000000	34200000		贷	4200000

账 1-2 会计科目：应交税费 **总 账**

2×17年 月	日	凭证号	摘要	借方（亿千百十万千百十元角分）	贷方（亿千百十万千百十元角分）	√	借或贷	余额（亿千百十万千百十元角分）
			期初余额				借	10000000
12	31	汇1	本月发生额	2380000	13910000		贷	1530000
12	31		本月合计	2380000	13910000		贷	1530000

账 1-2 会计科目：应付利息 **总 账**

2×17年		凭证号	摘要	借方											贷方											√	借或贷	余额										
月	日			亿	千	百	十	万	千	百	十	元	角	分	亿	千	百	十	万	千	百	十	元	角	分			亿	千	百	十	万	千	百	十	元	角	分
			期初余额																								贷						6	0	0	0	0	0
12	31	汇 1	本月发生额																	1	5	0	0	0	0		贷						7	5	0	0	0	0
12	31		本月合计																	1	5	0	0	0	0		贷						7	5	0	0	0	0

账 1-2 会计科目：主营业务收入 **总 账**

2×17年		凭证号	摘要	借方											贷方											√	借或贷	余额										
月	日			亿	千	百	十	万	千	百	十	元	角	分	亿	千	百	十	万	千	百	十	元	角	分			亿	千	百	十	万	千	百	十	元	角	分
12	31	汇 1	本月发生额				7	0	0	0	0	0	0	0					7	0	0	0	0	0	0		平									~~0~~		
12	31		本月合计				7	0	0	0	0	0	0	0					7	0	0	0	0	0	0		平									~~0~~		

账 1-2 会计科目：主营业务成本 **总 账**

2×17年		凭证号	摘要	借方											贷方											√	借或贷	余额										
月	日			亿	千	百	十	万	千	百	十	元	角	分	亿	千	百	十	万	千	百	十	元	角	分			亿	千	百	十	万	千	百	十	元	角	分
12	31	汇 1	本月发生额				4	8	0	0	0	0	0	0					4	8	0	0	0	0	0		平									~~0~~		
12	31		本月合计				4	8	0	0	0	0	0	0					4	8	0	0	0	0	0		平									~~0~~		

账 1-2 会计科目：制造费用 **总 账**

2×17年		凭证号	摘要	借方											贷方											√	借或贷	余额										
月	日			亿	千	百	十	万	千	百	十	元	角	分	亿	千	百	十	万	千	百	十	元	角	分			亿	千	百	十	万	千	百	十	元	角	分
12	31	汇 1	本月发生额					7	2	8	0	0	0	0					7	2	8	0	0	0	0		平									~~0~~		
12	31		本月合计					7	2	8	0	0	0	0					7	2	8	0	0	0	0		平									~~0~~		

大连
北方财税会计
账证

总账

账 1-2 会计科目：管理费用

2×17年		凭证号	摘要	借方											贷方											√	借或贷	余额										
月	日			亿	千	百	十	万	千	百	十	元	角	分	亿	千	百	十	万	千	百	十	元	角	分			亿	千	百	十	万	千	百	十	元	角	分
12	31	汇1	本月发生额					9	9	6	0	0	0	0					9	9	6	0	0	0	0		平									0		
12	31		本月合计					9	9	6	0	0	0	0					9	9	6	0	0	0	0		平									0		

大连
北方财税会计
账证

总账

账 1-2 会计科目：销售费用

2×17年		凭证号	摘要	借方											贷方											√	借或贷	余额										
月	日			亿	千	百	十	万	千	百	十	元	角	分	亿	千	百	十	万	千	百	十	元	角	分			亿	千	百	十	万	千	百	十	元	角	分
12	31	汇1	本月发生额						9	0	0	0	0	0						9	0	0	0	0	0		平									0		
12	31		本月合计						9	0	0	0	0	0						9	0	0	0	0	0		平									0		

大连
北方财税会计
账证

总账

账 1-2 会计科目：财务费用

2×17年		凭证号	摘要	借方											贷方											√	借或贷	余额										
月	日			亿	千	百	十	万	千	百	十	元	角	分	亿	千	百	十	万	千	百	十	元	角	分			亿	千	百	十	万	千	百	十	元	角	分
12	31	汇1	本月发生额						1	5	0	0	0	0						1	5	0	0	0	0		平									0		
12	31		本月合计						1	5	0	0	0	0						1	5	0	0	0	0		平									0		

大连
北方财税会计
账证

总账

账 1-2 会计科目：所得税费用

2×17年		凭证号	摘要	借方											贷方											√	借或贷	余额										
月	日			亿	千	百	十	万	千	百	十	元	角	分	亿	千	百	十	万	千	百	十	元	角	分			亿	千	百	十	万	千	百	十	元	角	分
12	31	汇1	本月发生额					2	0	1	0	0	0	0					2	0	1	0	0	0	0		平									0		
12	31		本月合计					2	0	1	0	0	0	0					2	0	1	0	0	0	0		平									0		

大连北方财税会计账证

账 1-2　会计科目：营业外支出　**总　　账**

2×17年		凭证号	摘要	借方											贷方											√	借或贷	余额										
月	日			亿	千	百	十	万	千	百	十	元	角	分	亿	千	百	十	万	千	百	十	元	角	分			亿	千	百	十	万	千	百	十	元	角	分
12	31	汇 1	本月发生额					2	9	5	0	0	0	0					2	9	5	0	0	0	0		平									0		
12	31		本月合计					2	9	5	0	0	0	0					2	9	5	0	0	0	0		平									0		

大连北方财税会计账证

账 1-2　会计科目：本年利润　**总　　账**

2×17年		凭证号	摘要	借方											贷方											√	借或贷	余额										
月	日			亿	千	百	十	万	千	百	十	元	角	分	亿	千	百	十	万	千	百	十	元	角	分			亿	千	百	十	万	千	百	十	元	角	分
12	31	汇 1	本月发生额				7	0	0	0	0	0	0	0				7	0	0	0	0	0	0	0		平									0		
12	31		本月合计				7	0	0	0	0	0	0	0				7	0	0	0	0	0	0	0		平									0		

大连北方财税会计账证

账 1-2　会计科目：盈余公积　**总　　账**

2×17年		凭证号	摘要	借方											贷方											√	借或贷	余额										
月	日			亿	千	百	十	万	千	百	十	元	角	分	亿	千	百	十	万	千	百	十	元	角	分			亿	千	百	十	万	千	百	十	元	角	分
			期初余额																								贷				2	0	0	0	0	0	0	0
12	31	汇 1	本月发生额																	6	0	3	0	0	0		贷				2	0	6	0	3	0	0	0
12	31		本月合计																	6	0	3	0	0	0		贷				2	0	6	0	3	0	0	0

大连北方财税会计账证

账 1-2　会计科目：利润分配　**总　　账**

2×17年		凭证号	摘要	借方											贷方											√	借或贷	余额										
月	日			亿	千	百	十	万	千	百	十	元	角	分	亿	千	百	十	万	千	百	十	元	角	分			亿	千	百	十	万	千	百	十	元	角	分
			期初余额																								贷					8	0	0	0	0	0	0
12	31	汇 1	本月发生额					1	2	0	6	0	0	0					6	6	3	3	0	0	0		贷				1	3	4	2	7	0	0	0
12	31		本月合计					1	2	0	6	0	0	0					6	6	3	3	0	0	0		贷				1	3	4	2	7	0	0	0

账 1-2　会计科目：股本　　　　**总　账**

2×17年		凭证号	摘要	借方											贷方											√	借或贷	余额										
月	日			亿	千	百	十	万	千	百	十	元	角	分	亿	千	百	十	万	千	百	十	元	角	分			亿	千	百	十	万	千	百	十	元	角	分
			期初余额																								贷			6	0	0	0	0	0	0	0	0
12	31	汇1	本月发生额															5	0	0	0	0	0	0	0		贷			6	5	0	0	0	0	0	0	0
12	31		本月合计															5	0	0	0	0	0	0	0		贷			6	5	0	0	0	0	0	0	0

第六步，根据该公司2×17年12月份总账、明细账和其他有关资料编制财务报表。

资产负债表

会企01表

编制单位：××股份有限公司　　　　2×17年12月31日　　　　单位：元

资　产	期末余额	年初余额（略）	负债和所有者权益（或股东权益）	期末余额	年初余额（略）
流动资产：			流动负债：		
货币资金	1 458 800		短期借款	300 000	
以公允价值计量且其变动计入当期损益的金融资产	45 000		以公允价值计量且其变动计入当期损益的金融负债	0	
应收票据	415 500		应付票据	200 000	
应收账款	932 500		应付账款	1 255 300	
预付款项	0		预收款项	0	
应收利息	0		应付职工薪酬	42 000	
应收股利	0		应交税费	15 300	
其他应收款	16 000		应付利息	7 500	
存货	2 302 600		应付股利	0	
持有待售资产	0		其他应付款	50 000	
一年内到期的非流动资产	0		持有待售负债	0	
其他流动资产	0		一年内到期的非流动负债	0	
流动资产合计	5 170 400		其他流动负债	0	
非流动资产：			流动负债合计	1 870 100	
可供出售金融资产	0		非流动负债：		
持有至到期投资	0		长期借款	0	
长期应收款	0		应付债券	0	
长期股权投资	0		长期应付款	0	
投资性房地产	0		专项应付款	0	
固定资产	2 040 000		预计负债	0	
在建工程	1 500 000		递延所得税负债	0	
工程物资	0		其他非流动负债	0	
固定资产清理	0		非流动负债合计	0	

续表

资　产	期末余额	年初余额（略）	负债和所有者权益（或股东权益）	期末余额	年初余额（略）
生产性生物资产	0		负债合计	1 870 100	
油气资产	0		所有者权益（或股东权益）：		
无形资产	0		股本	6 500 000	
开发支出	0		资本公积	0	
商誉	0		减：库存股	0	
长期待摊费用	0		盈余公积	206 030	
递延所得税资产	0		未分配利润	134 270	
其他非流动资产	0		所有者权益（或股东权益）合计	6 840 300	
非流动资产合计	3 540 000				
资产总计	8 710 400		负债和所有者权益（或股东权益）总计	8 710 400	

利润表（简表）　　会企 02 表

编制单位：××股份有限公司　　2×17 年度　　单位：元

项　目	本期金额	上期金额（略）
一、营业收入	700 000	
减：营业成本	480 000	
税金及附加	0	
销售费用	9 000	
管理费用	99 600	
财务费用	1 500	
资产减值损失	0	
加：公允价值变动收益（损失以“-”号填列）	0	
投资收益（损失以“-”号填列）	0	
其中：对联营企业和合营企业的投资收益	0	
二、营业利润（亏损以“-”号填列）	109 900	
加：营业外收入	0	
减：营业外支出	29 500	
其中：非流动资产处置损失	0	
三、利润总额（亏损总额以“-”号填列）	80 400	
减：所得税费用	20 100	
四、净利润（净亏损以“-”号填列）	60 300	
五、其他综合收益	（略）	
六、其他综合收益税后净额	（略）	
七、综合收益总额	（略）	
八、每股收益	（略）	

12.4 汇总记账凭证账务处理程序

12.4.1 汇总记账凭证账务处理程序的特点

汇总记账凭证账务处理程序是指对发生的经济业务，都要根据原始凭证或原始凭证汇总表编制记账凭证，根据记账凭证编制汇总记账凭证，再根据汇总记账凭证登记总分类账的一种账务处理程序。这种账务处理程序的特点是定期将记账凭证汇总编制成汇总记账凭证，然后再根据汇总记账凭证登记总分类账。

12.4.2 汇总记账凭证账务处理程序的步骤

汇总记账凭证账务处理程序的步骤，一般可归纳如下：

①根据原始凭证编制原始凭证汇总表。

②根据原始凭证或原始凭证汇总表填制记账凭证。

③根据收款凭证、付款凭证登记库存现金日记账和银行存款日记账。

④根据记账凭证和原始凭证或原始凭证汇总表登记各种明细分类账。

⑤根据收款凭证、付款凭证和转账凭证，定期编制汇总收款凭证、汇总付款凭证和汇总转账凭证。

⑥根据各种汇总记账凭证登记总分类账。

⑦月末，将日记账和明细账的余额与有关总分类账的余额相核对。

⑧月末，根据总分类账和明细分类账的资料编制财务报表。

12.4.3 汇总记账凭证账务处理程序的优缺点及适用范围

汇总记账凭证账务处理程序的优点是：根据定期编制的汇总记账凭证登记总分类账，简化了登记总账的工作，减轻了登记总账的工作量。汇总记账凭证能够清晰地反映各科目之间的对应关系，出现差错易于查找。然而，由于这种账务处理程序的转账凭证是按每一账户贷方科目，而不是按经济业务的性质归类汇总的，因而不利于日常核算工作的合理分工，而且在经济业务比较零星、同一贷方科目的转账凭证数量不多的情况下，汇总工作量比较大，又起不到简化记账工作的作用。它适用于规模较大、业务较多的大型企业或单位。

12.5 日记总账核算组织程序

日记总账核算组织程序是设置日记总账，根据记账凭证逐笔登记日记总账的一种会计核算组织程序。日记总账既是日记账，要根据经济业务发生时间的先后顺序登记，又是总账，要将所有科目的总分类核算都集中在一张账页上，所以日记总账属于一种联合账簿。日记总账核算组织程序的优点是将日记账和分类账结合在一起，简化了记账手续，日记总账能清晰地反映账户之间的对应关系。其缺点是如果会计科目较多时，会造成账页过大、栏次过多，不便于分工记账。日记总账核算组织程序适用于规模小、业务少、使用会计科目少的单位。学习时，应注意日记总账的结构、用途和具体的登记方法。

练习题

□ 名词解释

账务处理程序　记账凭证账务处理程序　科目汇总表账务处理程序　汇总记账凭证账务处理程序

□ 复习思考题

1. 记账凭证账务处理程序的工作步骤如何？
2. 简述科目汇总表的编制方法。
3. 如何编制汇总收款凭证、汇总付款凭证、汇总转账凭证？
4. 比较科目汇总表与汇总记账凭证。
5. 各种账务处理程序的优缺点和适用范围是什么？

第 13 章 财务软件的基本使用方法

◆ 学习导航

21 世纪是信息时代，会计作为经济生活中不可缺少的一部分，在更多地运用计算机技术对会计信息进行收集、存储、处理及传送，并利用计算机处理的会计数据完成会计核算、会计监督、会计管理和辅助决策等任务。本章介绍了财务软件的概念、内容和特点，并以金蝶 KIS 专业版 V12.3 为蓝本，介绍了利用财务软件进行建账、初始化、日常账务处理、期末账务处理及报表生成的有关内容。

通过本章的学习，学生应了解使用财务软件进行账务处理的业务流程及主要内容。

13.1 财务软件概述

13.1.1 财务软件的概念

财务软件是计算机信息技术在财务管理领域的具体应用，是专门用于完成会计工作的计算机应用软件，包括一系列指挥计算机完成会计工作的程序代码和有关资料。可以说，财务软件是财务管理工作的核心，因此财务软件的设计与研发质量将直接影响财务工作的实施效果。

将计算机应用到会计实务中，实现会计数据处理的电算化，在我国始于 20 世纪 70 年代末 80 年代初，经过近 40 年的发展历程，财务软件的发展从专用会计软件的开发研究到商品化会计软件的应用，从单一的核算型会计软件到以财务为中心的管理型会计软件，在企业管理上实现了事前预测、事中预警和控制的作用，对推动广大企事业单位向管理现代化转变起到了很大的促进作用。管理型财务软件的功能模块主要包括：总账、报表、工资、固定资产、应收账款、应付账款、成本核算、存货核算、现金流量表、预算控制与财务分析、资金管理、采购计划、采购管理、库存管理、销售管理等。

在我国飞速发展的信息化进程中，出现了很多发展势头良好财务软件厂商，比较有代表性的企业有金蝶、用友、新中大、四方、浪潮等。巨大的市场需求也吸引了部分国外财务管理和企业管理软件巨头进入我国市场，如 IBM、SAP、ORACAL

等。由于国外财务管理软件的发展是基于企业管理需求推动的，其发展历程的背后，体现的是企业经营管理发展史和客户需求的深化，而我国国内财务管理软件起源于财务核算的信息化，因此国外著名管理软件企业的进入，又为我国财务管理软件企业带来了不少先进的计算机技术和企业管理理念，进一步推动了我国管理型财务软件的发展。

13.1.2　财务软件的内容

从财务软件能够完成的功能来看，财务软件的内容主要包括：

（1）会计核算

会计核算是指将企业日常发生的经济业务录入计算机，由计算机进行处理生成有关的记账凭证、账簿和报表，并将这些会计信息打印输出。

会计凭证是会计核算的基础，在进行填制凭证时，计算机的会计信息系统具备修改及计算器功能，层层把关，可以确保数据正确，可以删除有关错误信息并在校验汇总模块进行凭证借贷平衡的测试，以确保凭证处理的正确性。

（2）会计分析

会计分析是指利用计算机对企业各项经济业务的核算结果进行对比和分析，找出存在的问题，以便加以改进。

（3）会计控制

会计控制是指利用计算机收集的会计信息进行分析判断，对过去进行反馈控制，对现在进行实时控制，对未来进行规划控制。

会计信息处理从手工发展到电算化是会计操作技术和信息处理方式的重大变革，使企业信息系统中的会计信息系统实现了集成，这一变革的结果是在经济业务发生时就可以实时采集、加工详细的业务数据和财务数据，由事后反映到实时反映，会计的事前计划、事中控制职能得以有效发挥，会计信息的质量发生了质的飞跃。

13.1.3　财务软件的特点

1）数据处理方式方面的特点

在利用计算机进行会计实务操作的方式下，会计数据是规范化、代码化的，便于计算机的操作处理。当企业的经济业务录入计算机后，所有的计算、汇总、转账和编制报表都是由计算机自动处理，并且一次输入的会计数据在整个会计信息系统内都是共享的。这个数据处理的过程，提高了会计核算的工作效率，降低了财务人员在账务处理方面的工作强度。更重要的是，在很大程度上解决了手工操作中的不规范、不统一、易出错等问题，为财务人员腾出更多的精力。也就是说，财务软件的使用对于提高会计核算的规范化，提升企业的管理水平，提高企业的效益有着重要的意义。

2）人员分工方面的特点

在利用计算机进行会计实务操作的方式下，工作人员应包括专业的会计人员、计算机维护人员、软件操作人员等，这些人员既要懂得会计方面的专业知识，也要掌握有关会计软件方面的知识。

3）账务处理程序方面的特点

账务处理程序，也称会计核算形式或会计核算组织程序，是指会计凭证、会计账簿和会计报表相结合的方式。手工会计实务中常用的账务处理程序包括记账凭证账务处理程序、科目汇总表账务处理程序、汇总记账凭证账务处理程序、多栏式日记账账务处理程序、日记总账账务处理程序。企业应根据国家统一会计制度的要求，结合本企业的实际情况和具体条件，设计适应本企业特点的账务处理程序，以提高会计工作的质量和效率。

在利用财务软件进行会计实务操作的方式下，需要考虑的是尽可能精准无误地获得企业管理所需要的各种会计信息，从会计凭证的处理到最后输出会计报表，所有的过程都由计算机在相应的处理程序下完成，数据的处理集中且自动化，不需要进行账务处理程序的选择。

13.2 建立账套及初始化管理

13.2.1 系统登录

在对系统进行操作前，首先都需要进行系统登录。

单击屏幕左下角的“开始”/“程序”/“金蝶 KIS 专业版”，或者双击桌面上的“金蝶 KIS 专业版”快捷方式图标即可启动金蝶软件，进入“系统登录”窗口，如图 13-1 所示：

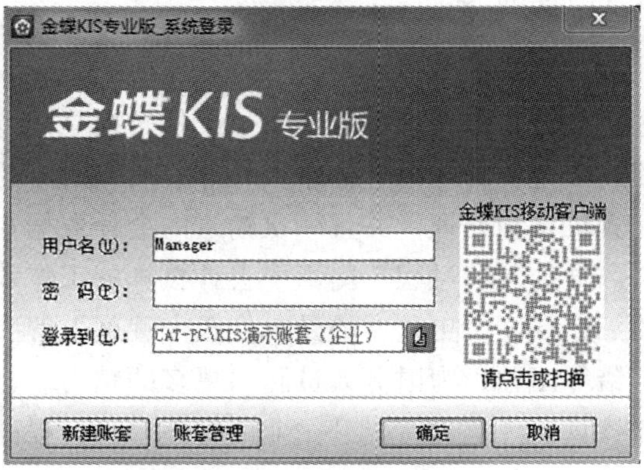

图 13-1 “系统登录”窗口

进入“系统登录”窗口后，录入用户名，输入相应的密码，并选择需要登录的账套后，单击“确定”或按“enter”键，系统就会开始根据所选择的账套检验用户的合法性，系统确定用户名合法、密码正确后，即可登录所选账套。

第一次进入系统时，系统默认的用户名为“Manager”，密码为空。进入系统后，用户可以根据自己的需要增加、修改或者删除用户。但用户对哪个账套拥有操作权限，要由系统管理员进行授权，也就是说，用户只能打开并在权限范围内操作被系统管理员授权的账套。

启动了系统之后，用户即可开始根据自己的需要建立新的账套，并根据企业的现有会计资料进行系统初始化的操作。

13.2.2　新建账套

账套是存放会计业务数据资料文件的总称。

账套文件在会计信息系统中是非常重要的，它是存放各种数据的载体，也就是说，账套文件包含了独立核算单位的全部的账务资料，账套文件本身就是一个数据库文件。新建账套是企业利用计算机代替手工进行会计实务操作的第一项工作。

建立账套时，在“系统登录”窗口，点击“新建账套”，进入“新建账套”窗口并在该窗口设置有关资料，包括账套号、账套名称、数据库路径和公司名称等。带“*”的项目为必填项目，账套描述、公司的地址和电话可根据需要填写，也可以不填写，如图 13-2 所示：

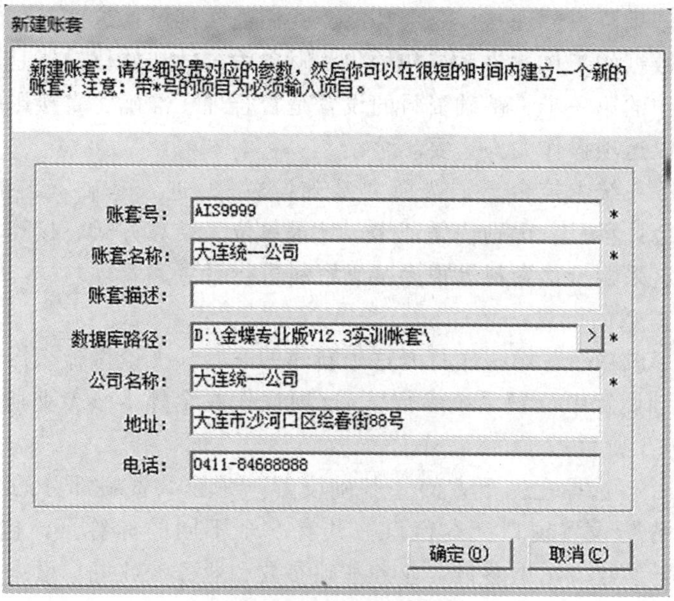

图 13-2　“新建账套”窗口

账套号是账套在系统中的编号，系统自动给出，用户也可以自行修改。系统自动给出的账套号是建账时系统当时的时间，精确到秒，排列顺序是 AIS 年、月、日、小时、分钟、秒，账套号可以进行修改。账套一旦创建成功，账套号就不允许再进行修改。系统不允许有相同的账套号。

账套名称一般是使用该账套的企业的名称，系统不允许有相同的账套名称。需要注意的是，账套名称和账套文件名是两个不同的概念。账套名称通常会在打印输出报表、账簿和其他有关资料的时候使用，所以建议使用企业的名称，以便于识别。而账套文件名是备份账套时为账套起的文件名，就像我们使用 word 文档或处理图片时，为区别其他的文档文件或图片文件，我们会在保存的时候使用一个不同的文件名一样。

建立账套所需要的资料输入完毕后，单击“确认”，系统开始自动创建新账套。账套创建成功后，新建账套的名称就会出现在“账套管理”界面中。

第一次使用会计软件进行账务处理时，建立的凭证、账簿和报表等的数据库文件都是空白的，就像在手工方式下购买的的纸质的新账簿、新报表一样，需要根据企业的业务需要进行基础资料的设置和初始化方能进行经济业务处理。

13.2.3 基础资料的设置

基础资料，就是在系统中使用的各种基础数据的总称。用户在录入凭证或者录入单据时，都毫无例外地需要输入一些业务资料信息，如科目、币别、商品、客户、金额等信息。可以说，所有的凭证、单据都是由一些基础资料信息和具体的数量信息构成的。对于这些基础的数据，为了便于进行统一的设置与管理，金蝶 KIS 专业版提供了基础资料管理这样一个功能。我们通常把录入这些基础资料和录入启用账套时期初数据的工作称为系统初始化。财务系统的初始化设置是利用计算机进行会计实务操作的第一步，基础资料的设置是否合理、准确将直接影响以后的会计账务处理，所以这项操作尤为重要。

在金蝶 KIS 系统主控台上，选择“基础设置”，进入基础资料的维护管理界面，可以针对会计科目、币别、凭证字、计量单位、结算方式、核算项目、辅助资料、收支类别、采购价格资料等很多基础资料进行设置和管理。

（1）系统参数的设置

在新建账套成功后，第一次打开这个新建的账套，无论做什么操作系统都会提示“请先到基础设置中设置系统参数”。这项操作在金蝶 KIS 专业版的“主控台”完成，如图 13-3 所示：

在“主控台”选择左侧下方的“基础设置”中公共资料部分的“系统参数”，进入“系统参数”设置窗口，本窗口一共有 6 个不同的标签页，包括企业信息、会计期间、财务参数、出纳参数、业务基础参数和业务参数等，根据企业实际情况分别进行设置，这些参数的设置关系到所有经济业务和流程的处理，所以我们在设置前要慎重考虑，如图 13-4 所示。

系统参数一旦设置完成并启用，系统就会按照设定的内容启用账套，填入的内容就作为准确信息不能修改了。

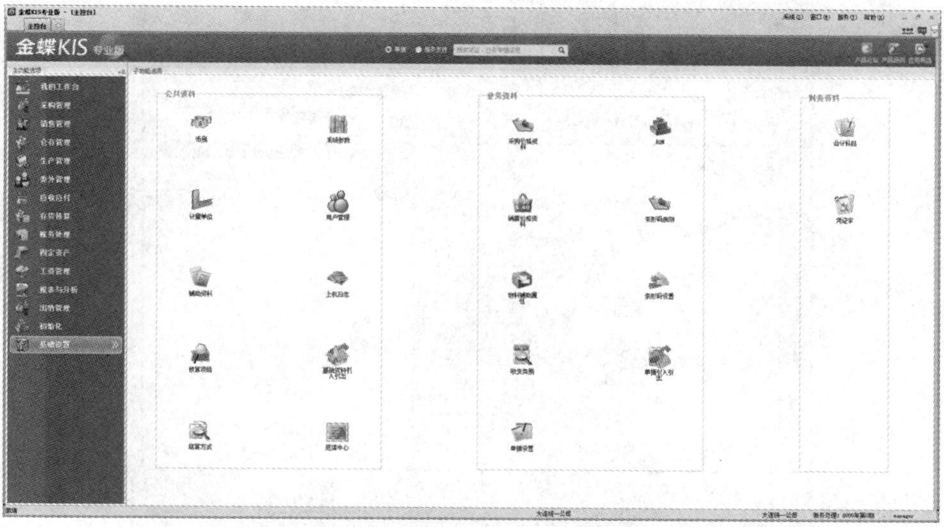

图 13-3　KIS 专业版的“主控台”窗口

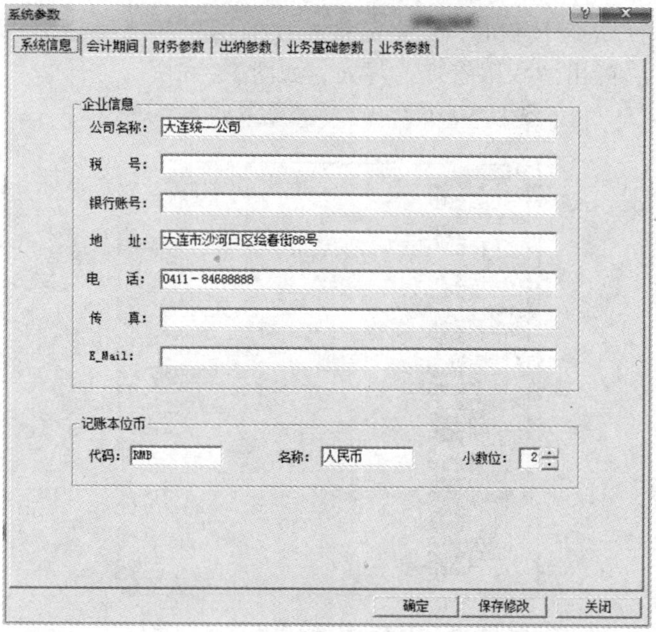

图 13-4　“系统参数”设置窗口

（2）用户管理

用户管理是对账套使用者的管理，包括新增用户，删除用户，用户授权等内容。一般情况下是在账套管理部分进行的，如果给特定的用户授予了管理员的权限，以该用户登录后，也可以在客户端进行用户管理。

用户如果需要进行分组管理，可以先增加用户组，再增加新的用户，最后分别给新增的用户赋予相关权限。例如：企业需要按部门进行分组管理，则可以先将各部门名称作为用户组的名称，如图 13-5 所示：

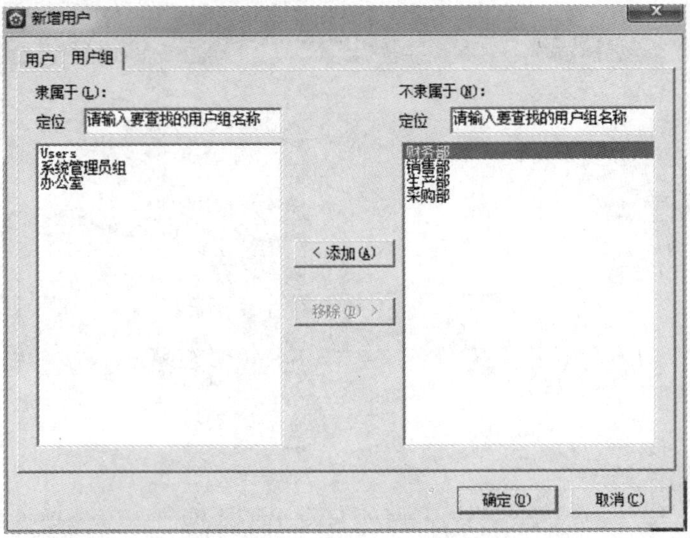

图 13-5　**“新增用户”窗口第二个标签页“用户组”窗口**

对新增的用户进行授权时，选定需被授权的用户并选择“用户管理”菜单中的“权限管理”，弹出“权限管理”界面，如图 13-6 所示。

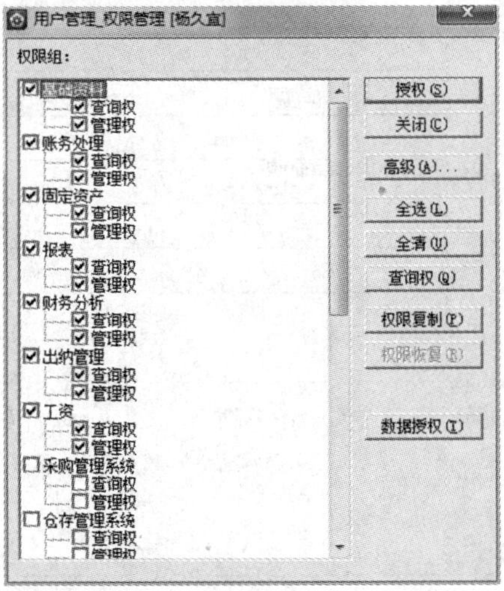

图 13-6　**“用户管理-权限管理”窗口**

授权的操作分为两种：一种称为快速授权，是指对大系统拥有查询权和管理权。其中查询权能使用户具有基本的使用权限，管理权表明用户具有修改数据、删除数据的权限。另一种称为详细授权，是指根据具体的功能进行授权。

快速授权时，用户可以在“权限管理”窗口的左侧全选或选中一部分系统，然后单击“授权”即可。

详细授权时，则需要单击“高级”，系统弹出具体的系统功能列表，用户可以根据每一具体业务功能的增加、删除、修改、查询等进行授权。选择其中要授权的功能，单击“授权”即可，如图 13-7 所示：

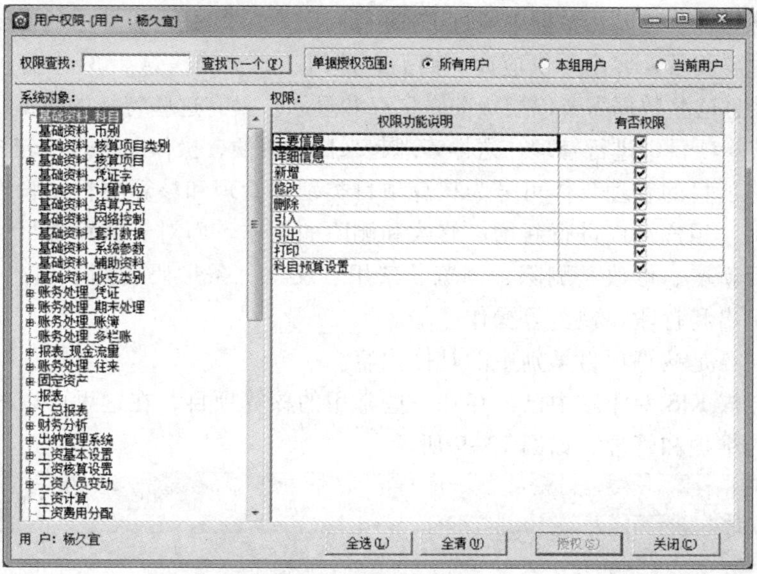

图 13-7　“用户权限”窗口

系统管理员组的用户不需要进行授权。

（3）币别设置

使用“币别”的管理功能，可以对企业经济业务核算过程中涉及的外币进行增加、修改、删除和禁用等操作。有关币别的管理功能都在金蝶 KIS 专业版的主控台左侧的“基础设置”选项中的“公共资料”／“币别”中完成。

例如：企业需要增加外币“美元”，则在金蝶 KIS 专业版主控台左侧的“基础设置”选项中的“公共资料”／“币别”，打开“金蝶 KIS 专业版-币别”窗口。点击“新增”，即可打开“币别-新增”窗口，在此窗口输入“美元”的有关币别信息，如图 13-8 所示：

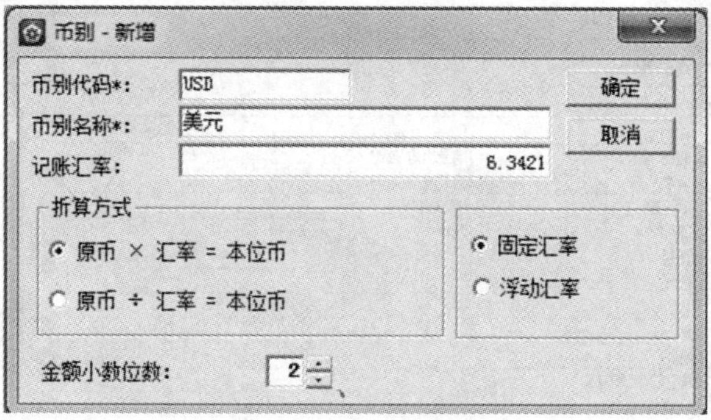

图 13-8　“币别-新增”窗口

（4）核算项目的设置

核算项目是指一些具有相同操作、作用相类似的一类基础数据的统称。核算项目的共同特点是：① 具有相同的操作，如可以增加、删除和修改，可以禁用，可以进行条形码管理，可以在单据中通过 F7 进行调用等。② 是构成单据的必要信息，如录入单据时需要录入客户、供应商、商品、部门、职员等信息。③ 本身可以包含多个数据，并且这些数据需要以层级关系保存和显示。具有这些特征的数据我们把它们统一归到核算项目中进行管理。这样管理起来比较方便，操作起来也比较容易。

对核算项目的管理具体可分为核算项目类别的管理和核算项目的管理。对于核算项目类别，用户可以进行新增、修改和删除的操作。而对于核算项目的内容，用户可以进行新增、修改、删除、浏览、禁用、反禁、条形码管理、引出（包括 F7 搜索结果引出和打印、预览等操作。

核算项目是核算项目类别中的具体内容。

进入金蝶 KIS 专业版中已经存在一些常用的核算项目，在这里可以对核算项目进行统一的维护和管理，如图 13-9 所示。

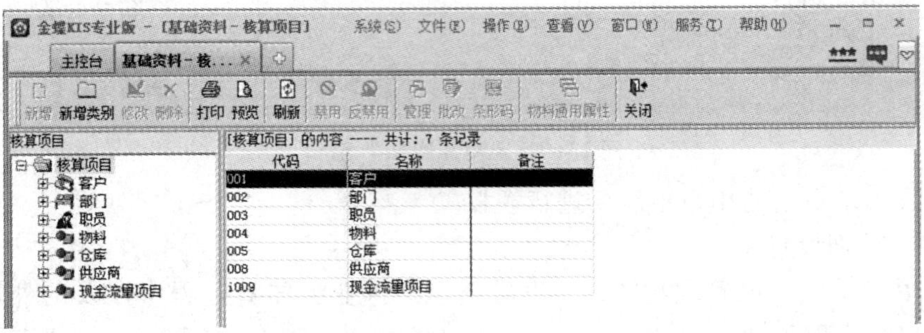

图 13-9 “核算项目”的维护窗口

在核算项目的维护窗口，可以根据企业的核算需要，在相应的核算项目类别下增加有关核算项目，例如，企业需要增加“供应商”的有关资料，则直接在“供应商”类别下点击“新增”，录入供应商的代码、名称、简称等内容，如图 13-10 所示：

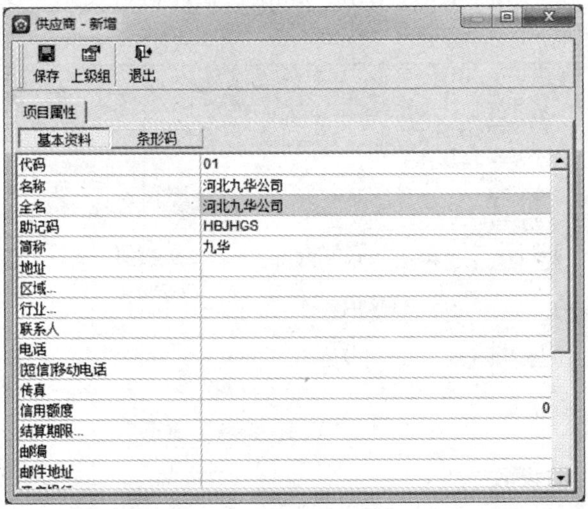

图 13-10 “供应商-新增”窗口

(5) 会计科目的设置

会计软件进行账务处理的会计科目与我们在手工会计上使用的会计科目的含义和作用是一致的。用户可以根据企业的实际情况，对会计科目进行设置和管理。

在金蝶 KIS 专业版系统中，会计科目体系是树形结构的，可以进行分级管理。

系统将一级会计科目分为七大类，分别是资产类、负债类、共同类、权益类、成本类、损益类和表外。每组科目下面又进行了再次分类，科目分组目前分了两级，在前面的类别下又再分了一个类别，如资产分为流动资产和长期资产，负债分为流动负债和长期负债。在设置会计科目时必须选择某一个具体的科目类别。

在科目的第 1 级分组中，科目分为了七大类，这七类科目无论是名称还是代码都是不可以修改的。他们的编码规则是资产类代码以 1 开头，负债类代码以 2 开头，权益类代码以 3 开头，成本类代码以 5 开头，共同类代码是以 6 开头，表外科目以 7 开头。而对于前面所提到的七大类科目下设置的各个科目组，可以对系统预设置的类别进行修改，如可以对流动资产、流动负债等进行名称的修改，也可以进行增加下级的明细。

设置企业的会计科目通常需要先根据企业的行业性质引入相应的会计科目模板，然后根据企业经济业务处理的需要修改、增加会计科目。

例如，企业需要使用新会计准则的会计科目，则在金蝶 KIS 专业版的主控台选择“基础设置”中的“会计科目”，即可打开“会计科目”的维护窗口。选择“文件”菜单的“从模板中引入科目”项，即可打开“科目模板”窗口，选择“新会计准则科目”即可引入所需科目，如图 13-11 所示：

图 13-11　“科目模板”窗口

对引入的科目可以根据企业的业务状况再进行增加、修改或删除等。

13.2.4　初始数据录入

当各项基础档案资料输入完毕，接下来就可以开始初始数据的录入工作了。除非企业没有初始余额和累计发生额，否则都要进行初始余额设置。

初始余额的录入分两种情况进行处理：如果账套的启用时间是会计年度的第一个会计期间，只需录入各个会计科目的初始余额；但如果账套的启用时间不是会计年度的第一个会计期间，则需要录入截止到账套启用期间的各个会计科目的本年累计借方和贷方发生额、损益的实际发生额、各科目的初始余额。根据以上情况，在初始数据录入中要输入全部本位币、外币、数量金额账及辅助账、各核算项目的本年累计发生额及期初余额。

在“科目初始数据”录入窗口的“币别”下拉列表框中，可选择不同的货币币种进行录入。选择非本位币的其他币种时，所有的数据项目都会分为原币和折合本位币两项，在输入完原币数额后，系统会根据预设的汇率自动将原币折算为本位币，系统会将输入的各个币种的折合本位币汇总为综合本位币进行试算平衡。

在数据的录入过程中，系统提供了自动识别的功能：如果科目是数量金额核算，当光标移到该科目时，系统自动弹出“数量”栏供用户录入；如果科目是损益类科目，当光标移到该科目时，系统会自动弹出“损益类本年实际发生额”供用户录入；余额可分为借方和贷方两栏显示。当然，所有这些操作，用户需要在“过滤”工具栏中作出相应的选择。

如果科目设置了核算项目，系统在初始数据录入的时候，会在科目的核算项目栏中标记“√”，单击“√”，系统自动切换到核算的初始余额录入界面，每录完一笔，系统会自动新增一行，当然，用户也可以单击鼠标右键增加新的一行来录入数据。

在“初始数据录入”界面中，系统以不同的颜色来标识不同的数据。白色区域：表示可以直接录入的账务数据资料，它们是最明细级普通科目的账务数据；黄色区域：表示为非最明细级科目的账务数据，这里的数据是系统根据最明细级科目的账务数据或核算项目数据自动汇总计算出来的；绿色区域：系统预设或文本状态，此处的数据不能直接输入。

最左边的小的数字按钮（1、2、3）表示科目的级次，选择不同的数字，可以录入不同级次科目的初始数据，也可以在初始余额的录入界面，单击“过滤”图标，选择“科目”标签进行相关的设置。

在“初始数据录入”界面中，所能录入的内容主要包括期初余额、累计借方、累计贷方以及本年累计损益实际发生额四项。

期初余额：指在进行初始化当期的期初科目余额。

累计借方：指某一科目自年初至初始设置时止借方累计发生额。

累计贷方：指某一科目自年初至初始设置时止贷方累计发生额。

本年累计损益实际发生额：由于损益类科目处理的一些特点，对于在账套启用之前所发生的损益类科目的实际发生额，系统就无法取到。因此这里就需要用户将损益类科目的本年累计实际发生额在初始化时录入系统，这样系统才能对损益类科目的实际发生额进行处理，才能保证有关业务资料数据的准确。

损益类科目的本年累计实际发生额与损益类科目的借方累计或贷方累计数是不同的，它们之间往往会不一致。例如：某年的营业收入为 2 000 000 元，后来又发生退货 50 000 元，那么营业收入的实际发生额为 1 950 000 元。但在实际进行账务处理时，退货的 50 000 元就有可能会借记销售收入，这样销售收入的累计贷方就是 2 000 000 元，这显然与销售收入的实际发生是不一致的。因此，在输入本年累计损益实际发生额项目时一定要输入它的实际发生额数据，否则将来在输出利润表及其他有关损益类科目的报表时，所取数据可能会不正确。

系统中账套数据的年初余额将根据以下的公式自动计算得出：

借方年初余额=期初余额+本年累计贷方发生额-本年累计借方发生额

贷方年初余额=期初余额+本年累计借方发生额-本年累计贷方发生额

所以我们只需要输入最明细级科目的有关期初余额、累计借方、累计贷方数据。

录入初始数据时，在“金蝶 KIS 专业版”主界面，选择“初始化”中的“科目初始数据”，在“初始余额录入”窗口进行所有科目的初始余额的录入操作，如图 13-12 所示。

图 13-12　“科目初始数据”录入窗口

所有数据输入无误后，单击“平衡”或选择“查看”菜单中的“试算平衡”，系统会弹出“试算借贷平衡”界面对数据进行试算平衡，如图 13-13 所示。

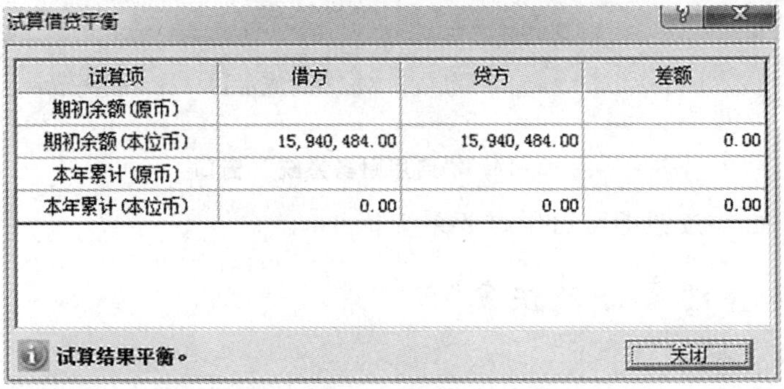

图 13-13　“试算借贷平衡”界面

系统进行试算平衡时是将所有的账务数据合计在一起进行的，因此只有将所有的本位币、外币、核算项目账、数量金额账等全部数据录入完毕之后才能够进行总账数据的试算平衡。试算平衡表中会显示出所有一级科目的年初借方、年初贷方、累计借方、累计贷方、期初借方、期初贷方各项数值。在币别处选择某一币别时，单击“平衡”或选择菜单“查看”中的“试算平衡”，显示的试算平衡表是该币别的试算平衡，选择“币别”为“综合本位币”，显示的试算平衡表是所有币别折合为综合本位币后的试算平衡，只要在综合本位币状态下试算平衡，系统就允许您结束初始化，否则就不能结束初始化。

如果账套数据是平衡的，系统在界面的左下方在“试算结果平衡”前方显示绿色图标，借、贷方的差额为零；如果账套数据不平衡，系统会在界面的左下方在“试算结果平衡”前方显示红色图标，并显示借、贷方的差额数据，提示您账务数据不正确，需要检查修改。我们可以在试算平衡表中仔细核对账务数据，以确保账套初始数据准确无误。

试算平衡之后可以结束系统初始化，启用账套。

13.2.5 账套启用

启用账套是将系统初始化工作中所输入的数据进行处理和转化，将其转变为账务日常处理所需的格式，为日常处理提供初始数据来源。需要注意的是，账套一经启用，初始化的资料将不能再进行修改或增加，所以在启用账套前一定要确定初始化的资料准确无误。

启用账套时，“金蝶 KIS 专业版”主界面，选择“初始化”中的“启用财务系统”，选择“结束初始化”，如图 13-14 所示：

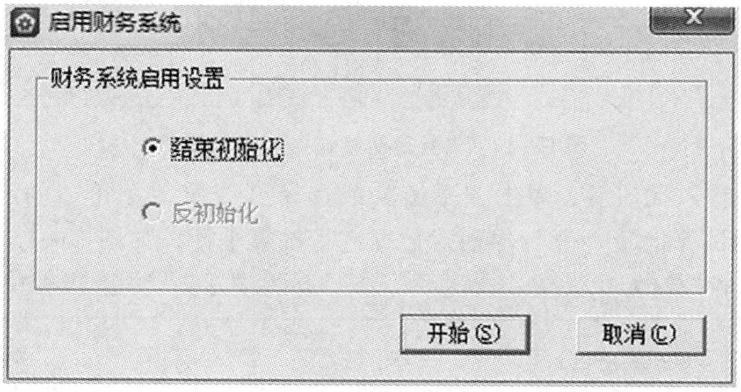

图 13-14 “启用财务系统”窗口

点击“开始”按钮即可启用财务系统。

13.2.6 账套的备份及恢复

（1）账套的备份

为了保证账套数据的安全性，需要定期对账套进行备份。一旦原有的账套毁坏，则可以通过账套恢复功能将以前的账套备份文件恢复成一个新账套进行使用。

备份账套的操作有两种：手动备份账套和自动备份账套。

手动备份账套需要进入“账套管理”界面，选择需要备份的账套并点击“操作”菜单中的“手动备份账套”，在打开的“账套备份”界面，选择需要备份的路径，输入备份账套的名称，点击“确定”即可，如图 13-15 所示。

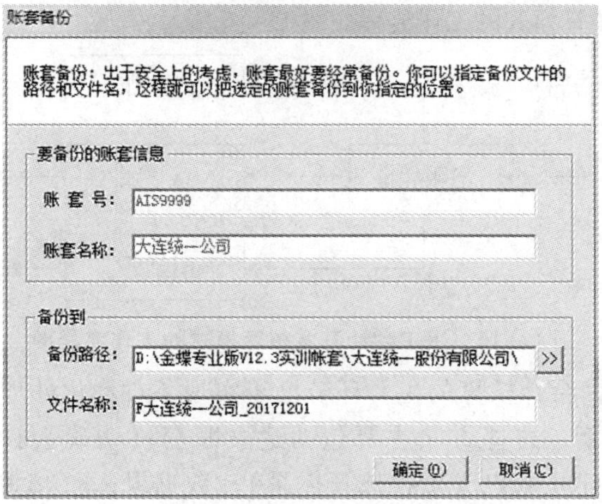

图 13-15　“账套备份”窗口

自动备份账套与手动备份账套的操作类似，只是需要设置自动备份的时间，系统会从设置时刻算起，以后每到设置的时间就会自动备份一次。

（2）账套的恢复

恢复账套操作可以将备份的账套文件恢复成一个新的金蝶 KIS 账套。

“恢复账套”时，需先进入“账套管理”界面，选择菜单“操作”中的“恢复账套”项目，打开“恢复账套”窗口，选择需要恢复的账套，点击“确定”即可开始恢复账套。

需要注意的是，如果是自动备份的账套，由于是压缩文件，所以格式不同，在恢复时会有一个自解压过程。

13.3　日常账务处理的基本操作方法

13.3.1　日常业务处理流程

在完成了系统初始化和财务系统的成功启用后，就可以开始对企业发生的经济业务进行账务处理。

首先我们需要利用记账凭证来记录公司发生的实际经济业务，然后按照实际工作的要求，对凭证进行审核、记账。如果发现记账凭证不准确或者有错误，要及时进行修改。利用计算机进行账务处理的环境下，如果凭证正确无误，账簿一般不会出现记账错误。

在手工操作环境下，会计核算方法包括设置会计账户、采用复式记账、编制会计凭证、登记会计账簿、进行成本计算、组织财产清查、编制会计报表等。对这些会计核算方法的具体运用，又形成了不同的账务处理程序，如记账凭证账务处理程序、汇总记账凭证账务处理程序、科目汇总表账务处理程序、日记总账账务处理程序等。

手工会计基本核算模式的工作流程如图 13-16 所示：

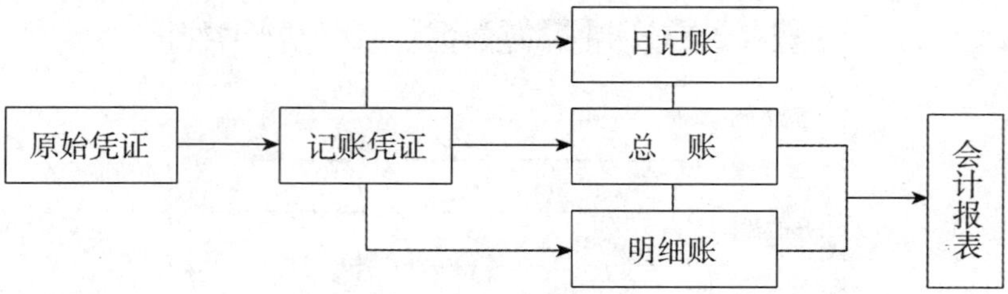

图 13-16 手工会计基本核算模式的工作流程图

计算机方式下，会计核算的主要环节已经实现了自动化处理，从而带来了会计核算方法的推陈出新，这些方法主要包括建立账套（明确会计主体）、初始设置（确定会计参数）、建立账户（虚拟核算体系）、数据录入（填制会计凭证）、数据处理（登账、转账、结账）、报表生成（编制会计报表）等。

计算机系统的会计信息处理流程大致如图 13-17 所示，图中虚线部分为计算机系统在专门指令下自动完成。

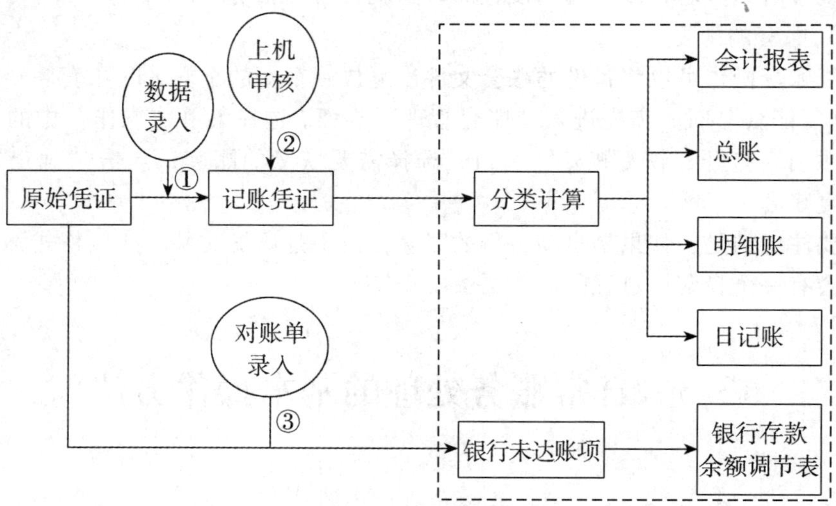

图 13-17 计算机系统的会计信息处理流程图

为适应计算机管理的需要，一般将设置账户、复式记账、填制和审核凭证、登记账簿等统称为账务处理，会计电算化软件中的账务处理系统的任务就是利用建立的会计科目体系，输入和处理各种记账凭证，完成记账、结账以及对账工作，输出各种总分类账、日记账、明细账和有关辅助账。

账务处理系统是金蝶 KIS 专业版财务会计系统中最核心的系统，它以凭证处理为中心进行账簿报表的管理，并可以完成与其他子系统的接口。

13.3.2 凭证处理

记账凭证是登记账簿的依据，在实行计算机进行账务处理后，电子账簿的准确与完整完全依赖于记账凭证。可以说，记账凭证是整个会计核算系统的主要数据来源，是整个核算系统的基础，记账凭证的正确性将直接影响到整个会计信息系统的真实性、可靠性，因此系统必须能保证会计凭证录入数据的正确性。

（1）填制凭证

金蝶 KIS 账务处理系统提供了十分安全、可靠、准确、快捷的会计凭证处理功能。“凭证录入”功能为我们提供了一个仿真的记账凭证录入环境，我们可以将手工填制的记账凭证录入电脑，也可以根据原始凭证和其他有关的业务资料直接制作记账凭证。选择哪一种录入方式可以根据企业的业务状况自行确定。

记账凭证的填制内容包括两部分：一部分是凭证开头部分，包括凭证日期、凭证字、凭证编号、附件数等；另一部分是凭证的主体部分，包括摘要、会计科目、金额及有关辅助核算的资料等。

例如：2017 年 12 月 1 日，企业收到股东的出资款 100 000 美元。

本业务第一条分录涉及外币业务，当我们把“银行存款——美元户”录入科目栏后，凭证会自动切换为外币金额式的记账凭证，并且在汇率出现系统初始化时设置的 12 月份的月初汇率“6. 3421”，我们只需在原币金额栏目填入“100 000”，系统会根据原币乘以汇率计算出本位币金额并自动出现在借方金额栏。保存后的凭证如图 13-18 所示：

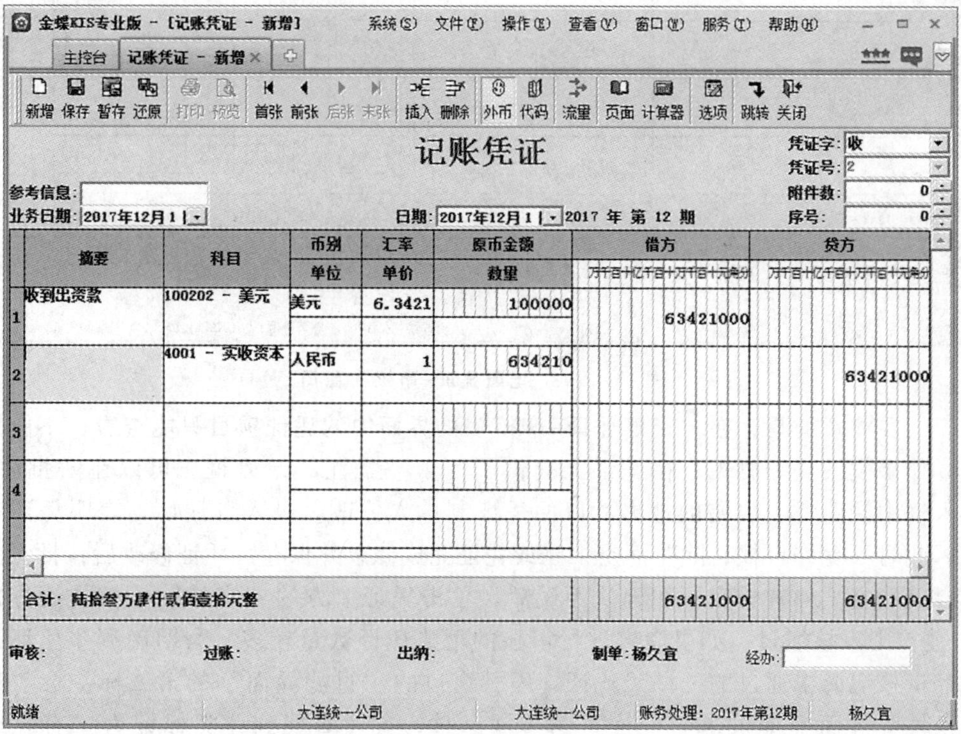

图 13-18　“记账凭证-新增”窗口

(2) 审核凭证

记账凭证制作完毕后，如果确认无误，下一步就可以对凭证进行审核，在实务操作中通常只有审核过的凭证才可以进行登记账簿的工作。需要注意的是，审核与制单人不能为同一操作员，否则系统拒绝审核签章。所以在进行审核工作之前，首先要更换与制单人不同的操作员登录系统。然后在“凭证管理”选择需要审核的凭证，利用“审核”菜单进行审核。审核时，认真检查一下该记账凭证的有关内容，确认无误后，单击凭证上方的“审核”或按快捷键 F3。审核通过，在记账凭证日期上方会出现“审核”的签章并在凭证底部的审核处显示审核人姓名。如图 13-19 所示。

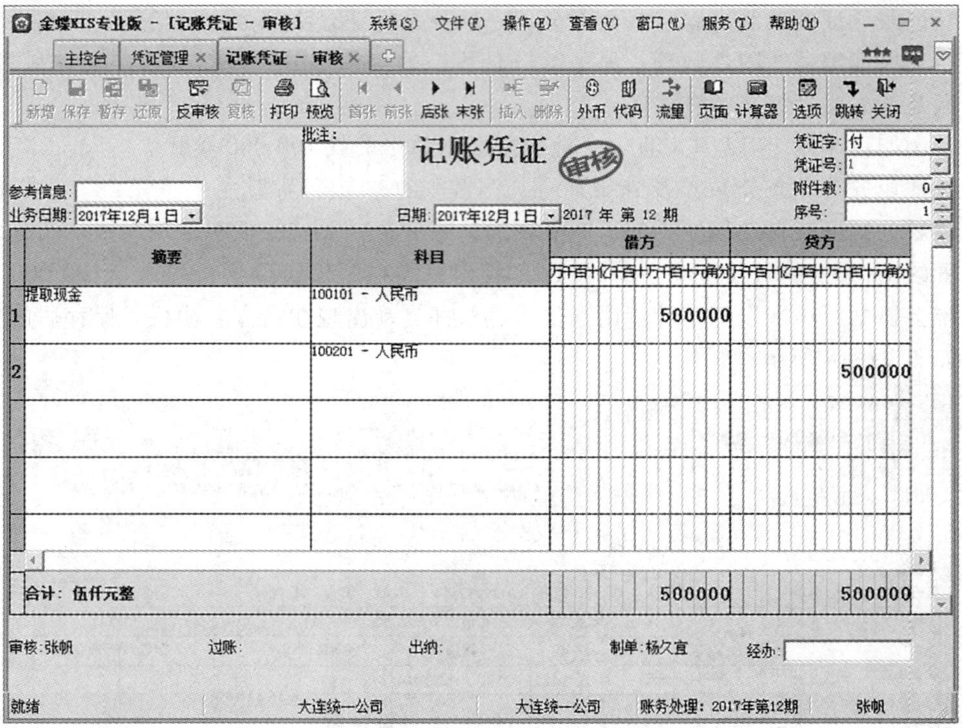

图 13-19 “记账凭证-审核”窗口

需要注意的是，在“记账凭证-审核”的界面中的凭证项目只能查看，不能修改。如果发现凭证有错，在凭证上提供了一个“批注”录入框，可以在“批注”录入框中注明凭证出错的地方，以便凭证制单人修改。录入批注后，表明凭证有错，此时不允许审核，除非清空批注或凭证完成修改并保存。凭证修改后，批注内容自动清空。如查看完毕并确认无误后，单击凭证上方的“审核”或按快捷方式 F3 键，则审核通过。如果尚未进行审核的记账凭证数量较多，为明确哪些凭证是已经审核但尚未通过的，在“凭证管理”窗口的“过滤界面”的第二标签页“过滤条件”界面中提供了“批注”的过滤条件，方便查找到此类标记为“有”或“无”的凭证，以作进一步的修改。

(3) 记账

凭证过账就是系统将已录入并审核的记账凭证根据其涉及的会计科目登记到相关的账簿中的过程。通常经过记账的凭证以后将不再允许修改，只能采取补充登记法或红字冲销法进行更正。因此，在过账前应对记账凭证的内容仔细审核，系统只能检验记账凭证中的数据关系错误，而无法检查业务逻辑关系。

凭证过账是一项十分简单的操作，在金蝶 KIS 主控台上，只需在“账务处理”的界面点击“凭证过账”，选择凭证过账参数即可，如图 13-20 所示。

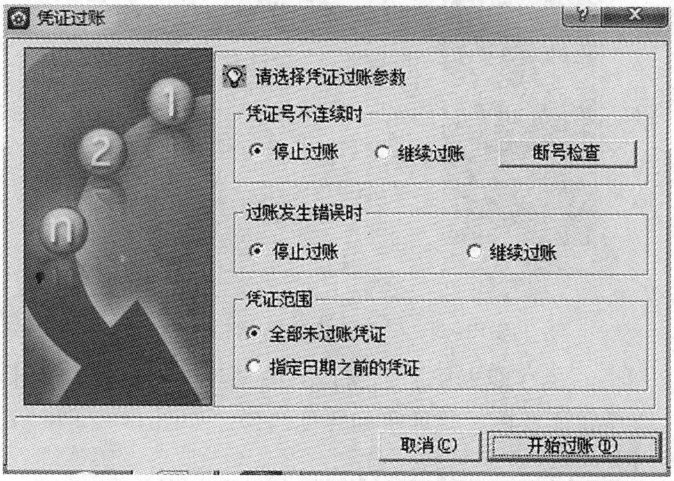

图 13-20 “凭证过账”窗口

凭证过账参数设置完成后，单击“开始过账”，系统开始自动过账操作。

在过账过程中，系统会对所有的记账凭证数据关系进行检查，有发生错误时，若在第一步选择过账参数时，“过账发生错误时”选择“停止过账”，则系统会给出错误提示信息，并中止过账，在修正完错误之后重新过账。否则，将在过账全部结束后才显示错误信息。在凭证过账的过程中，我们也可以中止过账，单击“中止”，系统提示“是否中止过账”，“确定”后将中止凭证过账。

过账完毕，系统会显示成功过账的凭证数及发生错误数信息。

13.4 期末账务处理的基本操作方法

月末，当日常业务处理的凭证全部录入完毕后，就要进行期末的账务处理。期末业务处理主要包括期末汇兑损益的调整业务、自动转账业务、期间损益的结转和期末结账业务。

13.4.1 期末调汇

企业如果有外币核算业务，则期末必须对外币核算的账户计算汇兑损益，生成汇兑损益转账凭证及期末汇率调整表。需要注意的是，只有在“会计科目”中设定为“期末调汇”的科目才会进行期末调汇处理，并且所有涉及外币业务的凭证和需要进行调汇处理的会计科目必须全部录入完毕并审核过账。

进入 KIS 专业版的账务处理系统，选择子功能选项中的“期末调汇”，进入“期末调汇”向导窗口，在“调整汇率”处录入期末的汇率，如图 13-21 所示。

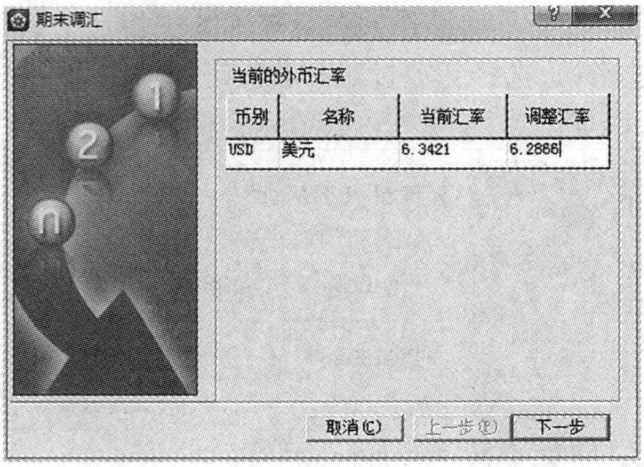

图 13-21 “期末调汇”窗口（1）

单击“下一步”，在“期末调汇”窗口 2 中录入汇兑损益的会计科目“财务费用——其他”，选择凭证日期、凭证字和凭证摘要，如图 13-22 所示。

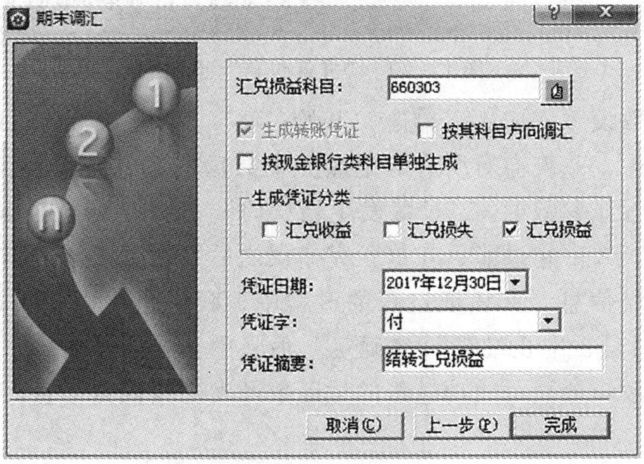

图 13-22 “期末调汇”窗口（2）

单击“完成”，系统自动完成结转损益的过程并生成一张凭证，我们可进入“凭证管理”进行查询，经过调汇生成的凭证如图 13-23 所示。

13.4.2 自动转账

期末需要处理的很多转账业务都有很强的规律性，其规律性表现为这些业务每月有规律地重复发生，编制的转账凭证中的摘要、借贷方的会计科目、金额的来源或者计算方法基本保持不变，所以可以根据这些业务的规律，利用账务处理系统提

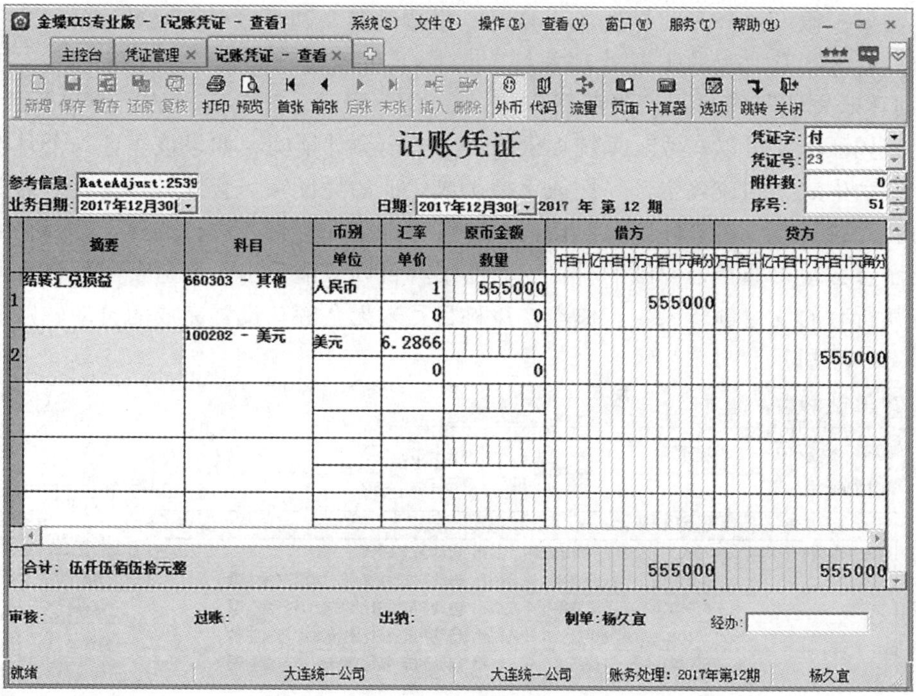

图 13-23　“记账凭证-查看”窗口

供的自定义转账功能进行自动转账凭证的定义，到月末时由计算机根据事先定义的转账凭证自动生成当期转账凭证，完成期末业务的处理。

自动转账的功能在 KIS 专业版的账务处理系统的子功能选项“自动转账”中。要想确保自定义转账生成的凭证准确，凭证科目的方向、转账方式、转账公式的定义都非常重要。

在自定义凭证中会计分录的借贷方向，一般建议根据转账方式选择“自动判定”。

转账方式分转出和转入两种。转出可以按会计科目的“余额”“借方发生额”“贷方发生额”三种转出。而转入有六种：“按比例转出余额”指按该会计科目余额预先设置的百分比转出；“按比例转出贷方发生额”指按该会计科目的贷方发生额预先设置的百分比比例转出；“按比例转出借方发生额”指按该科目的借方发生额的预先设置的百分比比例转出；“按公式转出”指根据后面的“公式定义”中的公式取数转出；“按公式转入”指根据后面的“公式定义”中的公式取数转入；“转入”是按对方会计科目预先设置的百分比比例转入。

公式定义：当“转出方式”选择“按公式转入或转出”，则在此定义公式，根据会计科目是否下设外币及数量，可以录入原币取数公式、本位币取数公式和数量取数公式。公式设置可以按 F7 或工具条中“获取”按钮进入公式向导，公式的语法与自定义报表完全相同，通过取数公式可取到账上任意的数据。在公式中也可以根据需要录入常数。

例如：假设业一车间只生产 A 产品，设置结转制造费用的自动转账凭证。

进入 KIS 专业版的账务处理系统，选择子功能选项中的“自动转账”，进入“自动转账凭证”窗口，点击该窗口的“新增”按钮，对自定义的内容进行设置，名称和凭证摘要可以一致。系统提供了 1—12 个会计期间，如果该凭证每个月都要进行自动生成，则应该全选。凭证字指生成凭证的凭证字。会计科目指我们需要使用的会计科目，双击“科目”对话框，即可弹出会计科目表进行选择。选择科目时需要注意必须要选择最明细的科目，非明细科目则只能转出。制造费用科目月末时需将其所有的发生额转入生产成本，该科目月末无余额。设置完成的自动转账凭证如图 13-24 所示。

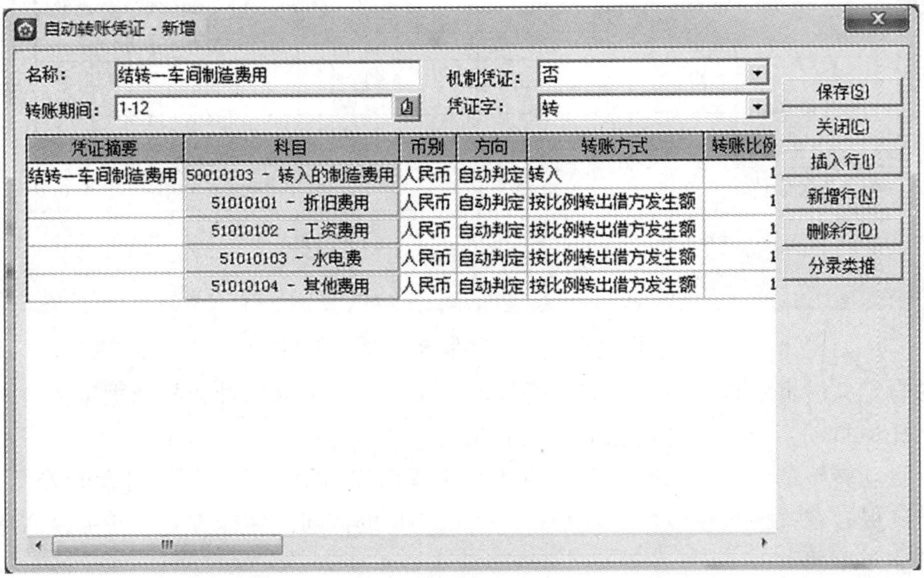

图 13-24 “自动转账凭证-新增”窗口

如果需要生成凭证，则在“自动转账凭证”窗口选择需生成凭证的自动转账凭证，点击“生成凭证”，系统提示自动转账的结果，可在“凭证管理”处查看生成的凭证。

13.4.3 期间损益结账

期末，企业都需要将损益类账户结转至本年利润账户。

进入 KIS 专业版的账务处理系统，选择子功能选项中的“结转损益”，进入“结转损益”窗口，单击“下一步”，可以看到企业设置的全部的损益类账户的代码和名称，如图 13-25 所示：

单击“下一步”，在“凭证类型”选择分别按“收益”和“损失”进行结转，凭证的生成方式选择“按普通生成方式”，如图 13-26 所示。

“凭证类型”有三种，分别是收益、损失和损益。选择“收益”，系统将收入类科目结转生成一张凭证。选择“损失”，系统将费用损失类科目结转生成一张凭

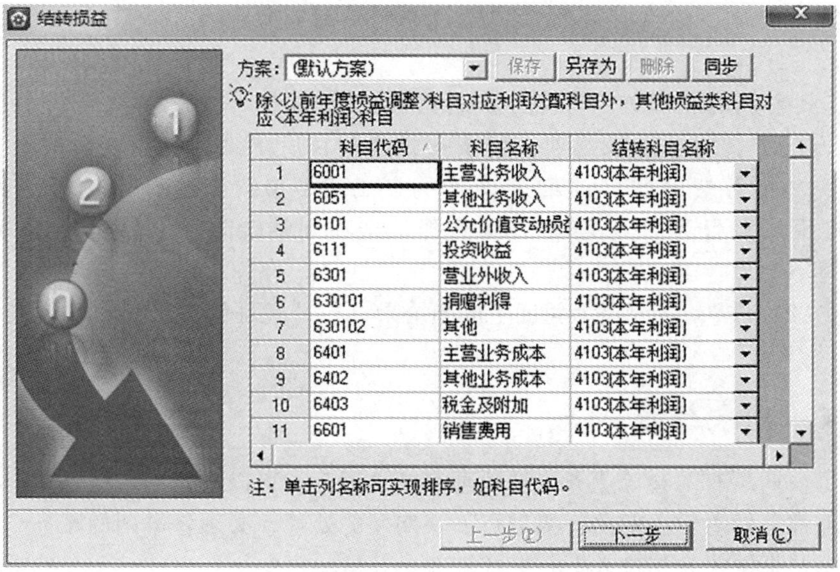

图 13-25 **“结转损益”窗口（1）**

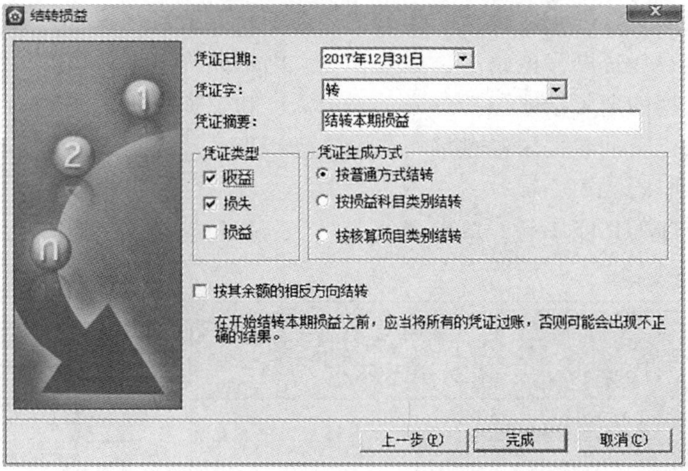

图 13-26 **“结转损益”窗口（2）**

证。选择“损益”，系统将收入、费用损失类科目结转生成一张凭证。系统默认为“损益”。但通常我们会分收益和损失来结算损益。

“凭证生成方式”也有三种。“按普通方式结转”即直接按收益和损失分别结转。“按损益科目类型分别结转”，系统会根据不同类型的损益类科目生成多张结转损益凭证。不同类型的损益类科目是指科目属性中不同的科目类别，如营业收入、税金及附加、期间费用、其他收益、其他损失、以前年度损益调整、所得税等。“按核算项目类别结转损益”即 结转损益时可以根据损益类科目所挂的不同核算项目分别生成凭证。系统搜索出所有带此核算项目类别的损益类科目，并将这些损益类科目按照此核算项目类别下所挂的不同核算项目结转生成不同的凭证，同时将剩下的没有带此核算项目类别的科目结转生成另外一张结转损益凭证。

“按其余额的相反方向结转”，是指在结转损益时，按损益类科目的余额的相反方向结转，不选该选项，则按损益类科目所定义的余额方向的反方向进行结转，如财务费用科目的期末余额为贷方 3 000，如选择该选项则结转时“财务费用”科目为借方 3 000，不选择该选项则结转时，“财务费用”科目为贷方红字 3 000。

点击“完成”，系统提示凭证生成的结果，在“凭证管理”窗口可以查询这两张凭证。

13.4.4 期末结账

在每一期所有的会计业务全部处理完毕之后，就可以进行期末结账了。系统的数据处理都是针对于本期的，要进行下一期间的处理，必须将本期的账务全部进行结账处理，系统才允许进入下一会计期间。

结账时需要注意以下几点：

①是否有未过账的记账凭证，如果有，则不允许结账。

②是否存在凭证断号的情况，如果存在，则不允许结账。

③账务处理的期末结账包括总账、固定资产和工资模块，即这 3 个模块是同时结账的。如果工资的数据未经过审核或固定资产当月计提折旧的业务尚未处理，总账则不允许结账。

在全部事项处理完毕后，单击“结账”，系统开始结账，如图 13-27 所示：

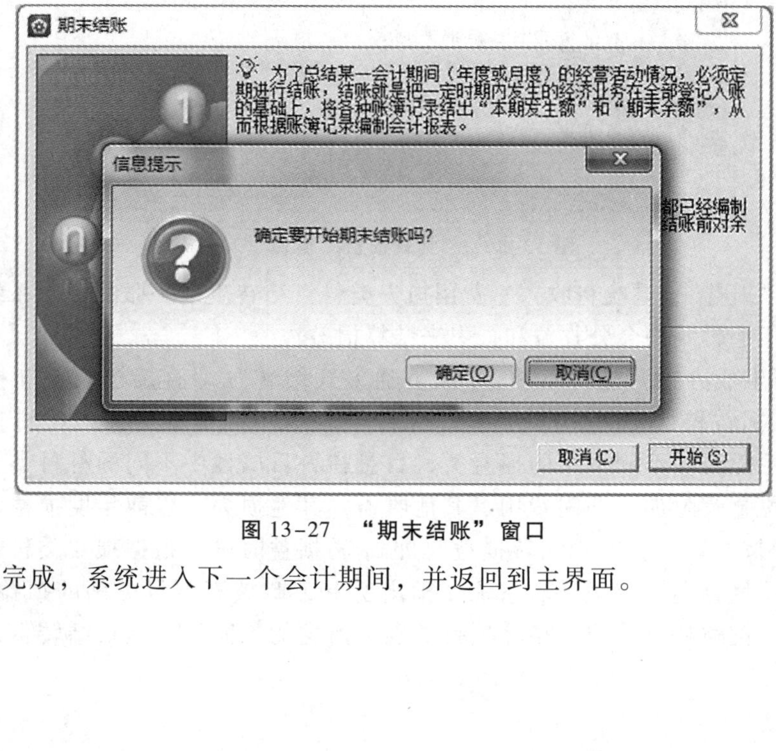

图 13-27 “期末结账”窗口

结账完成，系统进入下一个会计期间，并返回到主界面。

13.5　财务报表管理系统的基本操作方法

13.5.1　自定义报表

除了常用的财务报表外，企业出于管理的需要，常常需要自行设计一些报表，如货币资金表、销售量的统计表、管理费用计划与实际开支对比表等。由于金蝶KIS专业版提供的报表系统能与账务处理系统、工资系统、固定资产系统及购销存系统之间实现数据联用，生成自定义的报表可以灵活方便地在各子系统取数，故企业可以根据管理的需要行之有效地设计表格。

自定义报表的操作通常分格式的设计和公式的设置两部分。

在实际工作中，常用的报表一般由三个基本要素组成：表头、表体和表尾。分清这三部分的内容能更好地帮助我们设计表格的尺寸和打印的参数。只要将报表三部分的主要属性确定下列，报表的格式就基本确定了。

自定义报表在金蝶 KIS 专业版主控台主功能选项“报表与分析”中的“自定义报表”中完成。

例如：企业需要设置“货币资金表”。

进入 KIS 专业版主控台主功能选项“报表与分析”中的“自定义报表”，在打开的“自定义报表”窗口工具栏点击“新建”按钮，系统会生成一张空白的报表，由很多单元格组成，横向的列标按英文字母 A、B、C、D……的顺序进行排列，纵向的行标按阿拉伯数字 1、2、3、4……的顺序进行排列，如图 13-28 所示：

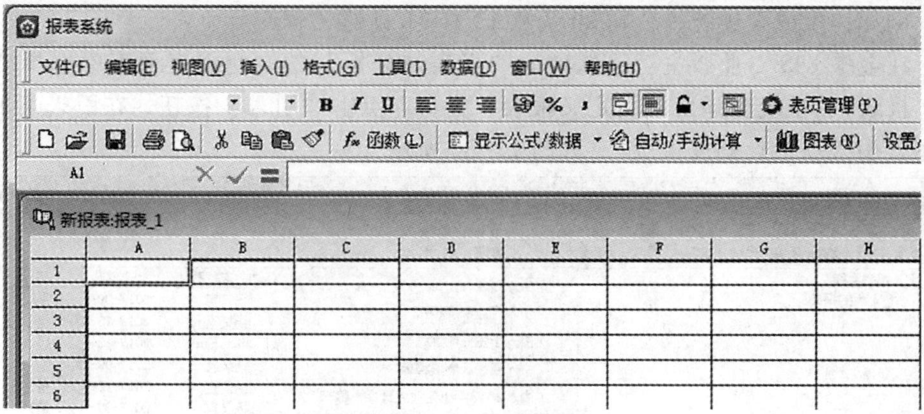

图 13-28　“报表系统”窗口

设置报表行列的属性，然后填写报表的名称、编制单位、表格内的文字等内容，最后在需要从账上取数的单元格内设置单元公式，进行“表页重算”后，即可看到报表内容，如图 13-29 所示：

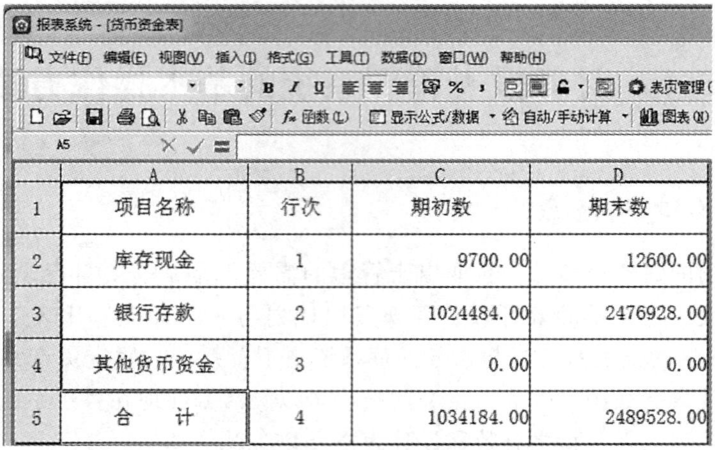

	A	B	C	D
1	项目名称	行次	期初数	期末数
2	库存现金	1	9700.00	12600.00
3	银行存款	2	1024484.00	2476928.00
4	其他货币资金	3	0.00	0.00
5	合　计	4	1034184.00	2489528.00

图 13-29 “报表系统-货币资金表”窗口

13.5.2 常用报表

金蝶 KIS 专业版提供了已设置好的一些会计报表模版，如资产负债表、利润表等，我们可以不用任何设置就可以随时生成这两种报表，但由于系统在设置报表的取数公式时，基本使用的都是一级会计科目的代码，而报表很多项目的取数需要使用明细会计科目，因此这些报表的预设模版还需要我们根据实际情况进行认真的检查修改，确认准确无误的情况下才可以使用。

(1) 资产负债表

系统预先设置了资产负债表的模板，我们需要先进行“引入”，才可以使用该模板。

例如：生成大连统一公司 2017 年 12 月 31 日的“资产负债表”。

在金蝶 KIS 专业版主功能选项的“报表与分析”的右侧报表列表中选择“自定义报表”，系统会弹出“自定义报表”窗口，点击“引入”按钮，在引入菜单中选择“引入新会计制度模版”，如图 13-30 所示：

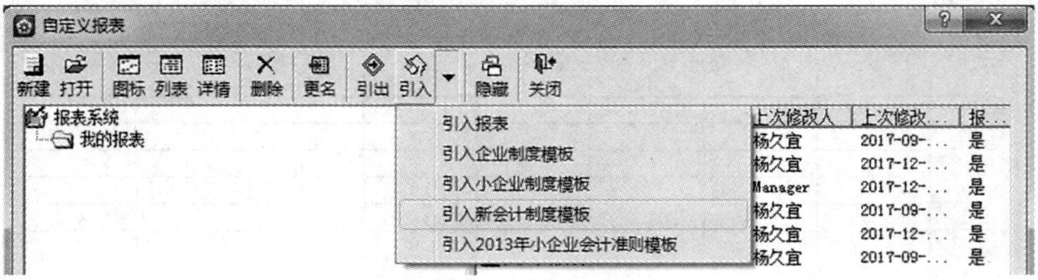

图 13-30 “自定义报表”窗口

在系统引入的报表模板列表中选择“资产负债表”，并打开报表。在工具栏点击“公式取数参数”，打开“设置公式取数参数”窗口，对本报表的取数时间、报表的币别等参数进行设置，如图 13-31 所示：

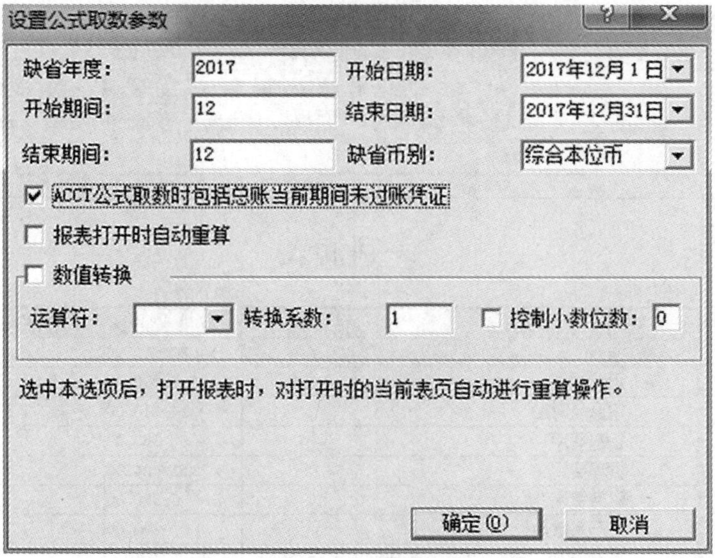

图 13-31　“设置公式取数参数”窗口

设置完毕，点击“确定”按钮进行保存。点击工具栏“表页重算”按钮，进行报表的重新计算，系统会根据公式从账务处理系统取数，但由于公式不够准确，所以取数也不准确。用户可以酌情进行公式的修改。

（2）利润表

利润表是反映企业在一定会计期间经营成果的报表。通过利润表可以从总体上了解企业的收入、成本和费用及净利润（或净亏损）的实现及构成情况，同时，通过利润表提供的不同时期的比较数字，可以分析企业的获利能力及利润的未来发展趋势，了解投资者投入资本保值增值的情况。

与资产负债表一样，由于金蝶 KIS 专业版所提供的利润表模板设置的取数公式均使用一级会计科目，故取数时有障碍，需要根据企业的实际情况进行认真的检查修改，确认准确无误才可以使用。修改公式后生成大连统一公司 2017 年 12 月 31 日的“利润表”如图 13-32 所示。

13.5.3　报表分析

报表分析是对本企业财务状况和经营状况进行分析，通过对会计报表的文字和数字部分的分析，帮助企业经营管理者与财务人员进行深入沟通，通过高效的报表分析，及时发现问题、解决问题、防范风险。金蝶 KIS 专业版系统提供三种分析方法：结构分析、比较分析、趋势分析。

结构分析是对报表某一个具体项目占该类项目与总体项目的结构、比重进行分析。如对资产负债表进行结构分析，就是对企业资产、负债及所有者权益每一个具体项目占其总体项目的结构、比重进行分析，从而揭示该类财务指标的结构是否合理。

利润表

单位名称：　2017-12　单位：元

	项　目	本期金额	上期金额
5	一、营业收入	520,000.00	
6	减：营业成本	318,000.00	
7	税金及附加	14,740.00	
8	销售费用	33,850.00	
9	管理费用	51,424.00	
10	财务费用	6,350.00	
11	资产减值损失	200.00	
12	加：公允价值变动收益（损失以"-"号填列）		
13	投资收益（损失以"-"号填列）		
14	其中：对联营企业和合营企业的投资收益		
15	二、营业利润（亏损以"-"号填列）	95,436.00	
16	加：营业外收入		
17	减：营业外支出		
18	其中：非流动资产处置损失		
19	三、利润总额（亏损总额以"-"号填列）	95,436.00	
20	减：所得税费用	23,859.00	
21	四、净利润（净亏损以"-"号填列）	71,577.00	
22	五、每股收益：		
23	（一）基本每股收益		
24	（二）稀释每股收益		
25	六、其他综合收益		
26	七、综合收益总额	71,577.00	

制表人：　复核人：　财务负责人：　单位负责人：

图 13-32 "报表系统-利润表"窗口

比较分析能对企业相同口径的指标在任意两个会计期间（或在一个会计期间与它的预算值）进行比较，借以反映其增减变动情况。金蝶 KIS 专业版提供了对三种报告期的分析，分别是按期、按季、按年；比较类型分别为与年初比较、与预算数比较、与指定基期比较。

趋势分析反映企业某一财务指标在同一年不同月份、不同季度或不同年度之间变化的趋势。

系统除了提供上述列表的分析方式，为了更加直观形象地反映分析结果，还提供了各种图表方式，在工具栏点击"图表"按钮，即可选择不同的图标，如饼图、柱形图、折线图、堆积图等，需要使用哪一种图形进行分析取决于被分析项目的需要。

练习题

□ 名词解释

账套　自定义报表

□ 复习思考题

1. 电子账务处理的主要内容是什么？
2. 基础资料的设置包括哪些内容？

第 14 章　会计工作的组织与管理

◆ **学习导航**

本章阐述的内容有：会计工作组织的含义、会计机构的管理体制、会计的岗位设置及岗位责任、会计工作的组织形式和会计档案与会计工作交接等。应重点掌握会计工作岗位的设置及岗位责任，它是我们做好具体会计工作的组织保证。

14.1　会计工作组织概述

14.1.1　会计工作组织的含义

作为一个机构，会计工作组织是指运用一整套会计专门方法，对会计工作进行规划、处理的组织机构，它应当由两个或两个以上的会计人员组成。

作为信息加工系统，会计工作组织是指会计机构和会计人员按照一定的目标，为满足国家宏观调控、企业所有权人以及企业管理当局的需要，对企事业单位的资金运动过程及结果进行描述和评价。

因此，我们要从以下两个角度去理解会计工作组织：

第一，它是会计工作的管理组织，会计主体所发生的各项经济业务，都要通过会计加以反映和监督。会计工作是一项政策性很强的工作，必须按照有关的财经政策、法规、制度的要求办理业务。会计工作还是一项严密细致的工作，会计所产生的数据信息要经过一连串的记录、计算、分类、汇总和分析等处理程序。因此，要做好会计工作，就必须建立专门的会计机构，要有专职的办事人员，并按照规定的会计制度开展日常的会计工作。

第二，它是会计工作的组织管理，会计管理职能作用的发挥离不开会计工作组织的存在及其正常运行。所谓会计工作组织，就是为了适应会计工作的综合性、政策性、相关性和严密细致性的特点，对会计机构的设置、会计人员的配备、会计制度的制定与执行等工作所做的统筹安排。

14.1.2　组织会计工作的意义

会计是一项复杂、细致的综合性经济管理支持系统，会计工作是一项系统的工作，有系统就必然存在着系统的组织和管理。只有对系统的各个组成部分进行科学、有效的组织和管理，使系统中的各个部分互相协调、合理有序，才能保证系统的正常运行。科学地组织好会计工作，对于顺利完成会计工作的各项任务，保证实现会计目标，充分发挥会计的职能作用，促进国民经济健康、有序发展等方面都具有十分重要的意义。组织会计工作的意义具体可概括如下：

1）科学地组织会计工作，有利于保证会计工作的质量和提高会计工作的效率

会计通过对社会再生产过程中的经济活动和财务收支情况进行反映和监督，为管理者以及社会各界提供准确、可靠的会计信息。具体来说，对于各项经济活动及财务收支，会计是通过从凭证到账簿，从账簿到报表，进行连续的记录、计算、分类、汇总，并进行进一步分析检查的。全部过程包括了一系列的程序，需要履行各种手续，各程序及手续之间环环相扣、紧密相连。在任何一个环节上出现了差错，都必然造成整个核算结果的不正确或不能及时完成，进而影响整个会计核算工作的质量和效率。所以，各单位必须要结合会计工作的特点，科学地设置会计机构并配备高素质的会计人员，认真制定并严格执行会计法规和会计制度。只有这样，才能保证会计工作正常、高效地运行，圆满完成会计工作的各项任务。

2）科学地组织会计工作，有利于加强同其他经济管理工作的协调一致，提高企业整体管理水平

会计工作是企业单位整个经济管理的信息提供系统，它既有独立性，又同其他管理工作存在着相互制约、相互促进的关系，可以说科学而完善的会计工作组织，需要其他经济管理工作的配合与协调，同时也能促进其他经济管理工作的顺利进行。因此，只有科学地组织好会计工作，才能处理好会计同其他经济管理工作之间的关系，做到相互促进、密切配合、口径一致，从而全面完成会计工作任务。

3）科学地组织会计工作，有利于加强企业单位的内部经济责任制

会计是经济监督的重要组成部分，而经济监督的一个很重要的手段就是实行各单位的内部经济责任制，实行内部经济责任制当然离不开会计，包括科学的经济预测、正确的经济决策以及业绩考评等。科学地组织好会计工作，可以促使企业单位内部各有关部门管好、用好资金，增收节支，通过提高经营管理水平，达到提高经济效益、取得最佳经济效果的目的。

4）组织好会计工作，有利于维护好财经纪律，贯彻经济工作的方针政策

会计工作是一项错综复杂的系统工作，政策性又很强，必须通过核算来如实地反映各单位的经济活动和财务收支，通过监督来贯彻执行国家的有关政策、方针、法令和制度。因此，科学地组织好会计工作，可以促使各单位更好地贯彻实施各项方针政策，维护好财经纪律，为建立良好的社会经济秩序打下基础。

总之，会计工作是一项要求极高的综合性经济决策支持活动，科学、有效地组织和管理会计工作，对于贯彻执行国家的法律、法规，维护财经纪律，建立良好的社会经济秩序具有十分重要的意义。

14.1.3 组织会计工作应符合的要求

对会计工作进行组织和管理要符合一定的要求，或者说要遵循一定的原则。组织会计工作应符合的要求，是指组织好会计工作、提高会计工作质量和效率所应遵循的一些基本规则，它是组织好会计工作的基本保证。要保证科学、有效地组织和管理会计工作，必须遵循以下几项要求：

1）**统一性要求**

统一性要求，是指组织会计工作必须按照《中华人民共和国会计法》（以下简称《会计法》）和《企业会计准则》以及其他相关会计法规制度对会计工作的统一要求，贯彻执行国家规定的法律制度，进行会计核算，实行会计监督，以便更好地发挥会计工作在维护社会主义市场经济秩序、加强经济管理、提高经济效益中的应有作用。

2）**适应性要求**

适应性要求，是指组织会计工作必须适应本单位经营管理的特点。各单位应在遵守国家法规和准则的前提下，根据自身管理特点及规模大小等情况，制定出相应的具体办法，采用不同的账簿组织、记账方法和程序处理相应的经济业务，以适应企业自身发展的需要。

3）**效益性要求**

效益性要求，是指组织会计工作时，在保证会计工作质量的前提下，应讲求效益，节约人力和物力。会计工作十分繁杂，如果组织不好，就会造成重复劳动，浪费人力和物力。所以对会计管理程序的规定，会计凭证、账簿、报表的设计，会计机构的设置以及会计人员的配备等，都应避免繁琐，力求精简，引入智能会计核算，从工艺上改进会计操作技术，提高工作效率；应避免机构过于庞大、重叠，人浮于事和形式主义，提高会计工作的效率和质量。

4）**内部控制及责任制要求**

内部控制及责任制要求，是指组织会计工作时，要遵循内部控制的原则，在保证贯彻整个单位责任制的同时，建立和完善会计工作自身的责任制，从现金收付、财产物资进出到各项费用的开支等形成彼此相互牵制机制，防止工作中的失误和弊端。对会计工作进行合理分工，不相容职务应分设不同的岗位和人员。不同岗位的会计人员各司其职，使得会计处理手续和会计工作程序达到规范化、条理化。

综上所述，组织会计工作，应在保证会计工作质量的前提下，尽量节约耗用在会计工作上的时间和费用。会计账、证、表的设计，各种核算程序的选择，有关措施的确定，会计机构的设置和会计人员的配备等，应做到讲成本与讲效果相结合，符合精简节约的原则，既要组织好会计工作，又要减少人、财、物的消耗。

14.2　会计机构管理体制及会计人员

14.2.1　会计机构管理体制

会计机构是各企业、事业单位内部直接从事、组织、领导会计工作的职能部门，建立健全会计机构管理体制，是保证会计工作正常进行，充分发挥会计管理职能作用的重要条件。

《会计法》第七条规定："国务院财政部门主管全国的会计工作。县级以上地方各级人民政府财政部门管理本行政区域内的会计工作。"为此，国家财政部设立会计司，主管全国的会计工作。其主要职责是：在财政部领导下，拟定全国性的会计法令，研究、制定改进会计工作的措施和总体规划，颁发会计工作的各项规章制度，管理报批外国会计公司在我国设立常驻代表机构，会同有关部门制定并实施全国会计人员专业技术职称考评制度等。

地方财政部门、企业主管部门一般设财务会计局、处等，主管本地区或本系统所属企业的会计工作。其主要职责是：根据财政部的统一规定，制定适合本地区、本系统的会计规章制度；负责组织、领导和监督所属企业的会计工作；审核、分析、批复所属企业的财务会计报告，并编制本地区、本系统的汇总财务报表；了解和检查所属企业的会计工作情况；负责本地区、本系统会计人员的业务培训，以及会同有关部门评聘会计人员技术职称等。同时，企业、事业单位的主管部门在会计业务上受同级财政部门的指导和监督。

由此可见，我国企业、事业单位的会计工作，受财政部门和单位主管部门的双重领导。

14.2.2　会计机构设置规定

有经济活动的每个基层单位内部，一般都需要设置从事会计工作的职能部门，以完成本单位的会计工作。《会计法》第三十六条规定："各单位应当根据会计业务的需要，设置会计机构，或者在有关机构中设置会计人员并指定会计主管人员；不具备设置条件的，应当委托经批准设立从事会计代理记账业务的中介机构代理记账。"《会计法》的这一规定是对会计机构设置所做出的具体要求，这里包含两层含义：

①企业、事业单位一般应设置会计处、科等会计机构，在厂长、经理或单位行政领导人的直接领导下，负责组织、领导和从事会计工作。规模太小或业务量过少的单位可以不单独设置会计机构，但要设置专职会计工作人员或指定专人负责会计工作。大中型企业要设置总会计师主管本单位的经济核算和经营管理工作，直接领导本单位的财务会计工作，并且直接对厂长、经理负责。此外，单位的仓库等部

门，也要根据工作的需要，设置专职的核算人员或指定专人负责业务核算工作。各部门的会计核算人员在业务上都要接受总会计师或会计部门负责人的指导和监督。

②对于不具备设置会计机构条件的单位，应由代理记账业务的机构完成其会计工作，根据《代理记账管理办法》的规定，在我国从事代理记账业务的机构，应至少有 3 名持有会计从业资格证书的专职人员，同时聘用一定数量相同条件的兼职从业人员。主管代理记账业务的负责人必须具有会计师以上专业技术资格。代理记账机构要有健全的代理记账业务规范和财务会计管理制度。代理记账业务的机构，除会计师事务所外，必须申请代理记账资格并经过县级以上财政部门审查批准，领取由财政部统一印制的《代理记账许可证书》后，才能从事代理记账业务。

由于会计工作与财务工作都是综合性的经济管理工作，二者的关系十分密切，因而，在我国的实际工作中，通常将处理财务与会计工作的职能机构合并为一个部门。这个机构的主要任务就是组织和处理本单位的财务与会计工作，如实地反映本单位的经济活动情况，以便及时地向各利益相关者提供他们所需要的财务会计资料，参与企业单位经济管理的预测和决策，严格执行会计法规制度，最终达到提高经济效益的目的。

14.2.3 会计人员配备的有关规定

设置了会计机构，还必须配备相应的会计人员。会计人员通常是指在国家机关、社会团体、公司、企业、事业单位和其他组织中从事财务会计工作的人员，包括会计机构负责人（会计主管人员）以及具体从事会计工作的会计师、会计员和出纳员等。合理地配备会计人员、提高会计人员的综合素质是每个单位做好会计工作的决定性因素，对会计核算管理系统的运行起着关键性作用。可以说，提高会计人员的素质是发展知识经济的需要，更是企业单位自身发展的需要。

《会计法》第三十八条规定："会计人员应当具备从事会计工作所需要的专业能力。担任会计机构负责人（会计主管人员）的，应当具备会计师以上专业技术职务资格或者从事会计工作三年以上经历。"《会计基础工作规范》第十四条规定："会计人员应当具备必要的专业知识和专业技能，熟悉国家有关法律、法规、规章和国家统一会计制度，遵守职业道德。"这些都是对会计人员任职资格的具体规定。

为了使会计人员充分发挥其积极性，使会计人员在工作时有明确的方向和办事准则，以便更好地完成会计的各项工作任务，应当明确会计人员的职责、权限和任免的各项规定。

14.2.4 会计人员的主要职责

会计人员的主要职责也是会计机构的主要职责，具体包括以下几项内容：

1）进行会计核算

会计人员应按照会计制度的规定，切实做好记账、算账、报账工作。各单位必须根据实际发生的经济业务事项进行会计核算，认真填制和审核原始凭证，编制记账凭证，登记会计账簿，正确计算各项收入、支出、成本、费用、财务成果。按期结算、核对账目，进行财产清查，在保证账证相符、账账相符、账实相符的基础上，按照手续完备、数字真实、内容完整的要求编制和报出财务会计报告。

《会计法》第十条规定："下列经济业务事项，应当办理会计手续，进行会计核算：①款项和有价证券的收付；②财物的收发、增减和使用；③债权债务的发生和结算；④资本、基金的增减；⑤收入、支出、费用、成本的计算；⑥财务成果的计算和处理；⑦需要办理会计手续、进行会计核算的其他事项。"

2）实行会计监督

实行会计监督，即通过会计工作，对本单位的各项经济业务和会计手续的合法性、合理性进行监督。对不真实、不合法的原始凭证不予受理，对账簿记录与实物、款项不符的问题，应按有关规定进行处理或及时向本单位领导人报告；对违反国家统一的财政制度、财务规定的收支不予受理。此外，各单位必须依照法律和国家有关规定，接受财政、审计、税务机关的监督，如实提供会计凭证、会计账簿、财务报表和其他会计资料以及有关情况。

建立健全本单位内部会计监督制度。《会计法》第二十七条规定："单位内部会计监督制度应当符合下列要求：①记账人员与经济业务事项和会计事项的审批人员、经办人员、财物保管人员的职责权限应当明确，并相互分离、相互制约；②重大对外投资、资产处置、资金调度和其他重要经济业务事项的决策和执行的相互监督、相互制约程序应当明确；③财产清查的范围、期限和组织程序应当明确；④对会计资料定期进行内部审计的办法和程序应当明确。"

3）编制业务计划及财务预算，并考核、分析其执行情况

会计人员应根据会计资料并结合其他资料，按照国家各项政策和制度规定，认真编制并严格执行财务计划、预算，遵照经济核算原则，定期检查和分析财务计划、预算的执行情况。遵守各项收支制度、费用开支范围和开支标准，合理使用资金，考核资金使用效果等。

4）制定本单位办理会计事项的具体办法

会计主管人员应根据国家的有关会计法规、准则及其他相关规定，结合本单位具体情况，制定本单位办理会计事项的具体办法，包括会计人员岗位责任制度、钱账分管制度、内部稽核制度、财产清查制度、成本计算办法、会计政策的选择以及会计档案的保管制度等。

14.2.5　会计人员的主要权限

为了保障会计人员更好地履行其职责，《会计法》及其他相关法规在明确了会计人员职责的同时，也赋予了会计人员相应的权限，具体有以下三个方面的权限：

(1) 会计人员有权要求本单位各有关部门及相关人员认真执行国家、上级主管部门等批准的计划和预算，严格遵守国家财经纪律、会计准则和相应会计制度。如果发现有违反上述规定的，会计人员有权拒绝付款、拒绝报销或拒绝执行。对于属于会计人员职权范围内的违规行为，在自己的职权范围内予以纠正；对于超出其职权范围的违规行为，应及时向有关部门及领导汇报，请求依法处理。

(2) 会计人员有权履行其管理职能，也就是有权参与本单位的计划编制、定额制定、合同签订，参加有关的生产、经营管理会议和业务会议，并以会计人员特有的专业地位就有关事项提出自己的建议和意见。

(3) 会计人员有权监督、检查本单位内部各部门的财务收支、资金使用情况和财产保管、收发、计量、检验等情况，各部门应该大力支持和协助会计人员工作。

会计人员在正常工作过程中的权限是受法律保护的，《会计法》第四十六条规定："单位负责人对依法履行职责、抵制违反本法规定行为的会计人员以降级、撤职、调离工作岗位、解聘或者开除等方式实行打击报复，构成犯罪的，依法追究刑事责任；尚不构成犯罪的，由其所在单位或者有关单位依法给予行政处分。对受打击报复的会计人员，应当恢复其名誉和原有职务、级别。"由此可见，任何人干扰、阻碍会计人员依法行使其正当权利，都会受到法律的追究，乃至制裁。

14.2.6 总会计师制度

我国在20世纪60年代初期开始在规模较大的企业中试行总会计师制度，而真正确立这项制度是在1978年，国务院颁发施行了《会计人员职权条例》，其中就规定了企业应建立总会计师经济责任制。1984年10月，中共十二届三中全会通过的《中共中央关于经济体制改革的决定》再一次强调了企业应设置总工程师、总经济师和总会计师，并对其职责作了相应的规定。1990年，国务院发布的《总会计师条例》进一步明确了总会计师制度的相关内容：全民所有制大中型企业设置总会计师；事业单位和业务主管部门根据需要，经批准可以设置总会计师。《会计法》第三十六条第二款规定："国有的和国有资产占控股地位或者主导地位的大中型企业必须设置总会计师。总会计师的任职资格、任免程序、职责权限由国务院规定。"为了更好地领导和组织企业的各项会计工作，大中型企业应设置总会计师职务，小型企业应指定一名副厂长（或相应级别人员）行使总会计师的职权。总会计师是企业厂级行政领导人员，《总会计师条例》规定总会计师的主要职责是：

①负责组织本单位的下列工作：编制和组织预算、财务收支计划、信贷计划，拟订资金筹措和使用方案，开辟财源，有效地使用资金；进行成本费用预测、计划、控制、预算、分析和考核，督促本单位有关部门降低消耗、节约费用、提高经济效益；建立健全经济核算制度；承办单位主要领导人交办的其他工作。

②负责对本单位财会机构的设置和会计人员的配备、会计专业职务的设置和聘用提出方案；组织会计人员的业务培训和考核，支持会计人员依法行使职权。

③领导企业财务与会计工作，组织资金、成本、利润等的归口分级管理，对企业财务负责；审查和监督企业各项计划和经济合同的执行。

④协同单位的主要行政领导人制定企业生产经营的方针、战略目标和有关决策，提高企业的经济效益；参与新产品开发、技术改造、科技研究、商品（劳务）价格和工资奖金等方案的制订等。

一般来说，总会计师应由具有会计师、高级会计师技术职称的人员担任。

14.2.7　会计人员的任免

会计工作者既要为本单位经营管理服务，维护本单位的合法经济利益，又要执行国家的财政、财务制度和财经纪律，维护国家的整体利益，同各种本位主义行为、违法乱纪行为作斗争。针对会计工作的这一特点，国家对会计人员，特别是对会计机构负责人和会计主管人员的任免，在《会计法》和其他相关法规中作了若干特殊的规定，其主要内容包括：

①在我国，国有经济占主导地位，为了保证国有经济顺利、健康、有序发展，在国有企业、事业单位中任用会计人员应实行回避制度，也就是说，单位领导人的直系亲属不得担任本单位的会计机构负责人，同时，会计机构负责人的直系亲属也不得在本单位的会计机构中担任出纳工作①。

②企业单位的会计机构负责人、会计主管人员的任免，应当经过上级主管单位同意，不得任意调动或撤换。也就是说，各单位应该按照干部管理权限任命会计机构负责人和会计主管人员，在任命这些人员时应先由本单位行政领导人提名报主管单位，上级主管单位的人事和会计部门对提名进行协商、考核，并经行政领导人同意后，即可通知上报单位按规定程序任免。

③会计人员在工作过程中忠于职守，坚持原则，如果受到错误处理的，上级主管单位应当责成所在单位予以纠正。会计人员在工作过程中玩忽职守，丧失原则，不宜担任会计工作的，上级主管单位应责成所在单位予以撤换。对于认真执行《会计法》以及其他相关会计法规，忠于职守，做出显著成绩的会计人员，应给予精神的或物质的奖励。

14.3　会计岗位设置及岗位责任

财务会计机构内部按照会计工作的内容，进行合理的分工，并相应地配备会计人员分别负责每项会计工作，就形成了不同的会计岗位。在社会经济发展的不同阶段，由于会计工作的内容不同，以及会计领域使用的科学技术手段不同，会计处在不断的变化发展过程之中。目前，世界经济正处在从工业经济向信息经济过渡的时

---

①　见《会计基础工作规范》第十六条。

期，关于会计岗位设置，我们将分别介绍工业经济时代的手工会计系统岗位群设置及计算机网络条件下的会计系统岗位群设置。

14.3.1 手工会计时代会计岗位设置及岗位责任

在手工会计时代，为了科学地组织会计工作，应建立健全会计部门内部的岗位责任制，将会计部门的工作划分为若干个工作岗位，并根据分工情况为每个岗位规定其各自的职责和要求。分工可以一岗多人、一岗一人，也可以一人多岗。各个岗位的会计人员，既要认真履行本岗位职责，又要从企业全局出发，相互协作，共同做好会计工作。手工会计的最大特点是：①会计信息的汇集、加工、储存和输出主要是依靠人工进行；②会计信息的储存和输出主要以纸为介质；③会计信息的加工成本高，传输速度慢，信息重复加工程度高。

不同的企业单位，可以根据自身管理的需要、业务的内容以及会计人员配备情况，确定各自的岗位设置。《会计基础工作规范》第十一条规定，会计工作岗位一般可分为：会计机构负责人或者会计主管人员、出纳、财产物资核算、工资核算、成本费用核算、财务成果核算、资金核算、往来核算、总账报表、稽核、档案管理等。

1）会计机构负责人工作岗位

该岗位的职责是负责组织、领导本单位的财务会计工作，完成各项工作任务，对本单位的财务会计工作负全面责任；组织学习和贯彻党的经济工作的方针、政策、法令和制度，并根据本单位的具体情况，制定本单位的各项财务会计制度、办法，并组织实施；组织编制本单位的财务成本计划、单位预算，并检查其执行情况；组织编制财务报表和有关报告；负责财会人员的思想政治教育工作；组织财会人员学习政治理论和业务知识；负责对财会人员的工作考核等。

2）出纳工作岗位

该岗位的具体职责是负责办理现金收付和银行结算业务；登记库存现金、银行存款日记账；保管库存现金和各种有价证券；保管有关印章、空白收据和空白支票。

3）财产物资核算工作岗位

该岗位的职责是按财务会计有关法规的要求，会同有关部门制定本企业材料物资核算与管理办法；负责审查材料物资供应计划和供货合同，并监督其执行情况；会同有关部门制定和落实储备资金定额，办理材料物资的请款和报销业务，计算确定材料物资采购成本；严格审查核对材料物资入库、出库凭证，进行材料物资明细核算，参与库存材料物资的清查盘点工作。对于固定资产的核算，该岗位的职责是负责审核、办理有关固定资产的购建、调拨、内部转移、盘盈、盘亏、报废等会计手续，配合固定资产的管理部门和使用部门建立固定资产管理制度；进行固定资产的明细核算，参与固定资产清查，按规定正确计算提取固定资产折旧，以真实地体现固定资产价值。制订固定资产重置、修理计划，指导和监督有关部门管好、用好固定资产。

4）**工资核算工作岗位**

该岗位的职责是负责计算职工的各种工资和奖金，办理职工的工资结算，并进行有关的明细核算；分析工资总额计划的执行情况，控制工资总额支出；参与制订工资总额计划；在由各车间、部门的工资员分散计算和发放工资的组织方式下，还应协助企业劳动工资部门指导和监督各车间、部门的工资计算和发放工作。

5）**成本费用核算工作岗位**

该岗位的职责是负责编制成本、费用计划，并将其指标分解落实到有关责任单位和个人；会同有关部门拟定成本费用管理与核算办法，建立、健全各项原始记录和定额资料，遵守国家的成本开支范围和开支标准，正确地归集和分配费用，计算产品成本，登记费用成本明细账，并编制有关的财务报表，分析成本计划的执行情况。

6）**财务成果核算工作岗位**

该岗位的职责是负责编制收入、利润计划，并组织实施。随时掌握销售状况，预测销售前景，及时督促销售部门完成销售计划，组织好销售货款的回收工作，正确地计算并及时地解缴有关税利；负责收入、应收款和利润的明细核算，编制有关收入、利润方面的财务报表，并对其进行分析和利用。

7）**资金核算工作岗位**

该岗位的职责是负责资金的筹集、使用和调度。该岗位的人员应随时了解、掌握资金市场的动态，为企业筹集生产经营所需资金，同时应合理安排调度使用资金，本着节约的原则，运用好资金，以尽可能低的资金耗费取得尽可能好的效果。

8）**往来结算工作岗位**

该岗位的职责是负责办理其他应收、应付款项的往来结算业务，对于各种应收、应付、暂收、暂付等往来款项，要随时清理结算，应收的款项抓紧催收，应付的款项及时偿付，暂收暂付款项要督促清算；负责备用金的管理和核算，负责其他应收款、应付款和备用金的明细核算；管理其他应收、应付款项的凭证、账册和资料等。

9）**总账报表工作岗位**

该岗位的职责是负责总账的登记与核对，并与有关的日记账和明细账相核对，依据账簿记录编制有关财务报表和报表附注等相关内容，负责财务状况和经营成果的综合分析，收集、整理各方面经济信息以便进行财务预测，制订或参与制订财务计划，参与企业的生产经营决策等。

10）**稽核工作岗位**

该岗位的职责是负责确立稽核工作的组织形式和具体分工，明确稽核工作的职责、权限，审核会计凭证和复核会计账簿、报表。

11）**档案管理工作岗位**

该岗位的职责是负责制定会计档案的立卷、归档、保管、查阅和销毁等管理制度，保证会计档案的妥善保管、有序存放、方便查阅，严防毁损、散失和泄密。

14.3.2 网络时代会计岗位设置及岗位责任

从20世纪90年代开始，电子计算机进入网络技术时代。计算机、网络技术和多媒体技术在会计中得到广泛运用，会计信息的收集、分类、加工、储存和输出技术发生重大变化，相应地使会计岗位设置及岗位责任发生了重大变化。手工会计环境下的传统的财产物资核算、工资核算、成本费用核算、财务成果核算、资金核算、往来核算、总账报表等会计工作岗位正在逐步消失，一些适合计算机网络环境的新的会计工作岗位已经产生。

计算机的引入使得会计数据的处理集中化，会计信息的利用分散化，财务与其他部门的联系更为紧密，会计信息与整个管理信息的联系更为紧密，财务部门的信息分析利用、管理控制、参与决策管理职能更为突出。网络时代的会计工作是一个复杂的信息系统工程，我们把新时代的会计岗位先分为若干个岗位群，再将其拆分为具体的会计工作岗位。

网络时代的会计工作岗位群大致可分为系统岗位群、电子数据处理岗位群和综合控制岗位群等。它们的岗位分布和职责主要如下：

1）系统岗位群

系统岗位群主要负责会计信息系统的开发与维护，系统岗位群需要设置三种工作岗位，即会计系统分析岗位、会计核算程序设计岗位和会计系统维护岗位。

会计系统分析岗位负责会计信息系统的全部工作和整体设计，负责系统结构、系统控制技术和保密措施的设计。

会计核算程序设计岗位负责适应性和特殊性会计核算程序的设计。适应性会计核算程序设计是指将通用会计核算软件中不适应本单位具体情况的内容进行修正，使之适应本单位会计核算的需要。特殊性会计核算程序设计是指针对本单位的特殊会计业务，设计可嵌入式核算软件，以满足本单位特殊会计业务的核算需求。

会计系统维护岗位主要负责会计电算化工作中硬件及软件的维护工作，应定期检查设备运行情况，排除故障，负责系统的安装调试等工作，确保硬件和软件的安全、正常运行。会计系统维护人员一般不进行会计数据的实际操作。

2）电子数据处理岗位群

电子数据处理岗位群主要负责电算化会计信息系统的全面使用、管理、发展和规划等工作。电子数据处理岗位群主要可分为基础数据处理岗位和综合数据处理岗位等。

（1）基础数据处理岗位的主要职责

①将相关会计数据录入计算机，运用会计软件进行记账、结账、对账；②编制银行对账单和往来账目对账单；③编制并计算应交税费，打印应交税费明细分类情

况表；④打印凭证、凭证汇总表、账簿和各类催款单等；⑤做好数据备份工作。

（2）综合数据处理岗位的主要职责

①进行成本核算；②设计并编制、汇总各类财务报表、内部管理报表；③参与制定预算，反映预算执行情况，进行财会数据的综合利用与处理；④保障会计电算化系统数据安全、可靠、真实，支持企业内部各部门与财务部电子数据的交流与核对。

3）综合控制岗位群

综合控制岗位群主要负责会计信息的分析利用、内部监控以及参与企业的有关决策等工作，它可以分为审查稽核和财务管理等工作岗位。

（1）审查稽核岗位的主要职责

①负责计算机会计记录、财务报表等的审核工作；②负责会计稽核工作。

（2）财务管理岗位的主要职责

①负责各项费用的合理安排和控制、各项预算指标的实施、信息的反馈和控制工作；②负责报税、交税等税务管理；③负责各类计划预算的编制；④负责会计信息的分析工作，并负责向会计信息使用者提出参考性意见；⑤负责财产的检查及各类定额、标准等的制定和实施工作。

上述会计工作岗位的设置并非固定模式，企业单位可以根据自身的需要合并或重新分设。总而言之，应做到各项会计工作有岗有责，各司其职。必要时可以将各岗位人员进行适当的轮换，以便提高会计人员的综合能力，也有利于各岗位之间的相互协调与配合。开展会计电算化和管理会计的单位，可以根据需要设置相应的工作岗位，也可以与其他工作岗位相结合。

14.4　会计工作的组织形式

在本章的第二节，我们已经对会计机构的设置问题做了相应的介绍，与此相关的一个问题就是会计工作组织形式。企业会计部门承担哪些会计工作，与企业的其他职能部门、车间、仓库等部门之间如何分工，这些都与会计工作的组织形式有关。为了科学地组织会计工作，必须根据企业规模的大小、业务的繁简以及企业内部其他各组织机构的设置情况，来确定企业会计工作组织形式。会计工作组织形式一般包括集中核算和非集中核算两种。

14.4.1　集中核算形式

集中核算，就是在厂部一级设置专业的会计机构，企业单位的主要会计核算工作都集中在单位的会计部门，单位内各部门一般不单独核算，只是对发生的经济业务进行原始记录，编制原始凭证并进行适当汇总，定期把原始凭证和汇总原始凭证送到会计部门，由会计部门进行总分类核算和明细分类核算。采用集中核算形式，由于核算工作集中在会计部门进行，便于会计人员进行合理的分工，采用科学的凭证整理程序，在核算过程中运用现代化手段，可以简化和加速核算工作，提高核算效率，节约核算费用，并可根据会计部门的记录，随时了解企业内部各部门的生产经营活动情况。其缺点是，各部门领导不能随时利用核算资料检查和控制本部门的工作。

14.4.2 非集中核算形式

非集中核算又称为分散核算，是指企业单位内部各部门分别核算本身发生的经济业务，包括凭证的整理、明细账的登记、成本的核算、有关财务报表特别是内部报表的编制和分析等工作，而会计部门只是根据企业内部各部门报来的资料进行总分类核算，编报全厂综合性财务报表，并负责指导、检查和监督企业内部各部门的核算工作。采用非集中核算形式，可以使企业内部各部门随时利用有关核算资料检查本部门工作，随时发现问题，解决问题。但这种核算组织形式对企业会计部门而言，不便于采用最合理的凭证整理办法，会计人员的合理分工会受到一定的限制，就整个企业来看，核算的工作总量有所增加，核算人员的编制工作量加大，因而相应的核算费用也会增多。

在实行内部经济核算制的情况下，企业下属各部门和车间，特别是业务部门，都由企业拨给一定数量的资金，都有一定的业务经营和管理的权利，负有完成各项任务的责任，并可按照工作成果取得一定的物质利益。这些部门和车间为了反映和考核各自的经营成果，可以进行比较全面的核算，单独计算盈亏，按期编报财务报表。但这些部门和车间不能单独与企业外部其他单位发生经济业务往来，也不能在银行开设结算账户。

对于一个企业单位而言，采用集中核算形式还是非集中核算形式并不是绝对的，可以单一地选用集中核算或非集中核算形式，也可以二者兼而有之，即对某些业务采用集中核算形式而对另外一些业务采用非集中核算形式。但是，无论采取哪一种形式，企业采购材料、销售商品、结算债权债务、现金往来等对外业务都应由厂部会计部门办理。企业单位在确定应采用的会计工作组织形式时，既要能正确、及时地反映企业单位的经济活动情况，又要注意简化核算手续，提高工作效率。具体地说，应注意以下几个方面的问题：

①考虑本单位规模、业务繁简程度以及相关核算条件的要求。

②在保证会计核算质量的前提下，力求简化会计核算手续，及时、正确地提供会计核算资料，节约人力和物力。

③全面考虑企业单位会计人员的数量和业务素质的适应能力。

④各相关部门之间要做到相互配合，有关会计核算资料的确定应口径一致。

14.5　会计档案管理与会计交接制度

14.5.1　会计档案管理[①]

1）会计档案的概念

会计档案是指“各单位在进行会计核算过程中接收或形成的，记录和反映单位经济业务事项的，具有保存价值的文字、图表等各种形式的会计资料”。会计档案是机关团体和企事业单位在其日常经营活动的会计处理过程中形成的，并按照规定保存备查的会计信息载体，以及其他有关财务会计工作应予集中保管的财务成本计划、重要的经济合同等文件资料。

会计档案是国家经济档案的重要组成部分，是企业单位日常发生的各项经济活动的历史记录，是总结经营管理经验、进行决策所需的主要资料，也是检查各种责任事故的重要依据。各单位的会计部门对会计档案必须高度重视，严加保管。各单位应当加强会计档案管理工作，设立档案机构或配备档案工作人员，建立和完善会计档案的收集、整理、保管、利用和鉴定销毁等管理制度，采取可靠的安全防护技术和措施，保证会计档案的真实、完整、可用、安全。

2）会计档案包括的具体内容

根据《会计法》，《会计档案管理办法》对会计档案的范围进行了适当调整，规定会计档案应该包括：

①会计凭证：原始凭证、记账凭证。

②会计账簿：总账、明细账、日记账、固定资产卡片及其他辅助性账簿。

③财务会计报告：月度、季度、半年度、年度财务会计报告。

④其他会计资料：银行存款余额调节表、银行对账单、纳税申报表、会计档案移交清册、会计档案保管清册、会计档案销毁清册、会计档案销毁鉴定意见书及其他具有保存价值的会计资料。

3）会计档案管理的基本内容

为了加强会计档案管理，有效保护和利用会计档案，根据《中华人民共和国会计法》《中华人民共和国档案法》等有关法律、行政法规，国务院财政部门和国家档案行政管理部门，共同制定全国统一的会计档案工作制度，对全国会计档案工作实行监督和指导，统一规定了会计档案的立卷、归档、保管、调阅和销毁等内容。

单位会计机构按照归档范围和归档要求，负责定期将应当归档的会计资料整理立卷，编制会计档案保管清册。当年形成的会计档案，在会计年度终了后，可为单

---

① 根据财政部、国家档案局2015年12月11日发布的第79号——会计档案管理办法。

位会计管理机构临时保管一年，再移交单位档案管理机构保管。因工作需要确需推迟移交的，应当经单位档案机构同意。单位会计管理机构临时保管会计档案最长不超过三年。临时保管期间，会计资料的保管应当符合国家档案管理的有关规定，且出纳人员不得兼管会计档案。

单位内部形成的电子会计资料，同时满足下列条件的，可仅以电子形式归档保存：

（1）电子会计资料来源真实有效，由计算机等电子设备形成和传输。

（2）使用的会计核算系统能够准确、完整、有效接收和读取电子会计资料数据；能够输出符合国家标准归档格式的会计凭证、会计账簿、财务会计报表等会计资料；设定了经办、审核、审批等必要的审签程序。

（3）使用的电子档案管理系统能够有效接收、管理、利用电子会计档案，符合电子档案长期保管要求，并建立了电子会计档案与相关联的其他纸质会计档案的检索关系。

（4）采取有效措施，防止电子会计档案被篡改。

（5）建立电子会计档案备份制度，能够有效防范自然灾害、意外事故和人为破坏的影响。

（6）形成的电子会计资料不属于具有永久保存价值或者其他重要保存价值的会计档案。

会计档案的保管期限分为永久、定期两类。定期保管期限分为10年、30年两类。会计档案的保管期限，从会计年度终了后的第一天算起。企业和其他组织会计档案保管期限表见表14-1。

各单位应当严格按照有关制度利用会计档案。利用会计档案的过程中，严禁篡改和损坏会计档案。

单位保存的会计档案一般不得对外借出。确因工作需要且根据国家有关规定必须借出的，应当严格按照规定办理相关手续。

单位之间交接会计档案时，交接双方应当办理会计档案交接手续。

移交会计档案的单位，应当编制会计档案移交清册，列明应移交的会计档案名称、卷号、册数、起止年度和档案编号、应保管期限、已保管期限等内容。

交接会计档案时，交接双方应当按照会计档案移交清册所列内容逐项交接，并由交接双方的单位有关负责人负责监交。交接完毕后，交接双方经办人和监交人应当在会计档案移交清册上签名或盖章。

单位确定可以销毁的会计档案，应当按照以下程序进行销毁：

（1）单位档案管理机构编制会计档案销毁清册，列明销毁会计档案的名称、卷号、册数、起止年度和档案编号、应保管期限、已保管期限、销毁时间等内容。

（2）单位负责人、档案管理机构负责人、会计管理机构负责人、档案管理机构经办人、会计管理机构经办人在会计档案销毁清册上签署意见。

表 14-1　**企业和其他组织会计档案保管期限表**

序号	档案名称	保管期限	备注
一	会计凭证		
1	原始凭证	30 年	
2	记账凭证	30 年	
二	会计账簿		
3	总账	30 年	
4	明细账	30 年	
5	日记账	30 年	
6	固定资产卡片		固定资产报废清理后保管 5 年
7	其他辅助性账簿	30 年	
三	财务会计报告		
8	月度、季度、半年度财务会计报告	10 年	
9	年度财务会计报告	永久	
四	其他会计资料		
10	银行存款余额调节表	10 年	
11	银行对账单	10 年	
12	税务申报表	10 年	
13	会计档案移交清册	30 年	
14	会计档案保管清册	永久	
15	会计档案销毁清册	永久	
16	会计档案鉴定意见书	永久	

（3）单位档案管理机构、负责组织会计档案销毁工作，并与会计管理机构共同派员监销。电子会计档案销毁时，还应当由信息系统管理机构派员监销。

（4）监销人在会计档案销毁前，应当按照会计档案销毁清册所列内容进行清点核对；在会计档案销毁后，应当在会计档案销毁清册上签名或盖章。

电子会计档案的鉴定销毁应当符合国家有关电子档案的规定。

14.5.2　会计工作交接

会计工作交接是会计工作中的一项重要内容，办好会计工作交接，有利于保持会计工作的连续性，也有利于明确会计人员的责任。

会计人员调动工作或者离职时，与接替人员办清交接手续，可以使会计工作前后紧密衔接，保证会计工作连续进行，防止因会计人员的更换而出现会计核算混乱的现象，同时可以分清移交人员和接替人员的责任。关于会计工作交接问题，有关的会计法规都做了明确的规定。《会计法》第四十一条规定：“会计人员调动工作或者离职，必须与接管人员办清交接手续。”《会计基础工作规范》也有相关的规定。

1）会计工作交接的要求

《会计工作基础规范》对会计工作交接做了比较具体的规定，其内容包括：

①会计人员工作调动或因故离职，必须与接替人员办理交接手续，并将本人所经管的会计工作，在规定期限内移交清楚。会计人员临时离职或因事、因病不能到职工作的，会计机构负责人、会计主管人员或单位领导必须指定人员接替或代理；没有办清交接手续的，不得调动或者离职。

②接替人员应认真接管移交的工作，并继续办理移交的未了事项。移交后，如果发现原经管的会计业务有违反财会制度和财经纪律等问题，仍由原移交人负责。接替的会计人员应继续使用移交的账簿，不得自行另立新账，以保持会计记录的连续性。

③交接完毕后，交接双方和监交人要在移交清册上签名或者盖章，并应在移交清册上注明单位名称、交接日期、交接双方以及监交人的职务和姓名、移交清册页数，以及需要说明的问题和意见等。移交清册一般应填制一式三份，交接双方各执一份，存档一份。

④单位撤销时，必须留有必要的会计人员，会同有关人员办理清理工作，编制决算，未移交前，不得离职。接收单位和移交日期由主管部门确定。

2）会计工作交接的程序

（1）移交前的准备工作

会计人员办理移交手续前，必须做好以下各项准备工作：

①对已经受理的经济业务，应全部填制会计凭证。

②尚未登记的账目，应登记完毕，并在最后一笔余额后加盖经办人员印章。

③整理应移交的各项资料，对未了事项写出书面材料。

④编制移交清册，列明移交的凭证、账表、公章、现金、有价证券、支票簿、发票、文件、其他会计资料和物品等内容。

（2）移交

移交人员按移交清册逐项移交，接替人员逐项核对点收，移交具体内容包括：

①现金、有价证券等要根据账簿余额进行点交。库存现金、有价证券必须与账簿余额一致；不一致时，移交人应在规定期限内负责查清处理。

②会计凭证、账簿、报表和其他会计资料必须完整无缺，不得遗漏；如果有短缺，要查明原因，并在移交清册中注明，由移交人负责。银行存款账户余额要与银行对账单核对相符；各种财产和债权、债务的明细账余额，要与总账有关账户的余额核对相符；必要时，可抽查个别账户余额，与实物核对相符或与往来单位、个人核对清楚。

③移交人经管的票据、印章和其他实物，也必须交接清楚。

④会计机构负责人（会计主管人员）移交时，除按移交清册逐项移交外，还应将全部财务会计工作、重大的财务收支和会计人员的情况等向接管人员详细介绍，并对需要移交的遗留问题写出书面材料。

（3）监交

会计人员办理交接手续，必须有监交人负责监交。其中，一般会计人员办理交接手续，由会计机构负责人（会计主管人员）监交；会计机构负责人（会计主管人员）办理交接手续，由单位负责人监交，必要时主管单位可以派人会同监交。通过监交，保证双方都按照国家有关规定认真办理交接手续，防止流于形式，保证会计工作不因人员变动而受影响，保证交接双方处在平等的法律地位上享有权利和承担义务，不允许任何一方以大压小、以强凌弱，或采取不正当乃至非法手段进行威胁。移交清册应当经过监交人员审查和签名、盖章，作为交接双方明确责任的证据。

交接工作完成后，移交人员应当对所移交的会计资料的真实性、完整性负责。

练习题

□ 名词解释

会计工作组织　集中核算　非集中核算　会计岗位

□ 复习思考题

1. 会计人员有哪些职责和权限？
2. 企业单位选择会计工作组织形式时应注意哪些问题？
3. 怎样保管会计档案？

主要参考文献

[1] 中华人民共和国财政部．企业会计准则［M］．北京：经济科学出版社，2017.

[2] 中华人民共和国财政部．企业会计准则——应用指南（2017 年修订版）［M］．上海：立信会计出版社，2017.

[3] 陈国辉，迟旭升．基础会计［M］.5 版．大连：东北财经大学出版社，2016.

[4] 郑庆华，赵耀．新旧会计准则差异比较与分析［M］．北京：经济科学出版社，2006.

[5] 陈岩．基础会计［M］．北京：电子工业出版社，2008.

[6] 周正云．基础会计［M］．北京：高等教育出版社，2009.

[7] 周虹．会计学基础［M］．北京：科学出版社，2009.

[8] 刘永立．基础会计教程［M］．上海：立信会计出版社，2009.

[9]《内部会计控制规范》课题研究组．内部会计控制规范操作实务［M］．北京：中国商业出版社，2008.